# 贾康谈
## 中国经济力量之三
# 创新力

贾 康◎著

新时期，我国经济发展进入"新常态"，未来要从高速增长向高质量增长转变。在这一过程中，要求我国在技术、产业模式、管理机制上加以创新，结合我国实际情况，更好地推动我国经济社会发展。本书从创新的力量、金融创新的出路、数字经济的未来、规范化发展PPP助力"守正出奇"、变化中的社会事业创新5个方面，分析和阐述我国在金融制度和税收改革等方面的政策创新，针对当前存在的问题提出解决办法和建议，为读者提供有益指导。

**图书在版编目（CIP）数据**

贾康谈中国经济力量之三：创新力/贾康著 . —北京：机械工业出版社，2020.3

ISBN 978-7-111-64699-0

Ⅰ.①贾… Ⅱ.①贾… Ⅲ.①中国经济-经济发展 Ⅳ.①F124

中国版本图书馆 CIP 数据核字（2020）第 023400 号

机械工业出版社（北京市西城区百万庄大街22号　邮政编码100037）
策划编辑：王　涛　陈小慧
责任编辑：王　涛　陈小慧　金梦媛
责任校对：李　前　责任印制：刘晓宇
封面设计：鹏　博
北京宝昌彩色印刷有限公司印刷
2020年4月第1版·第1次印刷
155mm×230mm·21.5印张·249千字
标准书号：ISBN 978-7-111-64699-0
定价：69.00元

电话服务　　　　　　　网络服务
客服电话：010-88361066　机 工 官 网：www.cmpbook.com
　　　　　010-88379833　机 工 官 博：weibo.com/cmp1952
　　　　　010-68326294　金 书 网：www.golden-book.com
**封底无防伪标均为盗版**　机工教育服务网：www.cmpedu.com

# 自　序

"周虽旧邦，其命维新。"《诗经·大雅》中的这句话，不断被后世所援引。

创新是一个民族进步的灵魂。近些年，中国的改革进入"深水区"，攻坚克难的创新发展，作为实现现代化内含的历史使命，被国家领导层明确表述为"第一动力"。

在长期从事财经理论与政策研究的学术生涯中，我深感以理论密切联系实际的思考和研究，服务于实践中的创新发展，是颇具挑战性的艰难事业，但内心深处的科研情结，总驱使自己全身心努力地投入调研与学习、思考，以求有所发现，有所领悟，有推崇创新思维而后的尽可能高水准的研究成果、政策建议、思想贡献。我曾有少年时期随父母从北京到湖北沙洋农村的生活体验，后来又得到在江西赣东北的军旅经历的锻炼，再后来于北京门头沟矿务局产业工人岗位上的5年工作中，更全面地接触和了解社会：我们生于斯、长于斯的祖国，为人们所乐道的"灿烂的古代文明"传演至今，我们既能感受历史中人文积淀的厚重，又可认知现实生活中的种种落后乃至沉闷与愚昧。终于，国家迎来了改革开放的新时代，在解放思想、实事求是方针引导下，贯彻以经济建设为中心的党的基本路线，使全国城乡面貌，于数十年间发生了改天换地般的巨变，中国成长为经济总量全球第二的新兴市场经济体。我个人，也借邓小平1977年夏果断决定恢复高考之历史机遇，圆了自己的大学梦，又在研究路径上努力探索，孜孜以求几十载，形成了财政学、新供给经济学和现实重大财经问题研究的一系列成果。近几年，在60岁后脱开管理岗位，使我有更多时间参加各种调研和学术交流研讨活动，又形成了不少论文、文章、讲稿。自以为，我的这些文字材料，是体现了创新精神和专业领域的创新水准的。

陆续有自己和合作者的多本专著与文集问世之后，要特别感谢机械工业出版社财经媒体中心李鸿主任，王涛、陈小慧、赵晓晨等编辑同志，提出了很好的出版框架设计，把我自2016年以来以讲稿、发言整理稿为主的文字材料进行梳理归纳，并打磨合集，编成"贾康谈中国力量系列图书"3册出版物，分别冠名为"改革力""成长力"和"创新力"，内在逻辑正是紧扣以改革创新释放中国走向现代化的活力和成长力，并突出地强调创新发展这个"第一动力"。

哲学大家冯友兰先生晚年写了一副对联："阐旧邦以辅新命，极高明而道中庸。"此两句如用于表明我研究生涯的诉求，以及3本结集文论的内容，也非常贴切。此3本文集中，对中国现实问题的讨论，都是在努力认知历史悠久的"旧邦"中国的实证情况，并在分析考察后，努力做出恰当的表述，引出应有的"创新使命"的具体化；文集中体现的认识、建议，都在力求站到"前沿"位置、看清穷极"高明"义理而又中肯、理性地去探求对规律的正确把握和带出研究者的"建设性"与"知识价值"。我在研究理论、政策时,哪怕置身"庙堂之高"的环境,头脑中往往也会浮现出在社会基层"江湖之远"的场景中,所深刻记忆的那个现实世界;于是会特别地戒惧空泛、飘浮的"书生腔",提醒自己为实际工作,努力提供有洞见、有权衡、可对接操作的意见和建议;经历过不可计数的种种观点交锋、思路辩论,我早已悟到,一般不同见解各执一端的时候,要特别小心极端化的偏颇,真理往往是在两个"极致"见解中间的某个位置上,需要以理性精神认真细致、戒除偏执地去探索,去寻找最高明的"中庸认识"状态。

"嘤其鸣矣,求其友声。"在 3 卷本文集问世之际,写此自序,希望得到读者朋友们可能的共鸣和宝贵的批评指正。

贾　康

2019 年 12 月

# 目 录

自序 / Ⅲ

## 第一章 创新的力量 / 1

面对宏观新局面的创新发展 / 2

创新发展中的一个重要问题 / 5

"一带一路"与商贸创新发展 / 8

以制度创新打开科技创新空间 / 21

创新发展中的股权投资 / 31

创新投资策动改革 / 38

发展中的股份制：以"重建个人所有制"的资本社会化达成资本私有制的积极扬弃 / 44

## 第二章 金融创新的出路 / 65

解放思想　把握金融创新的真问题 / 66

打造金融供给体系，支撑实体经济发展 / 71

金融创新发展中监管的相关认识与基本思路 / 74

依靠金融创新支持民营企业发展 / 80

温州金融生态创新案例 / 83

政府财政信用、政策性金融与地方融资平台转型 / 97

国际竞争背景下供应链金融的中国创新 / 103

乡村振兴中的投融资支持与机制创新 / 109

乡村振兴和县镇金融发展中的政策性融资 / 112

中国债券市场的健康发展与直接金融的成长问题与对策 / 122

## 第三章　数字经济的未来 / 127

我看"新经济" / 128

新技术与数字财政改革 / 132

关于新技术与新商业革命 / 144

数字经济时代的企业转型 / 149

## 第四章　规范化发展 PPP 助力"守正出奇" / 155

规范化发展 PPP 系列谈 / 156

存量 PPP 项目发展的制约因素与化解思路 / 166

论综合开发型 PPP 模式 / 180

地方经济振兴：创新发展中的产业园区建设运营 / 198

PPP 对新公共管理范式的超越 / 203

PPP 在公共利益实现机制中的挑战与创新 / 218

以 PPP 创新破解基本公共服务的传统筹资融资掣肘 / 238

以 PPP 创新推动特色小镇项目开发建设 / 257

如何防止 PPP 成为地方政府隐藏债务的工具 / 263

## 第五章　变化中的社会事业创新 / 283

中国养老保障体系制度建设框架和现实问题 / 284

我看"轨道交通——轨道经济" / 289

关于"文旅融合"的认识和发展思路探讨 / 295

全域旅游的发展与共享房车产业融合愿景 / 302

全域旅游发展与消费升级 / 306

"一带一路"倡议下的文化自信和产融创新 / 311

人文社科期刊应追求高水平发展 / 317

以彼岸情怀在此岸作为 / 320

**参考文献** / 330

# 第一章
## 创新的力量

# 面对宏观新局面的创新发展

时间：2019年1月5日
地点：北京
会议：《金融理财师岗位能力测评与考核要求》国家团体标准编制启动仪式

  从宏观形势层面来看，2018年，我们遇到了不期而至的外部冲击和压力，这些外部影响在我国改革开放40年的背景下进一步发生变化。与此同时，一些内部因素在不可回避的矛盾下逐渐凸显。由此，内外部影响因素相互交织并带来明显的不确定性。这种不确定性主要体现在市场预期方面，使地方政府层面、企业层面及市场人士产生了焦虑和不安的情绪。我国整体的经济活动势必要对接全球化，而在此过程中，势必将面临一些竞争和冲突。我国在应对这些问题的过程中，必须在被动接招的同时争取有所反制，并进一步做好多边博弈。

  在中国进一步现代化的过程中，我国社会的主要矛盾已经转化为人民日益增长的美好生活需要和不平衡不充分的发展之间的矛盾。当上述因素交织在一起后，宏观政策必须做出动态优化和调整。对此，中央政治局明确表示，要做好"六稳"工作，其中"稳预期"成为当务之急。这其中必然带有短期的应急特征，但在推进"六稳"之后，更要把我们需要处理的短期问题和中长期追求，以及推进现代化战略部署结合在一起。在这样的结合中，我们要看到立足于中国的现代化发展中的可把握的确定性。这种确定性体现在经济社会进一步发展与成长的空间上，还有市场潜力和经济承受压力的韧性，以及我国作为世界第二大经济体而存在的全产业链的回旋余地等方面。在这个过程中，我们要做好我们该做的事——在被动接招的同时主动在可选择的方面做出正确选择。

想要维持和把握我们在潜力释放过程中的确定性，首先要坚定不移地贯彻中央精神，进一步解放思想，进而深化改革，坚定不移地把改革作为实现现代化的关键。而在全面扩大开放的过程中，必然伴随一些外部压力。但对于形成扩大开放的新格局，我们不应有任何怀疑和动摇，并在此过程中更好地进行多边博弈和互动，以开放倒逼改革，攻坚克难，在深水区啃一些"硬骨头"。这其中的确定性就是中央层面反复强调的向前发展的最大红利。

从新供给经济学的研究来说，这一认识框架上的表述，就是以制度创新打开管理创新和科技创新的空间。具体落到科技创新，即第一生产力，其乘数作用和放大作用的发挥离不开优化管理，也离不开整个体制机制这个制度安排层面供给侧结构性改革主线上改革创新、制度建设的实质性推进。要特别注意的是，中央所给出的指导精神，是在深化改革的过程中，宏观政策要做好配合，实现改革与调控相结合。宏观政策层面，当下重点强调的是实现积极财政政策和松紧适度的稳健货币政策的匹配。一方面财政政策要更加积极，另一方面货币政策在"稳健"的表述下，已经形成了非常重要的改变和优化调整。可以看到，中央层面的表述是稳健之下的松紧适度，而不再是中性，并且要保持流动性的合理充裕。

实际上，在松和紧这两个选择之间，"紧"已经无所指，关键问题是如何"松"。李克强总理在对几家银行进行视察和指导时曾特别关注其中的小企业事业部，并特别强调要实现全面降准，随后央行宣布了降准的具体安排。显然，在这样的政策组合之下，就实现了在进一步适当扩张的安全区之内，财政政策和货币政策组合起来扩大内需的新局面。扩大内需必然落实到扩大有效投资，而有效投资的机制已经实现了诸多创新。例如PPP模式，即政府通过出资带动民间资本和社会资金共同进行公共工程、基础设施和产业新城的建设及运营等。另外，也要进一步扩大国内的消费，而消费应该是由有效投资和经济发展潜力及活力释放等较好的预期支撑起来的，使百姓敢花钱，愿意将自己的当期收入以较大比重用于当期消费，由此维持经济景气及必要的国内总需求水平，从而支持经济的繁荣发展。

经过以上观察后，自然而然地要回到以下认识框架：优化政策调控，坚持制度和机制创新，带动管理创新和科技创新，从而释放潜力，把握好中国可以继续推进现代化的确定性。由此可以进行一个粗略的预测：2019年大概率能够完成经济增长率达到6.5%左右的目标。2019年和2020年，如果能够处理好可选择的事情，通过扩大内需对冲下行压力，经济运行速度将有希望维持在6%以上的水平。而只要达到这样的水平，就符合了实现全面小康的速度要求，加上精准扶贫等社会政策托底，达成2020年兑现全面小康的决策目标将没有太大悬念。当然，此后我们面临的更大考验，是我们能否保持后劲在改革取得决定性成果的支撑下，跨越中等收入陷阱。

# 创新发展中的一个重要问题

时间：2018年12月15日
地点：北京
会议：北大国家发展研究院第三届国家发展论坛

如果用最简洁的方式勾勒改革开放的关键词，我认为有3个：第一，解放思想。只有解放思想，才能真正贯彻改革开放的大政方针。第二，以人为本。只有以人为本，才能深刻理解现代化诉求的内涵和根本逻辑。第三，创新发展。只有将创新发展作为第一动力，才可能于攻坚克难中实现中国梦。以上3个关键词对应的是中国追求实现伟大民族复兴这个和平发展、和平崛起的全局。

如果将话题落到创新发展上，一个不得不说的视角就是知识分子，也就是那些在创新中要做出特定贡献的科学家和科研人员。产业界以及从事特定研究管理工作的人员结合在一起，即"产学研"结合，将为实现制度创新和制度供给提供支持，从而形成中国必须推进的第一动力的创新发展。

2018年年初，国家层面特别强调了思想再解放、改革再深入、工作再抓实。这些在创新一线上"产学研"结合的团队，往往都是由学术带头人和科学家作为负责人，而在创新发展的过程中，他们存在很多苦恼。在实际中，落到以"产学研"结合来进行创新的项目，所遇到的问题往往是在制度环境和怎样以制度创新打开科技创新潜力发挥空间这个方面所出现的阻力和困扰。

对于科研团队而言，在实际中必须面对的是科研管理体制，其中的一个具体方面是科研经费管理方面必须遵守的规则。在中央政治局关于改进工作作风、密切联系群众的八项规定正式推出后，中央层面曾专门提到一个问题：不应把八项规定简单套用到知识分子等创新人士中去。但在实际运行的过程中，以贯彻八项规定和加强管理为名，对科研人员和产学研结合的科研团队的管理大大加强。而在加强的过程中，虽不否定有一些正面效应，但总体来说在很多方面发生了走偏的情况，形成了一些繁文缛节。

具体来看，科研人士的课题大体上分为两类：一类是计划课题，计划课题更多地具有行政安排的色彩，是自上而下贯彻的任务；另一类是横向课题，是研究团队面对社会需要，在对于地方政府、部门、企业、社会组织的横向联系之中，双方自愿签字形成协议从而实施的项目，具有承包性质。在实际中，很多横向课题，正是非常典型的由产学研结合才能做好的课题。但在近年的环境中，其实是将上述两类课题放在一起，基本无差异地实施了繁文缛节式的管理。

这与追求创新发展作为第一动力和推进现代化，产生了背道而驰的不良效应。对此，管理层进一步做出新的指示，明确指出要在遵循科研规律的视角上，破除以官本位、行政化的条条框框约束创新人员的错误偏向。但遗憾的是，与之相关的实施细则尚未成形。直到2018年，管理层再次下发文件明确指出，科研人员发明创造所形成的专利，可以对接股权。这是一个重要的突破，这意味着科研创新人员可以用专利对接股权，从而稳定地持股，并不断取得相应的收益。

我认为，这项管理规定的具体实施可以将横向课题作为切入点，真正形成一套实施细则。真正实现解放思想，以人为本，创新发展，不流于空洞的表述和宣传，而是结合实质性问题来体现。这些实质性问题的内涵，其实就是在中国的创新发展环境里，如何真正重视和落实知识分子政策所涵盖的人文关怀问题。我国解放思想、以人为本的创新发展，必须要对应到真实的问题上，由此才能真正释放潜力，激发活力，继续超常规地推进现代化。

# "一带一路"与商贸创新发展
## ——兼论区块链的应用落地

时间：2018年8月
地点：厦门
会议：中国智库"区块链金融创新"论坛

## 一、"一带一路"倡议下的"五通"

在全球化背景下，中国义无反顾地加入到全球化和推进我国现代化事业发展的过程中。"一带一路"是我国实现和平发展和追求现代化过程中的重大倡议，这个倡议引出的是中国在地理空间维度上，向西网状地扩大实现与其他经济体的"五通"，即政策沟通、设施联通、贸易畅通、资金融通、民心相通。这显然是基于经济，又扩展到文化和社会生活，以及中华民族和世界上其他民族与经济体之间各维度立体化的联系和互联互通。

"一带一路"倡议提出后，在相关的发展过程中，首先要和我国疆界相毗邻及相近的经济体共同实现相互之间的协作及互惠互利关系，这进而会影响欧美发达经济体和我国之间的互动。和广大企业及创业、创新人士的联系，也正是在全球化背景下必然将发生的。"一带一路"倡议发展的内在逻辑，是适应全球化的进程，以务实的发展实现多方面的互惠互利交流合作，从而追求共赢发展。这个共赢发展的理念也可以称为包容性发展，并非在竞争中去争夺赢与输，而是既有合作也有竞争。合作竞争的最终目的是共赢，实现共同发展。这充分表明中国抓住了和平与发展的时代主题，同时，这也是对党的十八大提出的"人类命运共同体"这一发展理念的创新发展。中央层面强调，创新是引领发展的第一动力，创新是一个民族进步的灵魂，我们可以通过抓住创新来实现"五通"。

首先，各个国家的管理者，对政府主导的政策要充分沟通。可以看到，近年来中国政府和其他各经济体之间的政策沟通已经在积极进行，接下来则需要有实际的硬件支撑，即设施的联通。历史上，丝绸之路是先人们在本没有路的条件下，通过艰苦奋斗，创造了一些基础设施（至少要有驿站，要有丝绸之路沿线那些基本的联通条件），从而发展起来的。现在，我们有更加明确的一系列基础设施建设项目，要在建设过程中联通起来。

现在，国内很多地方的铁路线路已经实现了直通欧洲，欧亚大陆桥也已经实现了3条线路的运行，还有2条正在规划中。这种中欧间往来的班列在运行初期，很多都是在到达目的地卸货后空车返回，而如今不仅往来车次越来越多，且至少有一半车次都是装载了货品返回。可以期待的是，今后在基础设施的有力支撑下，将更好地实现货畅其流。而货畅其流的本质其实是贸易畅通，实现这种畅通不仅需要资金融通的支持，还需要由经济、贸易发展到文化交流、民心相通的支持。

在"五通"概念之下的交流和联通，从经济学层面该如何解释？首先，不同的经济体和社会成员有各自的比较优势，可以通过互通有无实现优势互补。比如，古代中国盛产丝绸，而欧洲则没有丝绸这种产品，当我们把丝绸运往欧洲的过程中，会将途中所经过的地方，以及欧洲一些区域的特产带回国内。由此，国内百姓享受到的很多东西，是在这种互联互通的过程中，通过既有利于他人又有利于自己的方式丰富起来的。现在很多我们已经离不开的东西，也都是在这个过程中通过交流而实现的。比如红薯、马铃薯、西红柿等很多作物，都是在最近几百年的交流过程中从境外输入到境内的。由此可以看到，所谓互通有无其实就是互惠互利，它带来的是随着贸易的发生而实现的货畅其流、物尽其用、地尽其利、人尽其才，随之而来的则是一系列的正面效应。

我国本土的产品可以称为土产，尽可能多地被输送到外部；而外部一些被我们认为有需求的产品，也更多地流入国内，这样的互通有无所带来的效果是物尽其用。一些在国内剩余的产品，其他地方可能正好短缺，输出以后恰好物尽其用。其他地方也势必存在类似的情况，他们的商品流入到我们这里，也实现了物尽其用。物尽其用在经济学上的解释是资源配置的优化，随之而来的是地尽其利，意味着国土资源禀赋所形成的潜力可以进一步发挥出来。

物尽其用的关键是人，我们所有的发展都是为了人，在人本主义立场上人尽其才，进而满足人民群众美好生活的需要，这也是我们所有追求的归宿。在生活中，每个人都有自己追求的人生价值和随之形成的奋斗目标。实现人尽其才需要和社会方方面面进行互动，而"一带一路"倡议则给大家提供了一个广阔的舞台。我们需要思考的是，在和平与发展的时代，该如何以创新发展的脚步登上这个舞台，使自己通过符合人生意愿的方式形成应有的发展和对社会的贡献。

从这一视角来看，也就意味着实现了全社会资源配置优化带来的人民福祉的提升。在共赢取向和"一带一路"倡议之下的发展，形成了从政策互通到民心相通的综合体系。其实，这"五通"更是相互结合的共通：政策沟通之后基础设施建设带来的货畅其流的贸易发展；资本市场中各类金融机构的发展潜力和资金融通带来的经济繁荣；从经济上升到社会、文化乃至人类文明的升级，由此构建了一个系统工程。通过以上观察，我们可以在理论上形成以下概括：这其中是有客观必然性的，源于人类社会在供给侧的创新，即生产力必然是由低向高发展。在发展的过程中，又引出了当下发展脉络越来越清晰的共享经济时代。共享经济的内涵是包容和共赢，不是简单地在竞争中争取胜利，而是竞争与合作共存，最终一同实现目标。

从商贸的视角来看，"一带一路"倡议交流与发展过程中的互利互惠显然有共享、共赢的趋向，也必然伴随经济学所解释的比较优势所形成的互惠互利机制。直观地看，首先它依托于各个关联的经济体，如中国毗邻的各个经济体，网状联系下的欧洲，以及通过水路联系的美洲，各国经济中实际的产出是支撑互联、互通过程中相互之间基本联系的关键。不同经济体的产出在这种联系中需要依托各自的资源要素禀赋和产业集群的特定结构（各个经济体的要素禀赋和资源禀赋势必不同，因而相关产业集群的结构特点也将不同），大家在这种联通中可以借由交流带来升级效应，以及互通互联后优势互补的拉动，再加上金融的支持和金融在创新过程中形成的科技金融概念，这些可能释放的潜力非常值得我们重视，或将促进升级的实现。

从主观努力的视角来把握这种创新十分重要，至少涉及以下几个创新维度。

第一，观念的创新。对当下的世界来说，创新日新月异，很多东西很快就会被人们"看不上"；而很多新的东西又让一些人"看不懂"；等你稍微看懂了一些时，又会觉得这时已经"跟不上"了，其他人已经捷足先登；当你看到其他人做大、做强，赚得盆满钵满时,只好感叹"来不及"了。

以上过程在实际生活中的很多方面都在发生着,这种过程告诉我们,一定要在观念上坚持思想解放。另外,还要摒弃计划经济时代一些狭隘的眼界,也要摒弃地方保护主义的狭隘心胸,要真正在思想观念上与小生产的因循守旧划清界限,不要陷入守成、小富即安、因循守旧的窠臼,要通过创新来引领观念层面。

第二,基础设施建设和投融资供给机制的创新。在践行"一带一路"倡议的过程中,条件建设是其中的一个关键点,首先涉及硬件。我们已经注意到,为了支持硬件建设要努力构建"大通道",通到各个节点上的各种交通枢纽、相关产业园区、物流中心,要支持各地的各种宜居城市建设,这些工作都在不断向前推进。然而,这些基础设施的建设不可能一帆风顺,但我们不应听信一些负面传言,只看到失败和困扰。而是要看到基础设施建设方面所带来的共同利益,这才是我们应该抓住的主流。当然,在这个过程中我们需要审慎地防范风险。如果能够得到很好的处理,系统性风险完全可以被防范和控制。

在基础设施建设方面,有一个非常重要,同时也是和企业界直接对接的机制创新——PPP(政府和社会资本合作)。在各类公共工程、基础设施、产业园区和产业新城建设运营方面,PPP 有极为可观的潜力,近年来在我国已经实现了积极发展,并不断通过经验总结来推进相关的规划和制度建设。未来很长时间内,在"一带一路"倡议践行的过程中,我们会基于国内经验,借鉴国际经验,把千千万万企业的潜力对接到 PPP 机制的创新中去,从而支持基础设施条件建设。而这其中不仅仅涉及大企业,越来越多中小企业也将涉足 PPP 项目,为企业创造更多发展机遇。基础设施建设方面,目前已经有通过各个国家政策和制度协调而建立的亚投行和丝路基金，也有各种区域性产业基金的配套支持。对于我国企业而言，应该形成和这些政府牵头主导的投融资资金力量之间的互动和协调配合。

第三，贸易和交流模式的创新。如何运用现代信息技术抓住"互联网+"，以及区块链应用等概念，来支持商品贸易、服务贸易的协同发展，是当下值得思考的一个重要问题。从贸易和交流模式创新层面来看，当下所需的生产模式是定制化、个性化和小批量化的，而社会化大生产的生产能力该如何匹配甚至每一件产品都不同的定制化的要求？例如，3D 打印机就是一个很好的工具。即产出的主体仍是社会化大生产，是成规模的企业，但同样可以接受单个订单。订单的要求可以通过信息技术、3D 技术，以及现在已经掌握的软硬条件，通过创新形成的技术加成，便捷、高效地完成。这些是我们必须重视的，今后在满足社会成员需要的过程中，势必将融入商品输出、劳务输出、技术输出、资本输出所形成的大潮流中。在产品和服务形式实现定制化之后，整个社会化大生产的支持基础会继续发展和壮大。

我们注意到，其中有越来越多的公司是混合所有制的跨国公司。相比过去，当下跨国公司一个很明显的变化是，其市场主体已经不再由某一个人来掌控，而是充分实现了股权分散。前十大股东所掌握的股权往往不超过 20%，而其中最大的股东通常是共同基金，是养老基金和其他的机构投资者，他们的股权持有者是大量社会成员，即很多普通劳动者通过分散持股所形成的资金力量。在这个过程中，包括跨国公司在内的一些大企业，所对应的产出可以具体化到接受一张单独一件产品的订单，并用 3D 打印机来完成产品的生产。

在前沿创新环境之下，科技金融的支持至关重要。科技金融的核心是落实到投融资视角上的创新，是以信息化时代最新的科技创新成果，支持有效供给的产出能力。例如，大数据、云计算等与人工智能的对接已经在很多方面为我们带来了功能的全面升级。此外，区块链技术的不断发展也为人们的经济生活提供了诸多便捷，实现了"点对点"解决供给问题。此前，为了建立信用，需要某个公权体系的维系从而形成种种制约和保障，而区块链技术则可以形成"点对点"不可更改的信息，以及基于这个信息的信任关系。这一技术的产生前所未有地降低了交易成本，带有明显的去中心化特色，可以有效实现交易费用的降低，使整个行业和广大市场主体及社会成员充分受益。区块链通过"点对点"建立信任关系，可以有效支持市场中的交易以及相关的投融资活动，由于有效节省了成本，也意味着创业、创新的门槛随之降低。未来，在万物互联的前景之下，依托互联网、移动互联、"互联网+"，以及万物互联下的人工智能，前沿创新一定能够得到充分发展。

可以设想一下，今后的贸易既有商品贸易，也有服务贸易（由此衍生出来的技术输出也可以认为是贸易），而资本输出在某种意义上是借助于这些贸易的进一步升级，未来都有可能在万物互联的环境下形成一种大系统特征，很多信息的沟通能够迅速形成信任，分散的信任随之形成交易，并覆盖整个社会的经济生活。在这种模式之下，人们将形成一个共同的预期——在区块链所建立的信任保障之下，整个经济和社会生活将更有活力，实现更蓬勃的发展。

第四，旅游和交流的创新。如今，越来越多人接受和热衷房车旅游，这种形式解决的是人们对于旅游的个性化和定制化需求，也是人们对美好生活升级的需求。其中，对于可以自己选择满意的路线，游玩时间也完全由自己掌控的房车旅游来说，可以满足人们需求的定制化解决方案。此外，在旅游目的地的选择上，越来越多的国人不再局限于本土，人们的旅游地点日益多样化。并且，大多数人不再热衷于跟随大团队的旅游方式，以往十几天甚至一周游玩八九个国家的"到此一游"式旅游方式已经不被接受，人们更希望按照自己的偏好实现定制化旅游。未来，在信息支撑条件越发成熟的情况下，人们可以更迅速地在手机上掌握沿途的情况，实现更便捷的旅游体验。未来10年内，或许我们就可以看到这个行业进入一个新的发展进程。而在个性化和定制化的创新发展中，需要市场人士抓住和把握好每个机遇。

## 二、区块链的应用与落地

当下，对于区块链这一应用，业界众说纷纭、褒贬不一，有积极肯定区块链的鼓励意见，也有表示怀疑，甚至质疑、抨击的意见。但越来越多人注意到，目前区块链已经不仅仅停留在讨论阶段，其在实际生活中的应用已经越来越广泛。在我对行业内一些知名电商进行调研的过程中，发现这些已经在社会上形成重大影响的企业都明确表态正在应用区块链技术。虽然当下不同的研究者对于区块链的定义还有所区别，但大多都认为这种以点对点、去中心化为特征的技术应用拥有广阔的发展前景。在一些新闻报道里也可以看到，现在已经有人利用区块链技术实现了跨国界支付等，而这在过去是难以想象的。以往的跨国支付需要经历漫长的等待过程，而现在手指轻轻一点就可以完成支付。虽然现在的很多应用尚处于试水阶段，但其发展势头可以用一句古诗来完美概括——"小荷才露尖尖角，早有蜻蜓立上头。"

机遇总是偏爱有准备的人，面对好的机遇，我们不妨把准备工作做得更细致一些，以创新、创业这个取向融入以区块链及金融科技的创新发展作为第一动力的发展潮流。在这个方向之下，我们应高度重视区块链所体现的科技创新。科技是第一生产力，而在创新的环境下，要把生产力的传统要素，即劳动力、劳动对象和劳动工具配上一个乘数。对此，业界早有学者论证这种创新不是做加法，不是加上第四要素，而是在传统三要素的基础上放大。在科技作为第一生产力的基础上，加上制度创新、高标准法治化的营商环境及负面清单管理，让企业实现"海阔凭鱼跃，天高任鸟飞"式的发展。以这样的高水平创业环境，来实现中国继续超常规发展中"全要素生产率"的支持。区块链技术恰恰是紧密结合全要素生产率里科技创新这个要素的。科技创新是第一生产力，第一生产力前沿的创新概念既然联系着区块链、科技金融和风险防范之下的超常规发展，我们就必须继续在这方面投入努力，并在继续观察的同时，积极而审慎地考虑有何作为。

第一，需要鼓励和包容创新发展的社会环境。未来，区块链的发展可能也将经历类似移动商务、微信等的创新过程。在互联网概念普及之后，一些市场人士提出，很快互联网就将转变为移动互联，而移动互联出现后一定会引出移动商务。当时，很多人无法想象移动商务在几年内就成为现实，但事实却真的如此。在很短的时间内，人们不仅仅可以通过手机享受移动互联，还可以在手机上完成手机银行业务或进行商务处理，移动商务已经实现了大众化和普及化。

微信在前些年的发展中，大致路径是产生于美国的原创技术被国内的有识之士关注到后，加上了一些应用条件使其前景广阔。其实，最早运用这一原创技术的还有中国移动推出的飞信，但飞信最终没能发展起来。而腾讯在抓住这个原创技术，对微信进行研发和推广的过程中，也曾经历了痛苦的挣扎。据说在最困难时腾讯曾想过把微信卖出去，但并没有人接盘。谁也不曾想到，微信在到达一个临界点之后，其发展便一飞冲天。如今，大众通过微信可以享受到便捷的金融服务，在街头巷尾人们可以通过微信实现或大或小的消费，即使是零散的资金也可以享受各类理财服务，投资理财的门槛大大降低。这些我们已经享受到的便捷的金融服务，在一些欧美国家甚至还没有实现。

从国家层面而言，面对以上创新发展所坚持的思路是"审慎包容"，而这恰恰营造了一个关键性的创新环境，润物细无声地鼓励和促进企业的发展，并对中国经济的繁荣做出贡献。

第二，企业应志存高远、脚踏实地，把握好自身偏好和必要的风控。想要在市场竞争中做大、做强、做好，每个企业都会有各自不同的偏好，因此要把握好生产经营战略的设计特点。企业要认清自己的比较优势所在，掌握好自己真正可以依仗的核心竞争力，制订定制化的解决方案。对于中央层面提出的供给侧结构性改革，最终的落地点就是结构优化取向下的各个行业和企业，以及市场主体的本职领域，如何形成高水平的定制化方案。其中，关于自身偏好和相关的风控，需要各企业在自负盈亏的前提下，做好志存高远、脚踏实地的合理把握。

第三，科技金融的发展离不开风投、创投、天使投资的特定支持。这一点是有国际经验的，同时在国内也已经得到了验证。以腾讯和阿里巴巴为例，这两大企业均在关键时刻得到了风投、创投、天使投资的支持。对于"一飞冲天"的阿里巴巴来说，如果从投资取得的回报来看，收益最丰厚的并非马云，而是在阿里巴巴的瓶颈期给予支持的孙正义。这位国际知名的投资人在阿里巴巴最艰难的时刻给予了2000万美元天使投资，而在阿里巴巴成功以后，孙正义获得的回报接近600亿美元，收获了3000倍的收益。然而，这样的励志故事仅仅是个案，对于各大企业来说，要有面对市场风险的思想准备，判断自身的偏好是否适合进行需要承担很大风险的创业、创新，是否有可能在关键时刻得到风投、创投、天使投资的支持。

第四，在共赢取向下，要动态地处理好"发展中规范"与"规范中发展"的顺序和权衡关系。对于区块链的发展而言，还需要经历一段"发展中规范"的观察期。目前，我们尚不能明确区块链应用的落地会带来怎样的风险，此时审慎包容应该占据主导位置，这是首先需要考虑的事情，监管层不应急于设立种种风险防控方面的具体规定。但随着发展过程的推进，一旦积累了一定经验，明确了风险点，相关管理部门的管理将会升级，会制定更加严格和具体的行业规范。

PPP的发展也是如此，前些年管理层对于PPP的发展更多的是鼓励，而现在对其发展的管理更多是规范化的约束，但这种规范化的目标是法治化、阳光化和专业化。当下，市场对于区块链的理解，也应在错综复杂的条件下，先理解好发展中规范的必要性，同时也要做好思想准备，在越来越多企业加入到这一创业、创新的过程中，一旦形成了鱼龙混杂的局面，出现了明确的风险点，加强风险防范控制势在必行，此时管理层必将对其形成要求和约束。很多事物都遵循波浪式发展，但其需要经历的"发展中规范"和"规范中发展"的顺序不能颠倒。因为一旦颠倒过来先讲规范再发展，那么很多创新活动就失去了试错空间和弹性的处理空间，创新也就无从谈起。但发展到一定阶段以后，一定要实现在规范中发展，对已经看准的风险加以控制，严格处理好风险防范问题。这些是在此前一些行业发展过程中总结出的基本经验，需要市场人士与管理层不断加强沟通，处理好这两大关系的顺序和相关要领。

第五，处理好先行者的寡头垄断和后进者的共荣发展这一机制创新的"群落式"关系。可以看到的是，新经济的发展在垄断的概念上，已经明显划出了新阶段。以美国为例，过去其经验是当某个企业发展壮大到一定程度，就要援引反垄断法实施强制切分。20世纪80年代，我曾在美国做过一年访问学者，我所在的城市是匹兹堡，在我与当地的电话公司联系时得知，这个公司就是从曾经著名的AT&T（美国电话电报公司）强制切分出来的。由于AT&T公司的规模过于庞大，在整个市场中的垄断地位太强，于是美国政府依据反垄断法，把它强制切分，迫使长途电话业务形成竞争，各个地方的电话业务由多个地方公司经营。然而，这个反垄断原则并没有运用到美国电商的发展过程中。对于电商的发展，美国管理当局意识到它必然会在"烧钱"之后迅速形成寡头垄断局面。

回看中国，很多企业也经历了相似的发展局面。在经过初期的超常规发展之后，大家耳熟能详的也仅仅只有几家企业。此时，有人可能会提出疑问：在这种格局之下，广大中小企业和小微企业的发展空间何在？新经济带来的是迅速成功的寡头垄断企业，但这些企业可以带领大量中小微企业一起走向繁荣。例如，阿里巴巴旗下的淘宝网，甚至可以带领一些原本经济落后的地区开展跨越式创新。此时，政府如果展开一些培训，再加上一些企业的配合与支持，可以使原来认为一旦行业形成寡头垄断后，注定无望分享发展成果的大量小微企业和个体进入共荣发展的过程中来。

而在区块链的发展过程中,可能也会形成这样一种关系。某些先行者经过大浪淘沙的考验,会成为新的发展阶段中为数不多的对于市场有寡头垄断影响力的主体,但在后续的发展过程中,市场仍然面向广大中小企业和小微企业,大家一同寻求共赢发展。在这一发展过程中,电商行业已经形成了"电商界限模糊"的概念。例如阿里巴巴系的盒马鲜生、京东系的 7 FRESH,都在实施线上、线下的结合,整个供应链一直延伸到大量的田头农户。当然,它有一套完善的供应链管理和冷链管理,通过信息技术配套的种种新流通模式,使服务对象即消费者,得到线上、线下结合的电商、非电商的混合式供给,这无疑是一种前所未有的升级服务。在先行者创业成功以后的发展中,会带动为数众多的中小微企业跟随发展,这使我感受到了新经济中共赢的巨大空间。对于区块链未来的发展,也必将符合新阶段中已经可以观察到的共赢发展的逻辑。

# 以制度创新打开科技创新空间

原发表媒体:《中国经济报告》2017年第11期
作者： 贾康　程瑜

2017年9月25日,中共中央、国务院发布《关于营造企业家健康成长环境弘扬优秀企业家精神更好发挥企业家作用的意见》(以下简称《意见》)。这是中国官方首次以"中共中央、国务院"联合发文的最高规格来强调企业家的作用,点赞与弘扬企业家精神。《意见》的发布受到市场各界的一致好评和热烈反响。新华社撰文《让企业家在复兴伟业中发挥更大作用》指出,弘扬企业家精神,将为我们持续深化改革、建设经济强国乃至实现民族复兴伟业凝聚重要力量。

2017年10月18日,党的十九大报告进一步指出,激发和保护企业家精神,鼓励更多社会主体投身创新创业;建设知识型、技能型、创新型劳动者大军,弘扬劳模精神和工匠精神。把企业家精神和工匠精神放在重要地位加以强调,在企业界催生巨大的正能量,鼓舞和动员广大企业家和市场人士积极投身决胜全面建成小康社会的进程,形成新时代中国特色社会主义,实现"强起来"的历史飞跃和中华民族伟大复兴中国梦的强大动力。

## 一、 企业家精神溯源与弘扬

企业家一词的英文为"entrepreneur",是从法语中借来的词汇,原意是指"冒险事业的经营者或组织者"。经济学界最初使用"企业家"这个术语时,并没有专指某一类企业的管理人,而是泛指有创新、创业精神的从事企业活动的人。著名政治经济学家约瑟夫·熊彼特曾指出,企业家就是开拓者、创新者,特别是把科学技术发明引入经济生活之中,把经济向前推进的人。其实,一般的企业经理并不能被称为企业家,汉语语境中,只有那些敢于创新、勇于坚守、心系社会、业绩卓著的企业领导者,才能称得上是企业家。企业家精神则是企业家特殊技能(包括心智、才华和技能)的集合。或者说,企业家精神是指企业家在市场经济激烈竞争的环境中组织建立和经营管理企业的综合才能的表述方式。它是一种重要而特殊的无形生产要素,十分稀缺,非常宝贵。杰出的企业家能够充分发挥他的企业家作用,体现他的企业家精神,这种人才可遇而不可求。即使组织部门专门进行多场企业家培训,但在其中培养出类拔萃的人物也是一件很困难的事。在激烈的市场竞争中,谁能冲出来,真正在前面领跑,往往很难预测并做出准确判断。

约瑟夫·熊彼特关于企业家是从事"创造性破坏(creative destruction)"的创新者观点,凸显了企业家精神的实质和特征。现代管理学之父彼得·德鲁克承继并发扬了约瑟夫·熊彼特的观点,强调企业家精神的核心是创新。经济学家理查德·坎蒂隆和富兰克·奈特将企业家精神与风险和不确定性联系在一起,认为"没有甘冒风险和承担风险的魄力,就不可能成为企业家"。经济学家艾伯特·赫希曼则认为,企业家在重大决策中实行集体行为而非个人行为。政治经济学家和社会学家马克斯·韦伯认为,"这种需要人们不停工作的事业,成为他们生活中不可或缺的组成部分。一个人是为了他的事业才生存,而不是为了他的生存才经营事业。"诺贝尔经济学奖得主弗里曼指出，"企业家只有一个责任，就是在符合游戏规则下，运用生产资源从事获取利润的活动。亦即须从事公开和自由的竞争，不能有欺瞒和诈欺。"以上学者所言，基本概括了企业家精神的实质，即创新、冒险、合作、敬业、诚信。

在我国古代，重农抑商政策沿用了两千多年，商人要为自己的财产甚至人身安全担忧，加之政权多变，伴随着的是社会动荡与经济破坏，严重压抑了企业家的行动力和创造力，久而久之便有了"富不过三代"的说法。20世纪中叶，我国进入计划经济时期，由于制度本身否定个人和企业的自主性，企业家的作用和创新活动仍受到压抑。改革开放以后，随着经济体制的转变，企业家精神开始受到重视并得以发扬，解除了桎梏并得到迅猛的发展和传播。大批冒险家和弄潮儿不断涌现，在市场初创的混沌之中力求把握方向、应对挑战，在竞争激流中顽强生存、勇敢创新，经受重重艰难险阻的考验，在为数众多的思想活跃、个性鲜明、敢做敢闯、追求卓越的企业家带领下，走出了一条又一条企业的辉煌之路。

同时也必须看到的是，我国社会主义市场经济体制环境还有待完善，在产权平等并全面依法加以保护、构建统一市场、开展公平竞争等方面，距离法治、透明、公平、正义的要求还有一定差距，某些官员和企业领导者仍存在诚信缺失和破坏"亲""清"新型政商关系的违法乱纪行为，加之企业面对的市场需求结构、生产条件、资源环境发生了很大变化，部分企业领导者的实业精神和创新创业意愿减弱，企业家精神亦有所失落，或受到了不利条件的钳制与压抑。所有这些，既制约企业转型升级，也不利于整个国民经济的创新驱动发展，亟须针对这些突出问题，兼顾短期、有效的治标之策和中长期带有治本意义的制度建设，回应企业家关切、引导企业家预期、规范企业家行为、激励企业家创新。总而言之，需要进一步保护、激励与弘扬企业家精神。

## 二、保护与弘扬企业家精神的重大现实意义

党的十八大以来，习近平总书记多次提出要尊重企业家、爱护企业家，对企业家寄予了殷切希望，要求不断完善为企业家提供的制度环境。在2014年APEC工商领导人峰会上，习总书记指出，全面深化改革就是要激发市场蕴藏的活力，市场活力来自于人，特别是来自于企业家，来自于企业家精神。2016年中央经济工作会议上，习总书记强调，要着力营造法治、透明、公平的体制政策环境和社会舆论环境，保护企业家精神，支持企业家专心创新创业。2017年《政府工作报告》提出，要激发和保护企业家精神，使企业家安心经营、放心投资。2017年9月，中共中央、国务院发布《意见》，强调"企业家是经济活动的重要主体"，并从改革发展全局的高度提出"三个营造""三个弘扬""三个加强"，抓住企业家精神这个中国经济驱动转型的关键因素，明确了激发和保护企业家精神的总体要求和主要任务。对于企业家，尤其是民营企业家关心的政商关系、产权、公平竞争、资源分配、舆论导向等核心问题，以及国有企业家关心的创新容错等问题，《意见》均给出了明确的指导意见。可以说，《意见》的出台结合了目标导向和问题导向，恰逢其时、意味深长。《意见》提出的核心要素在党的十九大报告中得到了进一步强化，要求激发和保护企业家精神，鼓励更多社会主体投身创新创业，具有重大的现实意义。

第一，这是推动经济转向高质量增长的内在要求。党的十九大报告提出，我国经济已由高速增长阶段转向高质量发展阶段。与其他曾处于该阶段的发展中国家一样，以往支撑经济高速增长的人口

红利、环境红利、廉价土地和资本的要素红利，均已出现支撑力下滑的现象，很可能带来经济升级与发展的瓶颈。在转变发展方式、优化经济结构、转换增长动力的攻关期，在建设现代化经济体系的关键点，面对当前阶段经济增长内生动力不足的局面，除了应保持有形的要素资源投入，更需要激发企业家精神这种十分稀缺而潜力巨大的无形资源要素，提升创新的活力与动能，优化要素资源配置的总体效率，开创提高全要素生产率、引领新常态的新局面。

第二，这是解决社会发展不平衡不充分矛盾的重要推手。党的十九大报告提出，我国社会的主要矛盾已转变为人民日益增长的美好生活需要和不平衡不充分的发展之间的矛盾。在解决这一关键制约因素时，企业和企业家应充分发挥自身的积极作用，当仁不让地成为建设人民美好生活的生力军，不断深度开发有价值且能够进一步满足人民美好生活需要的新产品和新服务，从具体的产品和服务细微处入手，创造条件以消除不平衡不充分的发展。对企业和企业家而言，这既是基本责任，也是重大机遇。

第三，这是推进与深化供给侧结构性改革的重要支撑。当前阶段，世界经济正经历深度调整，中国经济发展步入新常态，创新驱动是第一动力，供给侧结构性改革成为重中之重和指导全局的战略方针。供给侧结构性改革不是单纯的结构调整问题，而是以体制改革为治本之策，通过体制的改革，实现科技创新、管理创新、营销创新。这一进程中，需要企业家们充分弘扬企业家精神，发挥创新能力，焕发企业活力，进而激活整个经济，推进供给侧结构性改革。当下，亟须激励企业家在面对不确定性与种种风险时，勇于担当、敢于开拓，善于识别和捕捉市场机会，在供给侧高效组织配置资源要素，在创新中努力提供适应市场需求变化的产品和服务，经受优胜劣汰的考验，从而以有效供给优化结构，从根本上解决供需错配矛盾。

第四，这是消除旧体制束缚与惰性、实施创新发展战略的重要举措。中国已进入改革的深水区，尚未得到根本改造的旧体制惯性与弊端，对创新发展造成了种种阻碍与妨害。企业家不仅是创新活动的参与者，更是引领者，通过建立新企业、创造新模式、运用新技术、制造新产品、开拓新市场，在不断提升企业核心竞争力的同时，也推动着全社会新技术、新产业、新业态的蓬勃发展，并应成为冲破旧体制束缚、克服利益固化藩篱、贯彻落实创新发展战略的主力军。

### 三、积极落实党的十九大报告和《意见》精神，塑造与弘扬企业家精神

当前，我国全面配套改革正在攻坚克难地向纵深发展，迫切需要凝聚改革动能。对外开放面临扩展全球合作、推进"一带一路"倡议等重大任务，亟待改造和提升传统产业、培育发展新兴产业。引领新常态促进经济社会可持续发展，面临着"矛盾累积隐患叠加"的制约与考验，实现发展急需得到企业家独特而宝贵的贡献。企业家作为现代市场经济中弥足珍贵的特殊资源，作为微观经济层面创新者群体的领头者，对实现创新发展具有不可或缺的引领作用。近些年客观存在的培育企业家成长、激发和保护企业家精神等问题和不足，已经影响了部分企业家的预期和信心。为此，党的十九大报告和《意见》旨在给富有创新精神的企业家提供最合适的创新创业的社会条件，着力完善、激发和保护企业家精神的法治化环境，让优秀的企业家更好地成为改革创新、推动经济增长重要的不可替代的力量。党的十九大闭幕后，在 2017 年中央经济工作会议

上,再次强调了"支持民营企业发展,落实保护产权政策,依法甄别纠正社会反映强烈的产权纠纷案件"。为贯彻落实以上精神,应特别注重如下4个"充分必要条件"。

第一,宽容的社会环境是塑造企业家精神的"保护伞"。营造鼓励创新、宽容失败的文化和社会氛围,对企业家合法经营中出现的失误和失败给予更多理解、宽容和帮助。《意见》指出,"对国有企业家以增强国有经济活力和竞争力等为目标,在企业发展中由于大胆探索、锐意改革所导致的失误,只要不属于有令不行、有禁不止、不当谋利、主观故意、独断专行等情形者,要予以容错。"这种良善的社会容错氛围,是使企业家精神生生不息、代代传承的重要条件。为担当者担当、为负责者负责,为干事者撑腰、对试错者理解和宽容,有利于形成崇尚干事、鼓励开拓、支持创新、保护人才的环境,激发企业家的创新创业热情。比如,对于当下国人都认可和依赖的社交工具微信,在2017年6月的国务院常务会议上,李克强总理曾举例指出:"几年前微信刚出现的时候,相关方面不赞成的声音也很大,但我们还是顶住了这种声音,决定先'看一看'再规范。如果仍沿用老办法去管制,就可能没有今天的微信了!"在整个经济社会生活发展过程中,要有允许企业家冒险探索的弹性空间,应营造直面困难、勇于担当、推动改革、敢于突破的氛围,形成支持改革、鼓励创新、允许试错、宽容失败的环境,这将有利于形成社会性的"保护伞",从而最大限度调动企业家的积极性、主动性和创造性。

第二,健全的制度保障是塑造和弘扬企业家精神的"安全阀"。企业的发展、社会经济的进步,必须鼓励企业家发挥创新精神,而创新作为人的自由思想及独特行为的结果,客观上需要得到制度性的关照与保护。一个富有生命力的社会,在制度建设上必须保障公民自由思考的权利和创业选择的自由,而承认与个人利益密切相关的"恒产",也会为每个人自由思想和探索提供最大激励。《意见》把对企业家的财产权保护,当成激发企业家精神、更好地发挥企业家作用的固本之道,切实保护企业家的正当财富和合法财产,给予作为财富创造者的企业家以获得感和成就感(而非剥夺感和幻灭感),激励企业家创造更优秀的成绩,而这也是依法保护企业家创新权益重要的治本之策。2017年中央经济工作会议对此进行了强调:"要加强产权保护制度建设,抓紧编纂民法典,加强对各种所有制组织和自然人财产权的保护。坚持有错必纠,甄别纠正一批侵害企业产权的错案冤案。保护企业家精神,支持企业家专心创新创业。"具体而言,这种产权保护也应积极探索在法律法规框架下以知识产权的市场价值为参照确定损害赔偿额度,完善诉讼证据规则、证据披露及证据妨碍排除规则。探索非诉行政强制执行绿色通道的建立,研究制定商业模式、文化创意等创新成果的知识产权保护办法等,同时要及时纠正侵犯企业产权的错案冤案。《意见》指出的以法治化基础性制度建设,为塑造与弘扬企业家精神提供"安全阀"的权威性指导,将产生深刻、长远和巨大的正面社会效应。

第三,良性的市场公平竞争是弘扬企业家精神的"催化器"。企业的发展离不开公开、公平、公正的市场环境,只有在健康的市场环境中,企业才可以营造诚信经营、有序竞争的经营模式。《意见》提出,"厘清政府和市场的边界,让市场在资源配置中起决定性作用,同时更好发挥政府作用。"一方面,政府应进一步加大简政放权力度,减少对微观经济的干预,为各类企业和企业家营造权利平等、机会平等、规则平等的市场环境,废除对非公有制经济各种形式的不合理规定，消除各种隐性壁垒，保证各种所有制经济依法平等使用生产要素、公平参与市场竞争、同等受到法律保护、共同履行社会责任。另一方面，要构建"亲""清"新型政商关系，让企业家增强信心、稳定预期。政府官员同企业和企业家之间要公私分明，不能以权谋私或者权钱交易。同时要加强与企业家，特别是民营企业家的交流和沟通，在深入推进简政放权的同时，为企业和企业家提供优质、高效、务实的服务，切实帮助企业解决实际困难。此外，政府为实体经济减负要与增强企业自身创新能力相结合。企业家作用的更好发挥，内在动力是企业的创新发展，而过高的成本负担会极大地影响企业在创新领域的投入。一段时间以来，国家特别强调着力为实体经济减负。李克强总理明确提出，要让政府部门过紧日子换企业过好日子，"营改增"中要确保所有行业税负都"只减不增"。对于企业而言，主要是降低微观层面的运行成本，不断增强自身的创新能力和营利能力，提高成本转化率和附加值；对于政府而言，则主要降低宏观层面的制度成本，通过短期政策措施的出台和长期体制机制的优化，为市场机制的有效运行营造良好的环境，以实现整个国民经济中各行业的企业成本的合理化和最优化，提高整个经济社会的运行效率。这种公平竞争的可预期、可维护，将成为企业家精神培育与弘扬的良好的催化器。

第四，有效的政策支持是弘扬企业家精神的"稳定剂"。在党的十九大报告中，10余次提到科技，50余次强调创新。2017年中央经济工作会议也提出，要推进中国制造向中国创造转变，中国速度向中国质量转变，制造大国向制造强国转变。企业的创新和提质增效，本质还是要通过高技术来实现。因此，需要在让市场发挥决定性作用的同时更好地发挥政府作用，即需要有效的财税、金融、科技、产业等领域的政策支持。一是科学运用财政激励、税收优惠等政策，支持企业和企业家创新创业；二是引导金融机构为企业家创新创业提供资金支持，探索建立创业保险、担保和风险分担制度；三是深化科技体制改革，建立以企业为主体、市场为导向、产学研深度融合的技术创新体系，加强对中小企业创新的支持，促进科技成果转化；四是吸收更多企业家参与科技创新政策、规划、计划、标准制定和立项评估等工作，向企业开放专利信息资源和科研基地；五是健全企业家参与涉企政策制定机制，建立政府重大经济决策主动向企业家问计求策的程序性规范，保持涉企政策的稳定性和连续性，基于公共利益确需调整的，严格调整程序，合理设立过渡期。

# 创新发展中的股权投资

时间：2018年1月
地点：北京
会议：股权投资论坛

当下，党的十九大对历史方位的判断，是我们已经走过了站起来和富起来的时代，要完成现代化历史飞跃，走进强起来的新时代。站在新时代向前看，目标导向是中央层面的"两步走"战略部署，在2035年基本实现社会主义现代化，在2050年建成社会主义现代化强国。在引领新常态的过程中，决策层重点强调了3个关键词。

第一，新常态。体现在我国经济增速由高速调整为"中高速"，这符合中国进入中等收入阶段后，提升经济增长质量的要求。

第二，结构优化。结构问题一定是发生在供给侧，要以制度结构优化带动整个产业结构、区域结构，以及各种人文生态视角下的结构问题，更好地提高供给体系的质量和效率。

第三，创新驱动。创新发展是第一动力，我们要通过实现动力体系的转型升级，促进协调发展、绿色发展、开放发展，最终落实到人民群众对美好生活的需求得到满足的共享发展。

从宏观经济的基本运行态势来看，自2015年下半年以来，中国经济运行的龙头指标（GDP增速）的运行区间在很窄的区间里波动，表明我国经济生活中的亮点在增加。主观上，我们要理性掌握供给管理，推进供给侧结构性改革，在避免低级错误的基础上，促进由"新"入"常"，完成"L"型转换。在此背景下，党的十九大进一步强调了要聚焦化解社会主要矛盾，以供给侧结构性改革为主线，构建现代化经济体系，以质量第一、效率优先的方式对接中高速增长平台。由此来看，构建现代化经济体系要真正把发展方式转变为效益型和可持续的升级版发展状态。

在新供给经济学框架下，我在研究中形成了一个基本看法：要特别注重在投资概念下如何掌握有效投资的问题。此前几年，在中国进一步与其他经济体互动，完成现代化和平发展和和平崛起的过程中，投资领域里的潜力空间非常巨大。关键是要形成良好的机制，选择性增加有效供给的"聪明投资"。我认为，在现阶段中国的发展中，这种能够优化结构、增加发展后劲的"聪明投资"俯拾皆是。例如，与工业化相伴的城镇化，其真实水平（户籍人口的城镇化率）仅在40%左右，假设未来每年提升一个百分点，那么也要经过20多年才能达到国际经验表明的70%左右，告别城镇化的高速发展转而进入低速发展阶段。在此之前，建成区的扩大、基础设施的升级换代、产业互动里的产业升级、各区域处理不平衡关系所需的各种有侧重的投资将层出不穷。例如，中心区域的公交体系建设、停车位建设等，这其中可能涉及的投资存在非常大的空间，关键问题是如何掌握好有效的投资机制。

实际上，在投资机制的创新发展中，与股权投资概念紧密结合的PPP机制非常值得看重。例如，北京地铁4号线和16号线就是一个典型的PPP项目案例，通过引进港资实现了企业与政府的合作。这种机制不仅解决了资金问题上的燃眉之急，履行了政府应尽的公共工程建设责任，更有效提升了项目绩效，使政府、企业和专业机构的相对优势强强结合，为百姓谋得了实惠。这其中所涉及的股权，包括一开始进入社会资本方的第一轮股权投资，以及之后与PPP资产交易相对应的股权交易平台。PPP资产以股权为形式，在实际中发展其流动通道上的交易，以及后续滚动开发中子项目中新的股权组合。对于这些投资机会，需要由政府牵头实现通盘规划，然后所有项目就像是棋盘上的棋子，逐步加以实施。

PPP项目的具体机制已经引起了投资界的高度关注，从20世纪90年代前期本土民营资本介入的第一个BOT（建设-经营-转让）项目——泉州刺桐大桥，到现在已经被列为国家示范项目的固安连片开发项目，还有汕头市濠江区规模达到168平方公里的海湾区域连片开发，这些项目都为我们展现了有效投资所带来的多方共赢的投资机遇。并且，这些项目的股权结构天然就是混合所有制，政府以"四两拨千斤"的方式引领社会资本的进入，并让它们在其中扮演主角。当下，有关部门在防范风险方面，更看重的反而是政府的股权比重不能过低。因此，在PPP领域里，民企的偏好得以实现，政府充当配角出少量股权，更多地由企业形成实际的控股和决策，充分发挥各自的比较优势。进一步来看，这种模式顺应了基本经济制度的重要实现形式，是混合所有制这个股权改革的创新方向。

从经济学层面来说，有效投资对应的市场主体投资的路径，主要有以下几条：资本积聚创业扩大再生产、资本金加间接融资，以及上市发债的直接融资，此外还有私募、互联网众筹等。在股权投资运行的过程中，显然要自负盈亏，自担风险。从投资的哲理上说，首先要看大势，取势之后再在各自投资领域里明道，掌握好一些必须把握的规律。至于"精术"，则是在细节上争取做到极致。

在全球化时代下，中国的投资机遇将与世界连通，在"人类命运共同体"的理念下，所有经济体将寻求共赢。而在这个过程中，中国将真正走出从追赶到赶超的现代化之路，重归世界民族之林的第一阵营。

如果以此为背景讨论投资机遇，有两个方向需要关注：一方面，投资的决策者、企业家应秉持企业家精神，这个精神落到实际中则表现为以创新适合人群之需要，也就是满足人民群众不断增长的美好生活的需要。企业家精神的稀缺性和珍贵性之所以被推崇，是因为它最终可以通过其独特的贡献改变生产要素组合，提升供给水平，从而使人民群众的需要得到升级换代式的满足，用户体验得以实现颠覆式的创新。

另一方面，机遇总偏爱有准备的人。在实际中，很多投资机遇带有稍纵即逝的特征，因此我们需要有所准备并争取把握住机遇。

在实际中，这些投资机遇至少分为以下3类。

第一，政策倾斜下的战略性新兴产业、绿色经济的发展等。对于在这些方面有心得的投资主体而言，显然要紧跟政策取向，明确自身的比较优势，并积极向有关部门反映情况，争取得到政策支持。

第二，与"互联网+"相关的投资机遇。从包括美国硅谷在内的国际经验来看，其基本特点是政府在其中持有一种"无为而治"的态度，为市场提供充足的创业和创新的环境。

第三，在一般的竞争性领域内，创新升级的机会非常多。此前，曾有企业家对我说，自己所从事的是传统企业，苦于无法进入高科技领域，甚至被一些人看作夕阳产业，找不到自己的出路。但我认为，从适合人群之需要这个角度来看，投资所对应的产品供给的创新，在实际中仍有巨大空间。在中国传统产业市场与国际互动的过程中，一方面，我们已经具有世界工厂的特征；另一方面，在升级发展的明确要求下，传统产业对应于各种高科技概念下的适用技术，并不一定达到多么前沿的水平，只需对应一些新的机制、新的物流和盈利模式等，一旦眼界打开整个局面可能也会焕然一新。以最基本的传统餐饮行业为例，可以注意到的是，当下很多入驻高科技园区、保税园区、物流园区等的企业和厂家，较少出现自己兴建职工食堂的情况，作为餐饮企业，如果通过竞标成为供应商，就相当于扩大了市场份额，这无疑是传统餐饮企业需要抓住的一个市场机遇。

对于如何把餐饮行业的供应做好，国际经验已经非常丰富，国内也有各种各样的探索，这需要依靠企业的努力来实现。如果从投资的角度来看，可以从"老少男女"这4个层面来挖掘潜在机遇。

首先，"老"。养老是对服务经验和所需硬件的一种组合和合理安排，这种定制化方案可能形成很多特色，显然是一个潜力巨大的投资领域。当下，机构养老已经远远不能适应老年人群的需要，存在严重的供给短缺。而对于投资者来说，这就是机遇。但是如果想形成好的品牌，并得到预期的投资回报，必须通过定制化设计来实现。北京昌平区有一个园区叫作燕园，是由泰康保险集团投资布局的一家养老机构。除此之外，泰康还在苏州、上海等地布局，全国范围内已有十余个园区。这其实就是在传统产业概念下的升级，在"互联网+"时代下，匹配了互联网因素，适应了老龄化社会的客观需要。此外，居家养老等模式也都在探索的过程中。在此类创新的过程中，虽然存在一定的风险，但更需要各方面的积极探索。

其次，"少"。指的是少年儿童。目前，中国玩具的生产份额，已经占据全球的80%以上。但很遗憾的是，中国没能形成世界知名的本土品牌。但同时，这也是我们的机遇所在，市场中的有志之士可尝试通过投融资组合，在前端开发属于我们自己的具有生命力的品牌。

再次，"男"。近年来，保健品行业对男性市场的开发严重不足，如果能抓住这个线索并真正实现突破，对应人群的需要开拓市场，投资势必会取得巨大成功。

最后，"女"。女性的需要则更为明显，如今经过多年发展，我国也未能在女性所需的时尚用品及化妆品领域形成具有影响力的中国品牌，这个问题值得企业界和投资界来思考。

除以上之外，还有很多行业也是如此。例如中国的房地产行业，当下我国的城镇化水平仅仅走到高速发展阶段的前半段，接下来需要在市场分化后，顺应趋势和政策的调整，在基础性制度改革的过程中抓住机会。

当下，从决策层到管理部门，整个市场的监管取向是强调防风险、去杠杆。从逻辑上说，资本必然要进行投融资——资金只有通过投资、融资，实现升值后才能体现资本的属性，但只要有投融资，就必然伴随风险。中央层面的精神实质是防范系统性风险，所针对的是各类金融风险因素在此前一段时间内的叠加。但是，想要贯彻好这一精神，不能一概而论，要有效防范金融体系风险，贯彻落实为实体经济服务的目标，纠正金融脱实向虚的偏差。在此想要探讨的是，在防风险、去杠杆的过程中，如何把握应有的理性态度。

一方面，风险无处不在，如何正确认识主要风险点，并与系统性风险相关联是重中之重。这意味着，我们不能只要看到一个风险点，就认为它可能会传导为系统性风险，然后死死按住，这并不是一种科学的态度。

另一方面，在对策上不能"一竿子打落一船人"，以防范风险为名制造风险。想要避免一刀切式不加区别的防范，就要真正领会供给侧结构性改革的精神实质，也就是在继续优化需求管理的同时做好供给管理。所谓供给管理，一定要形成结构优化的可行方案，要做到区别对待。在此基础上的供给管理，最终将落实到有效服务于创新发展。

因此，我们需要在防范风险的正确导向下，真正掌握供给侧改革的精神实质，掌握好结构优化的基本要领，把握好创新发展中对风险点的理性分析，从而形成尽可能高水平的定制化操作方案。

# 创新投资策动改革

时间： 2019 年 1 月 23 日
地点： 北京
会议： 中关村创新论坛

创新发展作为第一动力，与之相关的投资是非常关键的动力源，是适应社会需要、提供有效供给的源头。经济活动在供需互动的过程中，起步阶段的投资至关重要。中国想要完成经济社会转型和走向现代化，如何以投资和改革的互动支持超常规发展，是我们面对的一个重要问题。只有实现可持续的超常规发展，中国才能在历史的新起点上继续追赶，达成党的十九大提出的"两步走"发展战略——基本实现社会主义现代化和建成现代化强国这个新时代"中国梦"的目标。

当下，我们面临一个复杂的局面：2018 年以来，我国面临外部压力不断升级，并与近年来内部发展中的一些矛盾交织在一起，市场预期显著向下。中央层面指出，我国经济形势呈现稳中有变、变中有忧的态势，经济下行压力明显。对于这种巨大的不确定性，我们无法做出准确预测，但我们所能把握住的，是做好自己可选、可做的事，把握这种确定性。当下，我们迫切需要创新投资机制，因为扩大内需是必然选择，只有将有效投资的潜力空间打开，才能扩大内需并策动改革、调动潜力、牵动消费，由此增强发展后劲，这是我们必须抓住的机会，这其中蕴含着我们应该把握住的确定性。

在此背景下，中国有效投资的潜力空间是可观、可用、可贵的，投资机会俯拾皆是。但如果我们想要释放这一潜力空间，一定要与改革创新相呼应。市场中有观点认为，当下我国的工业化进程已经进展到中后期，逐渐向后期转变。对此我并不认同，虽然我国一些沿海地区的工业化已经进展到中后期，但广大中部和西部地区的工业化仍处在中期甚至初期。总体来看，中国工业化现阶段处于从中期向中后期转变的过程。但不可否定的是，这其中的一些增长点已经率先从中后期向后期转变。2018 年，我国常住人口城镇化率为 59.58%，户籍人口城镇化率为 43.37%。按照国际经验，这一水平表明该地区城镇化的高速发展阶段还远远没有完结，而城镇化水平与工业化的推进过程存在呼应关系。只有当一个经济体的真实城镇化水平达到 70% 左右，才可以认定它有充分条件支撑工业化的发展进入后期。按照中国目前的城镇化水平推算，常住人口和户籍人口这两个城镇化率指标的平均值在 51% 左右，即城镇化的高速发展还有 20% 的空间，未来还将有多轮建成区的扩大、城乡接合部和相关区域基础设施的建设和升级换代，以及产业互动和产业升级、人力资本培育等大量需求被释放，这需要得到中国本土和全球有效供给的回应，这也是中国弥合二元经济过程中工业化和城镇化的结合所表现出的超常规发展，即引擎和动力源。

但此过程中必然也存在一些矛盾的制约。例如，很多地区都有大量基础设施需要建设，但政府本身的资金力量显然不足，此时就可以积极尝试 PPP 机制。这一机制不仅仅是融资模式的创新，而且是管理模式和治理模式的创新。以北京为例，我们的目标是加快建成国际大都市所具有的四通八达、密度足够的轨道交通网，否则北京公交体系的矛盾将无法得到有效缓解。在建设的过程中，需要大量资源的有效供给，但政府自身的财力显然不够。在这种情况下，北京地铁 4 号线和 16 号线相继采用了 PPP 机制。由此，通过注入港资不仅解决了原有模式所形成的局限，并且带来了绩效提升，为北京地铁引入了港铁的高水平管理和运营经验。在 PPP 项目中，政府企业和专业机构实现了"1+1+1>3"的绩效提升。

对北京来说，类似的有效投资空间要继续打开，否则一些社会矛盾将很难缓解。我们要通过借鉴一些相对成熟的轨道交通网建设经验，缩小和国际真正高水平中心都市区域公交体系的差距。不仅北京如此，我国其他百万人口规模以上的城市也同样需要加快建设。

此外，中国的中心区域主要是城镇，据有关部门粗略统计，城镇区域共缺少 5000 万个停车位。在实际生活中大家也都能切实感受到停车位的紧张，这是中心区域普遍出现的现象。但在未来的十几二十年里，我们必须将这个短板补上。同样以北京为例，停车场和停车位的建设存在很多现实问题。例如，与长安街平行的北京东西方向第二条交通动脉平安大街，开发时的设想是尽可能实现高水平设计，道路两旁的店铺装潢华丽。但遗憾的是，道路规划中缺少了对停车场和停车位的安排，因此多年来街道两旁店铺的人气始终无法提升，没有起到街道基础设施应有的支撑繁荣的功能。在此现状下，如果想让平安大街如愿繁荣起来，就必须考虑建设立体停车位。对于这项基础设施的建设，完全可以在政府形成规划后，通过引入 PPP 机制来解决资金问题。目前，市场上已经有一些企业开发了可以实现上下各 5 层的立体停车位方案，用原来 1 个车位的空间解决 10 辆车的停车问题。即使是最高和最低位置上的车调到地面上，也可以在 50 秒内完成。这种有效供给如果以 PPP 的模式实现，就能够打通民间资本的力量，建成后一旦投入使用就会产生现金流，从而解决建设和运营过程中的资金链问题。当下，在中国可以观察到很多类似的有效投资案例，包括智慧城市、生态城市、海绵城市的建设等，这些项目完全可以通过充分调动潜力做得更加有声有色。

实际上，政府财政资金的可行性缺口补贴所追求的就是"四两拨千斤"的放大机制，期望通过良好运作产生可观的乘数效应。这种支持机制是"守正出奇"的哲理在实际生活中的贯彻，不仅守住了市场经济之正，又在特定条件下承担了一定的创新风险，争取走通出奇制胜的创新之路，实现从追赶到赶超的超常规发展。目前，PPP项目在财政承受能力上有10%的天花板，目的是防范风险和控制风险，其内在激励是使高水平PPP得到更好的发展，使得城市运营、乡村振兴等一系列开发性项目成为主流。这10%的空间其实大有文章可做，但遗憾的是，当下一些地方政府因辖区内的PPP项目专业水平不高，很快就把10%的空间填满了，而后续的优质PPP项目将不再有空间。实际上，最值得推崇的方式是尽量少花钱，将10%的空间用到更多项目中去。但想要实现这种预期，需要在政府和企业的意愿达成一致后，引入专业团队，帮助他们提高项目设计和筹划水平，在天花板下充分运用可行性缺口补贴。

在实际中，不少典型项目的建设甚至不需要太多政府资金。例如，汕头滨海新城的项目在中信地产进入后，要经过半个世纪以上的滚动开发，但政府几乎不需要出资，其10%的空间完全不会到达天花板。在滚动开发的过程中，第一个标杆性项目是中信地产以自身的大资金启动的一个大规划，"圆汕头人百年之梦"——建设汕头海湾隧道。海底隧道的建设将使汕头海湾区域的公交体系实现

"全天候",即使遭遇台风需封闭桥梁,仍可以通过海底隧道实现通行。由此,城市的基础设施建设潜力将被激活,后续可能带来的发展前景将是持续的滚动开发,在此过程中将有很多国有企业和民营企业参与投融资的机会。而在这个大规模的连片开发项目中,资金将主要来自政府体外,显然可以帮助汕头这个重要的经济特区打开一个新局面。

另一个典型的连片开发案例是位于京津保三角腹地的固安县,在世纪之交后的十几年内改天换地。在固安产业新城建设和运营的过程中,民营企业和当地政府达成合作协议,形成了"政府主导,企业筹资,市场运作"的模式,把过去默默无闻的农业区域,打造成非常具有影响的经济增长级区域。这是非常值得肯定的超常规发展,通过有效投资带动了宜居城市建设,且整个过程没有对政府形成实际负担,而是企业在政府规划下,用自身经验和人脉招商引资,实现市场经济环境下投融资乘数的放大。

此外,即使一些过去看来很难进行的事情,当下也都可以尝试去争取非常有支持力的现金流。例如一些地方政府的天网项目,这原本是公安部门用于管理社会治安所需的体系。如今,在对接了投资之后,通过对天网的信息进行必要的技术处理,在符合规范的情况下可提供给外界使用。市场中,一些互联网企业非常有意愿出资购买相关信息。于是,通过招标、竞价的方式,这些信息实现了买卖并形成现金流。包括百度、腾讯等其他企业的网上地图,其相关信息大多是从天网工程已经形成的信息网络里通过规范方式取得的,而且是按照市场规则付费。这个案例充分实现了政府、企业、社会的多方共赢,是有效投资的成功创新。

在实现策动改革的过程中,政府面临着一些挑战:一方面,政府必须做到思想解放，如要仍按照因循守旧的套路，将无法实现开拓和创新。另一方面，政府需做到职能转变和自我革命。通常，不少PPP项目很可能需要三五十年，甚至更长的时间，过程中势必涉及政府的轮替，那么这种长期行为如何才能受到保护？对此，我们必须将打造高标准、法治化营商环境作为重要目标，在政府和企业签订协议后，各届政府必须履约，为企业提供保障。这其中涉及的实质性改革概念，是在激发经济活力的同时打造全面依法治国的高水平法治化社会，使企业具有信心实现公平正义的营商环境和社会环境。如果政府层面实现了良好的自我革命，通过类似PPP的项目将能够把投资机会从潜力变成实际的投资支撑力，把想干事、会干事的人聚集在一起，共同把事干成。在PPP等机制的阳光化操作下，将更多的潜力发挥出来，这种超常规的创新发展将对中国的现代化进程形成强有力的支持。

# 发展中的股份制：以"重建个人所有制"的资本社会化达成资本私有制的积极扬弃
## ——于解放思想中坚持和发展充满生机活力的马克思主义的一个重要问题

原发表媒体：《全球化》2018年第4期
作者：贾康 苏京春

在创新发展中运用马克思主义基本原理指导人们的思想解放与改革实践，就应该面对重大现实问题，与时俱进地坚持和发展充满生机与活力的马克思主义。现阶段，在建设与完善中国特色社会主义市场经济的过程中，面临一个关联整个经济运行体系现代化升级的重要问题，即构建现代企业制度取向下股份制经济的发展方向。深化这方面的理论探索，对于合格的马克思主义者而言，是应有的作为，也是继承与发扬马克思思想体系中重大理论命题合乎逻辑的积极努力。

马克思在《资本论》里提出，应在资本主义时代成就的基础上，在协作和生产资料共同占有的基础上重新建立个人所有制。而这种重建的核心与实质究竟是什么？以往学术界对此虽有讨论，但还很不充分，往往囿于认识局限性，停留在马克思、恩格斯著作的中文版内、曾为人们着重强调的"消灭私有制"这个条条框框中，试图自圆其说，抑或归结为仅是在生活资料方面个人所有制的重建。

《共产党宣言》中文本里，确实有"消灭私有制"这样的表述，但是细究1848年2月问世时及其后再版时由马克思、恩格斯规定为以后各个经作者同意的版本之基础的德文原文，"消灭"的用语是"aufhebung"，即"扬弃"，准确的中文翻译其实应为"扬弃私有制"。著名经济学家董辅礽先生生前曾撰文专门指明这一点。英文版在翻译此单词时，用的是"abolition"，即"废止"（本应用sublate，语义更为贴切），当再译为中文时，可能当年《共产党宣言》的翻译者陈望道等人参照英文版、依从日文版的处理未能对证德文，表述为"消灭"，以致以后各中文版本沿用至今。

　　"扬弃"是作为马克思主义来源之一的德国古典哲学中的重要概念，伊曼努尔·康德首先用于其哲学体系内，后为约翰·戈特利布·费希特大量使用。直至黑格尔，首先赋予了这一概念以肯定和否定的双重含义，并用来构建以辩证法为人类思想史重大贡献的哲学体系，表示的是事物发展中对旧质既抛弃又保留、既有克服又有继承的关系。中文曾将这一德文单词音译为"奥伏赫变"，后又意译为"扬弃"。这两个字被学者评价为译得"信达雅且形神兼备，相当思辨"，可令人联想麦稻收割后的扬场之去粗取精，自体升级。

　　如力求完整地、准确地理解马克思、恩格斯在《共产党宣言》中表述的相关思想，应当认为"扬弃私有制"才是较准确的汉译。同是这篇文献，马克思、恩格斯特别说明："共产主义并不剥夺任何人占有社会产品的权利，它只剥夺利用这种占有去奴役他人劳动的权利"，以此而阐释清楚"个人占有"和社会产品的必然关系。所谓"消灭（扬弃）私有制"，在马克思的思维逻辑和论述脉络中，只可能指生产资料所有制上的私有制概念，这是个早已在命题中锁定的十分明确的概念：与个人相关，能够重建的是什么呢？如果说重建的是生活资料的个人占有，那么实际生活里生活资料天然的存在形态就是个人所有和占有的，包括工人阶级必要生活资料里"V"的部分，天然是工人需要占有的，该吃的吃进去，该穿的穿起来，他才能作为劳动力发挥功能——这种个人对于生活资料产品的占有制度，无所谓重建的问题。

本文提出，应将重建个人所有制的核心与实质，放在以股份制为实现形式的"社会资本"即"资本社会化"对私人股权的包容与内洽上来。这个内洽不是凭空产生的，其逻辑的起始点，正如马克思在其代表性著作《资本论》中所指出的，是股份制对于生产资料私有制具有"扬弃"作用，而关于这种扬弃，我们应当结合当代实际生活中股份制的发展使之成为公有制的主要实现形式，并结合混合所有制作为社会主义基本经济制度的重要实现形式进一步深化认识，依严谨的学理来探索在股份制的发展中为什么以重建个人所有制的资本社会化，能够带来对资本私有制"积极扬弃"的原理与路径。本文的相关探讨是为中国特色社会主义市场经济下的股份制与混合所有制改革，提供可供探寻的理论认知框架和深化创新的路径指向。

### 一、股份制对生产资料私有制的扬弃

#### （一）马克思对股份制"扬弃"作用的认识

马克思在有生之年，已经敏锐地意识到股份制的特异影响和对社会发展的可能贡献。从社会经济生活观察："假如必须等待积累去使单个资本增长到能够修建铁路的程度，那恐怕直到今天世界上还没有铁路。但是，通过股份公司转瞬间就把这件事完成了。"从生产关系的制度演变观察："那种本身建立在社会生产方式的基础上并以生产资料和劳动力的社会集中为前提的资本，在这里直接取

得了社会资本（即那些直接联合起来的个人的资本）的形式，而与私人资本相对立。并且它的企业也表现为社会企业，而与私人企业相对立。这是作为私人财产的资本在资本主义生产方式本身范围内的扬弃。""资本主义的股份企业，也和合作工厂一样，应当被看作是由资本主义生产方式转化为联合的生产方式的过渡形式，只不过在前者那里，对立是消极地扬弃的，而在后者那里，对立是积极地扬弃的。"

这些文字反映了马克思关于股份制论述的核心观点。首先，马克思明确判断了由于股份制的出现而形成的直接联合起来的个人资本的社会资本属性，以及其与私人资本相对立的意义，并伴随着由私人企业转变为社会企业的破茧成蝶式的升级。他虽然还未直接认可股份制已经将资本主义下的私有制转变为公有制，但他却已经明确认知这是私人资本在资本主义生产方式本身范围内的"扬弃"，其所新产生的社会企业中社会资本与私人资本的相对立，是由资本主义生产方式转为联合生产方式的过渡形式。其次，结合马克思、恩格斯在《共产党宣言》中的论述，"资本是集体的产物，它只有通过社会许多成员的共同活动，而且归根到底只有通过社会全体成员的共同活动，才能运动起来。"最后结合《〈政治经济学批判〉序言》中"两个绝不会"原理所揭示的公有制形成的新社会形态是在"旧社会的胎胞里成熟"起来、"在资本主义时代的成就的基础上建立起来"的一种社会制度的基本逻辑，不难看出，虽然那时他仍把一般的股份制归为一种"消极扬弃"，但是马克思对资本主义制度下出现股份制而对资本主义生产方式发生形式否定、对其具有的资本社会化运行特征，以及其所引发的走向新生产方式的"过渡态"，是秉持积极肯定态度的。同时，他还明确地肯定了这一"社会资本"形式下的劳动者合作工厂机制，是已出现的"积极扬弃"。

## （二）马克思对重建个人所有制的论述逻辑

在论述资本主义积累的历史趋势时，马克思对私有制的核心认识有两层：第一层是"第一个否定"，第二层是"否定的否定"。

所谓"第一个否定"，指的是马克思对私有制从小生产私有制发展到资本主义私有制的必然性认识。马克思指出："私有制作为社会的、集体的所有制的对立物，只是在劳动资料和劳动的外部条件属于私人的地方才存在。……劳动者对他的生产资料的私有权是小生产的基础，而小生产又是发展社会生产和劳动者本人的自由个性的必要条件。……这种生产方式是以土地和其他生产资料的分散为前提的。……它发展到一定程度，就产生出消灭它自身的物质手段。……靠自己劳动挣得的私有制，即以各个独立劳动者与其劳动条件相结合为基础的私有制，被资本主义私有制，即以剥削他人的但形式上是自由的劳动为基础的私有制所排挤。"简要地说，这是第一个否定，即指"资本主义私有制对小生产所有制的否定"。

所谓"否定的否定"，则指的是马克思对资本主义私有制发展到重新建立个人所有制的必然性认识。对于资本主义私有制，马克思这样论述："……现在要剥夺的已经不再是独立经营的劳动者，而是剥削许多工人的资本家了。……这种剥夺是通过资本主义生产本身的内在规律的作用，即通过资本的集中进行的。……随着这种集中或少数资本家对多数资本家的剥夺，……那些掠夺和垄断这一转化过程的全部利益的资本巨头不断减少，……日益壮大的、由资本主义生产过程本身的机制所训练、联合和组织起来的工人阶级的反抗也不断增长。资本的垄断成了与这种垄断一起并在这种垄断之下繁盛起来的生产方式的桎梏。……剥夺者就要被剥夺了。"

围绕以上两个层面的否定，马克思在阐述自己的认识时特别提出，第二个层次上的否定，是资本主义私有制对自身的否定，是在第一个层次上的否定即资本主义私有制对小生产私有制否定基础上的再次否定，从而是否定的否定。而马克思特别强调了这种否定所指的方向，那就是："不是重建私有制，而是在资本主义时代的成就的基础上，在协作和对土地及靠劳动本身生产的生产资料的共同占有的基础上，重新建立个人所有制。"特别值得注意的是，马克思为这一结论，列明了最为重要的生产资料条件，即"协作和对土地及靠劳动本身生产的生产资料的共同占有"这一条件，充分揭示了马克思对资本私有制发展方向是升级为公有制的思考。马克思在说到由此而重新建立个人所有制之后，紧接着又提到："以个人自己劳动为基础的分散的私有制转化为资本主义私有制，同事实上已经以社会的生产经营为基础的资本主义所有制转化为社会所有制比较起来，自然是一个长久得多、艰苦得多、困难得多的过程。前者是少数掠夺者剥夺人民群众，后者是人民群众剥夺少数掠夺者。"结合前面的分析，这句话当中的"以社会的生产经营为基础的资本主义所有制转化为社会所有制"，很显然是继续论述第二个层次上的否定问题，而结合马克思所强调的条件中所指的"生产资料的共同占有"，可以得出这个重要条件所指的新的社会所有制，即是重新建立的个人所有制，结合股份制的具体特征，应在此逻辑框架内理解为由私人资本的扬弃而来的资本的社会化，即社会资本的公有制。社会实际生活中，股份制正是以具有清晰的个人持股形式和聚沙成塔的联合机制，结束从小生产私有制（个人所有制）到资本主义私有制的"否定之否定"，是以实质上的社会所有制为结局，以普遍的社会成员的股权个人所有为形式的社会企业制度。

**（三）股份制作为企业制度的创新，是实现"对生产资料私有制的扬弃"而"重新建立个人所有制"的关键**

马克思所强调的第二个层次上"否定的否定"，所指否定了资本主义私有制，又绝不是重建实质性的私有制，而是重建个人所有制，或者说重建以社会所有制为实质性结局的个人所有制形式。这里，有必要强调马克思在此认识中有所指向的隐性判断，即社会所有制正是通过重建以股份制为创新形式的个人所有制而最终实现的，而特别需要清楚认识到的是，在生产资料资本主义私有制条件下，社会机体"内生"而来的新企业制度——这种有清晰的私人持股权的股份制，却能以一种客观必然性的力量，开始呈现出对生产资料私有制的打破。关于这个问题的认知，关键之处就是"扬弃"（这一概念的内生、去粗取精、破茧成蝶式升级演变之意），而"扬弃"由来的过程，实质上就是在资本主义私有制条件下产生的"日益壮大的、由资本主义生产过程本身的机制所训练、联合和组织起来的工人阶级的反抗"，以及这种反抗背景下出现的"资本主义的股份企业"和"工人建立的合作工厂"这些形式所达成的私人股权与社会资本的内洽。股份制的这种内在包容性一直演变到当下的历史阶段，其扬弃成果的集中体现形式，就是代表现代企业制度的股份制社会企业，已经具有了越来越明显的普遍性与主导特征。正如马克思所说的那样，股份制"是在资本主义体系本身的基础上对资本主义的私人产业的扬弃；随着它的扩大和侵入新的生产部门，它也在同样的程度上消灭着私人产业。"也就是说，虽然仍然存在个体的小生产和家族式的私人企业，但企业制度的前沿形式，即中国改革开放中所认定的现代企业制度的代表形式，只能是愈益风行全球的股份制，而股份制正是实现对生产资料私有制的扬弃的关键性机制。

**（四）股份制"对生产资料私有制的扬弃"有一个从消极扬弃到积极扬弃的历史过程**

马克思所指出的资本主义生产方式下生产关系制约生产力发展的基本矛盾和桎梏，是生产的社会化和生产资料私人占有之间形成的矛盾。沿着解决这一矛盾的思路观察，马克思认为，"工人自己的合作工厂，是在旧形式内对旧形式打开的第一个缺口，虽然它在自己的实际组织中，当然到处都再生产出并且必然会再生产出现存制度的一切缺点。但是，资本和劳动之间的对立在这种工厂内已经被扬弃，虽然起初只是在下述形式上被扬弃，即工人作为联合体是他们自己的资本家，也就是说，他们利用生产资料来使自己的劳动增值。这种工厂表明，在物质生产力与之相适应的社会生产形式的一定的发展阶段上，一种新的生产方式怎样会自然而然地从一种生产方式中发展并形成起来。"在此基础上，马克思对资本主义社会中的股份制与工人自己的合作工厂进行了对比，即"资本主义的股份企业，也和合作工厂一样，应当被看作是由资本主义生产方式转化为联合的生产方式的过渡形式"，但他跟着加上一个对比："只不过在前者那里，对立是消极地扬弃的，而在后者那里，对立是积极地扬弃的。"这为我们带来了极为重要的基本思考线索和深化认识空间："消极"是更多地停留于形式层面的，而"积极"应是更多地涉及实质层面的。马克思的思维框架与论述逻辑，内含着对升级发展历史过程的认可与期待。

**二、 股份制对生产资料私有制的扬弃，是以特定的聚沙成塔机制形成对生产社会化的适应性亦即资本的社会化**

（一）股份制对生产资料私有制扬弃的概要考察

"扬弃"（德文为 aufheben、aufhebung，英文为 sublate）原是哲学术语，指事物在新陈代谢的过程中，发扬自己体内肯定性因素而抛弃体内否定性因素而来的升级式演变。意在强调，仍是原主体，却明显进入了升级形态。无论对于马克思的消极扬弃与积极扬弃评价做出何种研究者的分析解读，其基本逻辑指向，至少具有形式和过渡方向上的肯定，余下的便是如何使形式与内容相合。

正如恩格斯所说，"1865年交易所在资本主义体系中还是一个次要的要素"，但1866年危机之后，世界范围内所有的工业国家都出现了"生产的扩展赶不上积累的增长，单个资本家的积累已经不能在扩大自身营业方面全部用掉"的情况，他特别举例指出"1890年德国的股份公司认股额达到40%"。也正是从这个时代开始，股份企业开始正式登上历史舞台，并开启已长达百余年的主导地位，在不太长的时期内形成具有全球影响的若干跨国公司，这一局面一直延续至今。

任何理论观点的提出都带有时代特征与客观局限，马克思对股份制的认识，提出于生产力水平远低于当代的100多年前，但在当时社会制度和经济发展背景下，股份制所具有的哪怕是带有消极扬弃意味的社会资本特征，也已为马克思带来了思维灵感和重大期待。面对这其后100余年的历史进程，结合实事求是、与时俱进的原则，我们完全可以沿着马克思的思维逻辑与思想指引来深化认识。100多年以来，股份制下的市场主体（即股份公司）已经发生了非凡变化。股份制前所未有地使社会成员（包括广大普通劳动者）分散的、个量往往微不足道的私人财富，都可以按照十分清晰、法律确保的同股同权规则而资本化，聚沙成塔地完成原来无法想象的巨大规模的资本集中，并催生这种资本社会化形式所自然而然要求的公众公司（即马克思所表述的社会企业）的一系列有关透明度、对股东及所有利益相关者负责的责任机制，以及社会化监督机制、调整机制与阳光化的市场规则。除了早已较普遍存在的本企业员工、产业工人持股和社会上的普遍劳动者、公共机构在上市股份制企业中持股以外，国家特定层级的政府也可持股并酌情作增持、减持的操作，而对宏观经济运行和社会生活产生重要的正面效应。市场主体（公司）在达到一定规范程度后可以上市，而上市这一环节在英文中表述为"go public（走向公共）"，决不再带有"私"的取向。无论是股份制中的公共机构持股，还是公司走向上市而开启公共募集资金的模式，都表明即使是称为资本主义制度下的市场主体，也已经呈现内部产权结构多元化而"混合"地超越简单私有制的特征。社会化大生产中的上市公司这种公众公司，不仅其持股人在很大程度上是公开的，而且其经营状况信息要充分披露，进而接受全社会公众的监督，财务具有较充分的透明度，由此产生公众监督，使公司发展和社会公众利益实现了更有效的互动与结合。此即由股份制企业制度而带来越来越多实质性意义的资本社会化，进而对称地呼应了生产社会化的客观需要。

**（二）股份制下的资本社会化带有积极扬弃因素渐增的特征：全球化视角与供给侧创新**

据恩格斯的论述，股份企业是首先从工业开始实现转变的，需要巨额投资的钢铁业、化学工业和机器制造厂、纺织业、啤酒厂，都逐步实现转变，而后托拉斯创立了实行共同管理的巨大企业，在以后各个商号也进入建立股份公司阶段；商业方面建立股份公司，使银行和信用机构紧接着也从只有几个私人股东转变为有限公司，农业随后也以地产的形式实现了股份制，发展到一切国外投资都已采取股份形式的阶段。从马克思和恩格斯提出相关论述的时代发展至今，沿着历史纵轴来观察，当时的股份制只是资本主义私有制内部开始出现破壳动力的萌芽阶段，当时股份制下的资本社会化在很大程度上自然会带有较为形式化的消极扬弃的特征，其幅度和范围都还比较有限。

随着生产力的发展，以供给侧生产力升级换代为代表的演变，实际上决定着社会生产和经济发展的不同阶段乃至时代的更迭。每一次产业革命的爆发都源于供给侧创新，而每一次供给侧创新都直接提升人类物质需求的满足度。跟随着不同的供给侧创新发展阶段，股份制企业也呈现出不同的特点。从蒸汽时代过渡到电气时代的过程中，手中仅仅拥有资本的资本家逐渐偏离社会财富的中心，拥有创新技术或管理专长的人才作为工人与职业经理的代表，开始在资本的支持下建立股份制企业，消极扬弃由此潜移默化地逐渐被积极扬弃所取代。步入电气时代后，逐步得到发展的股份制企业更加成熟，股权的分散化程度越来越高，借助小额股票的可得性与职工持股计划的推行，企业内的技术人员、产业工人可以自由、自愿地持股，上市后更是有大量的社会成员包括越来越多的普通劳动者进入股市成为股东，一家大企业主要的股份仍然属于某一位大资本家的情况逐渐减少，乃至变得罕见。共同基金等机构投资者越来越多地取代了大资本家的地位（20世纪末，美国机构投资者占企业总资产的比重达到48%左右，接近一半），而无论他们的偏好是战略投资还是财务投资，企业高管层职业经理人的作用都愈益突出。早在20世纪40年代，已有研究者把这种资本社会化趋势称为人民资本主义。当时的美国商会会长约翰·斯通在《不受限制的美国》一书中，首次提出这一概念，其后相关的理论探讨风靡美国、西欧、日本和加拿大且经久不息，其所形成的 3 点基本认识是：第一，所有权分散论。在资本主义发展中，私有财产的分配发生深刻变化，日益转为人民群众手中的资本所有权（20 世纪 20 年代末，美国电话电报公司股东人数为 46 万人，至 20 世纪 70 年代末，其人数上升至 300 万人；20 世纪 50 年代末，美国通用汽车公司的股东人数为几十万人，到了 20 世纪 70 年代末，其人数上升至 200 万人，平均每个股东只持有 200 股）。此外，还要加上间接通过经纪人名义持股票者（1996 年，美国成年人口 43% 持有股票，到 2000 年，上升到总人口的 70% 左右）。

第二，经理革命论。资产所有者在管理企业方面已退居次要地位，领导权已日益向管理者、技术生产知识界手中转移。

第三，收入革命论。国民收入的分配发生了深刻变革，工人和劳动者在国民收入中所占比重增加与产权收益有关。

这种人民资本主义的认识虽然可能存在过于理想化的色彩和某些待商榷之处，但其与时俱进而实事求是地提出新命题的基本态度和思路，确实值得研究者积极借鉴和继续深化思考。

随着人类社会步入信息时代，随着海量数据存储和应用得以实现，随着世界互联网的建立和健全，股份制企业更加具有 "go public" 的客观条件，也逐渐呈现出更加社会化的特点。例如，通用汽车公司作为世界著名的标杆式大企业，在 2008 年未改组之前，股权已高度分散，很难说其具体归属于哪个资本家，为数众多的持股人是本企业的员工、产业工人和社会劳动者。2008 年全球金融危机中，由于通用汽车公司遭受重创，美国财政部对其进行注资，改组后当时的通用汽车公司股权结构为：美国财政部为最大股东，占 72.5% 股权；美国汽车工会的工人退休医疗基金为第二大股东，占

17.5%股权;通用的债权人占10%股权。而时隔数年,2014年7月15日查得的情况,是UAW Retiree Medical Benefits Trust为其十大股东之首,持股比例为8.74%,加拿大政府为第二大股东,持股比例为6.86%,十大股东合计持股比例仅为38.29%。另一家著名的通用电气公司,2014年7月25日的股权结构中,十大股东居第一位的Vanguard Group持股比例为4.99%,第十位的Global Investors持股比例为0.78%,其十大股东合计占股份额仅为20.6%。这些情况都客观表明,股份制使资本集聚的规模巨大,并富于要素流动中做出调整的较充分弹性与便利性,实质意义正在于资本社会化特征与属性的不断强化和走高,客观上已明显缓解生产社会化与生产资料私人占有之间的矛盾。此外,政府作为公权主体审时度势地运用公共资源向股份制企业注资,缓解经济危机对其带来的冲击和影响,使生产关系得到良性调整,有利于生产力的发展。

特别值得注意的是,20世纪70年代以来,职工持股计划(Employee Stock Ownership Plans,简称ESOP)的发展使工人所有制企业得到发展,职工可通过ESOP把企业全部或大部分股票买下,成为企业的控制者和支配者。例如,1984年,美国威尔顿钢铁公司7000多职工以3.8亿美元买下了即将倒闭的这家公司,工人拥有全部股权,当年就实现了扭亏为盈;1994年,世界最大的航空公司——美国联合航空公司把55%的股份转让给职工,由职工负责经营该公司。20世纪80年代,日本上市公司中有80%左右已建立了职工持股制度。量变为质,在股份制经济的演变中可以看到,马克思当年所肯定的积极扬弃正变得越来越具有广泛性与影响力。

**(三)股份制下已有的积极扬弃仍存在局限性与升级发展空间:标签、差异和共性**

迄今已有的、股份制框架下对于资本私有制的扬弃，最具有积极扬弃意义的当属中国改革开放之后，在"解放思想，实事求是"方针路线指导之下企业改革的伟大实践。多种经济成分共同发展的局面中，中国民营（私营）企业的升级发展，一旦进入股份制和混合所有制的轨道，便进入了资本社会化的轨道，而与之密切相关的外部环境是把股份制确认为公有制的主要实现形式的中国特色社会主义市场经济建设与完善过程。在中国计划经济传统体制下转轨而来、影响力举足轻重的国有企业，也义无反顾地进入以股份制改造为主线的战略性重组改革过程。两方合流而成的，是日趋发展壮大的混合所有制改革潮流，这种混合所有制被决策层认定为是基本经济制度的重要实现形式，它显然是供给侧创新中将进一步共赢式调动一切潜力与活力并解放生产力的重要制度建设。

毋庸讳言，多次被中央指导文件所肯定并反复强调深入推进的混合所有制改革，在实际生活中还面临不少困惑、争议、摩擦、障碍，以及将可能继续展开的见仁见智的探讨。在全球化背景下，这一混合过程已绝不限于国家概念之内，早已是以跨国空间为参照系的混合行为（包括过去认为关系国家命脉的工、农、中、建几大银行，也早已在引入国外投资者而势在必行的混合所有制之列）。在未来的演变和发展中，也可能将面对一系列新问题和新挑战。这个层面主要反映的是股份制的扬弃在实际生活中必然是具有阶段和场景，以及特定制约条件下的种种局限性，这也符合事物发展的一般规律，即必须在探索、试错和纠结中，使制度的创新进步逐步明朗化和成熟起来。

但从另一个层面来说，中国特色社会主义市场经济的创新发展实践，以及在此实践中国内的资本社会化与国际的资本社会化的必然融合，更是不可逆转与阻挡的客观过程。中国本土的混合所有制改革与中国本土之外其他经济体的股权混合式共赢发展过程，总体来看均方兴未艾，有巨大的发展空间和升级发展的前景。近几年在中国本土已经做得风生水起，未来在"一带一路"及国际合作的基础设施建设领域还将进一步发展的PPP，其每一个SPV（特殊项目公司），几乎都必然是一个混合所有制寻求共赢的市场主体。"你中有我，我中有你"，实行以资本为纽带的社会化联合的跨国公司，也将在中国和平发展，以及中国与世界的互动中得到长足发展。这个历史性发展潮流中资本私有制的扬弃，难道不愈益体现着其积极扬弃的意义吗？中国实践中称为公有制创新性实现形式的股份制，在这一潮流和轨道上，绝不是延续着传统计划经济国有制的逻辑，而是对接了马克思从消极扬弃到积极扬弃的"否定之否定"逻辑，兼容并包地把国有、非国有，公有、非公有，国内、国外的各种分散的股权，结合成资本社会化的、适应于社会化大生产的资本集聚和集中，支持信息革命时代生产力的进一步解放。

在具体的现实观察与认知中，差异化特征比比皆是，并很容易引发人们"贴标签"式的思维惯性。例如，2008年，美国发生金融海啸，而后对全球经济形成影响，引发国际金融危机。对此，美国当局最关键的供给侧管理举措，是动用公共资源给花旗集团、两房（房利美和房地美）和贝尔斯通等金融企业注资，直到给实体经济层面的跨国公司通用汽车注资。这都是在股份制框架之下，对应于其制度机制具有包容性的特定操作。在进行这些操作时，就有人惊呼社会主义救了资本主义，著名学者资中筠直接给出了这样的评价：希望不要贴这种标签。显然，这其实是股份制调节机制里自然产生的相机抉择式股权结构的变化。的确，对于股份制框架下的某一具体调节案例,如果一定要贴上这种标签思维,并不适应股份制历史性扬弃过程中的共性。而其他在这种适应生产力发展的生产关系扬弃式演变中的中外种种差异与个性,都不足以否定马克思扬弃认知框架下关于生产关系是在根本上由生产力发展需要所决定的这一共性内涵。由此可知,股份制对于进一步解放和顺应生产力的适应性,就是其世界范围内的共性。

### 三、从股份制到重新建立个人所有制的关键,是以产权制度的清晰和法治化为基础的实质性资本社会化

#### (一)从股份制到重新建立个人所有制:逻辑上的畅通、实践中的阻滞与创新的重任

按照马克思的论述,在资本主义私有制背景下,从股份制到重新建立个人所有制之间存在一个逻辑链条:股份制—对资本的消极扬弃与积极扬弃—对资本主义私有制的扬弃—重新建立个人所有制。这条逻辑链可分为3个层次。

第一,从股份制到资本扬弃。股份制的发展阶段将经历从资本的消极扬弃到资本的积极扬弃,而资本的积极扬弃实际上就是在资本主义私有制的条件下产生的"日益壮大的、由资本主义生产过程本身的机制所训练、联合和组织起来的工人阶级的反抗"所促成的生产关系调整变革。

第二,从资本扬弃到对资本主义私有制的扬弃。按照资本积累历史趋势的视角下马克思对私有制两个层次的认识,资本主义私有制是对小生产私有制的否定,而资本扬弃实际上就是资本主义私有制下自身破壳而出的对原所有制的否定,是"否定的否定"的实现形式,即实现了对资本主义私有制的扬弃。

第三,对资本主义私有制的扬弃这一过程的结局,其实质绝不

是重建私有制，而是在资本社会化基础上重建个人所有制。由此观之，股份制的创新在适应生产力的轨道上，实际上贡献了重新建立个人所有制的实现形式，尤其在历史视角和供给侧创新的视角下，于公有制基础上重新建立个人所有制最为重要的实现形式，在很大程度上具有其必然性，这一逻辑在理论上是贯通无阻的。

与此同时，特别值得注意的是，实践中各国的这一进程必然会面对种种阻滞。在社会主义公有制导向下，我国从股份制到重新建立个人所有制之间，实践上的阻滞至少来自于两大方面。

第一，重建个人所有制目标下的私人产权，虽已进入宪法保障范畴，但并未充分到位。我国现行宪法明确规定"神圣不可侵犯"的只有一个，即社会主义的公共财产。相应地，如果对个人财产的入宪进行观察，其相关保护规定仍处于相对弱势的地位。这实际上在法治环境概念下，客观地遗留了对重建个人所有制的不利与阻滞因素。

第二，国有的和集体的土地资源等财产范畴，目前尚没有纳入股份制范畴的全面解决方案，改革之路上攻坚克难的大量的考验与此相关。已有的土地入股、资源入股、股份制改造的种种试验和探索，还是创新之路上需要继续开拓前进的重要"进行时"创新探索使命。未来，资本的社会化如何全面、顺利地纳入重新建立个人所有制的法治化保障范畴，并形成解放生产力的巨大正面效应，仍任重道远，但这将有望为全人类的升级发展及文明进步做出卓越贡献。

**（二）混合所有制是联结股份制与重新建立个人所有制的关键性创新机制**

如果说，在资本主义名号下的这种股份制和必然派生的混合所有制，已在发生扬弃"私有"不适应社会化大生产发展制约因素的积极作用，那么当然应如实地认识这种变化，把股份制下以混合所有制为取向的发展变化，与马克思主义中国化的实践紧密结合。没有理由对股份制加上"姓社、姓资"的诘难，更应淡化"姓公、姓私"的贴标签式思维，充分肯定中国本土和对外互动中积极扬弃式的不断尝试和探索。而这也意味着，在中国今后几十年连接伟大民族复兴中国梦的改革发展过程中，混合所有制取向的股份制，定将进一步打开"解放生产力，发展生产力"的潜在空间，长远而深刻地影响我国的现代化进程。

中国支持现代国家治理的现代市场体系的产权制度基石，已可以在混合所有制概念上予以说清。如上所述，混合所有制是内在于标准的现代企业制度的股份制框架，其中某一企业股权的来源，可以把国的、民的、公的、私的、内的、外的都"混在一起"，却又产权清晰、权责明确。在法治化环境下，所有利益关系都可以规范地得到"风险共担，利益共享"合作机制中的解决方案，有利于以最低的交易成本形成共赢的预期及实际进程。在混合所有制的相关持股主体互动中，组织和自组织、调控和自调控、管理和自管理、规范和自规范这种现代化治理要素的结合，非常有助于潜力、活力和创造力的释放，即生产力的解放。中国在后来居上的现代化进程中，要更多依靠以这样的产权基石，从而合成一个现代化市场体系，搞活企业，以求将和平发展、和平崛起之路越走越宽。

按照现代经济理念与实践来理解股份制，结合上文论述，需要再次强调：对股份制不必、不能贴标签，作"姓社、姓资，姓公、姓私"的界定。股份制是人类经济文明从产权基石层面规范形成的以法治化为背景的一套基本制度规则，在高标准、现代化、法治化的营商环境下，其最具多元和包容性的形式，以及可以为企业提供可持续共赢发展的制度安排。由此可知，股份制框架下混合所有制的这一形式，理应成为中国特色社会主义市场经济重要的实现形式，也是全面改革阶段及中国和平发展走向现代化伟大民族复兴历史进程中企业改革领域的主打形式。

**（三）重新建立个人所有制的核心与实质是资本社会化：社会化大生产中以制度创新、技术创新支持的人类命运共同体**

在通过混合所有制打通从股份制到社会性的公有制实质基础上重建个人所有制的阻滞后，继续对重新建立个人所有制的核心与实质做出表述和认识，应明确落到资本社会化上来。中国在私人财产保障入宪的新起点上，在通过混合所有制将国有的、集体的生产资料纳入股份制范畴的背景下，生产资料的公有制将赋予更加丰富和深刻的含义与演变中的包容性。这时，生产资料原来所表述的国家所有制和集体所有制，将不再是以一种行政化、错配概率较高、朝令夕改的体制机制进行配置，而是在一种法治化、清晰的长效机制下，通过市场机制发挥资源配置的决定性作用基础上的股份制具体形式，以"go public"的形式形成一种资本社会化局面，其中又以一股一股的形式，将多样化的选择权利送达个体手中。而这种资本社会化形成的过程，实际上就是马克思所指的重建个人所有制的过程。这种过程与公有制不但不存在矛盾，反而升级了其实现形式，或者可以说将以更加有效率且更加注重公平的形式完成生产资料公有制的升级版实现。这种资本社会化与供给侧创新，也将继续密不可分，在技术发展到移动互联、万物互联、区块链、人工智能的当下与未来，经济发展呈现出的共享模式将赋予资本社会化实践层面更加丰富的形式和路径。按照马克思的论述思路，重新建立个人所有制的发展目标是社会所有制,而当下这种以资本社会化作为核心与实质的重建个人所有制路径,显然符合向社会所有制发展的方向。

**四、 小结与展望**

中国特色社会主义市场经济达成资本积极扬弃的时代契机与历史路径是社会化大生产中要素流动支持的"人类命运共同体"式共赢发展。

中国改革开放的探索过程中,明确认定的和平与发展的时代主题,正是邓小平所强调的再也不可错失的战略机遇期。基于此,本文所讨论的股份制到混合所有制发展脉络上,对马克思从扬弃资本主义私有制到重建个人所有制的思想与时俱进的展开,可作以下小结。

传统的私有制在社会化大生产形成以后"否定之否定"的升级发展的过程中,所谓重新建立个人所有制,可认为绝不是简单停留于形式上的"消灭私有制"层面,也不应理解为是在生活资料层面,它是可以将一股股所谓的分散资本、虚拟资本和实际运行的实体资本,形成一个规范化、社会化的市场连接机制,而使社会成员在其中根据自己的意愿以个人所有的股权参与投资,形成公募股市交易和私募股权交易带出的要素流动,在适应社会化大生产需要的同时,这其中内洽地形成个人所有制的重建,把这种资本社会化机制融合于股份制框架下混合所有制的发展中。这就是我们需要探讨和认知的从消极扬弃到积极扬弃的升级。

当下,在由共产主义这个远景引导之下的社会主义实践里,从不成熟走向成熟,当然要利用这种社会化大生产背景下已有的一系列资本社会化发展机制进行与时俱进的创新。在这方面的探讨,有一个过去已有、说起来有些压力的说法：这套分析听起来是不是"趋同论"，不讲"姓社、姓资"，就讲资本市场股份制标准化以后有大的包容性，不就成了一种趋同？其实，不应把趋同论弄成一顶政治"帽子"。从社会发展的过程来说，文明越发展越有某些趋同特征。从全球化背景来看，人类命运共同体的趋向不就意味着文明上升的过程中具有趋同的共性吗？这其中的趋同，绝不应成为不能讨论的问题。所以，应再次强调一下解放思想，一定要清醒地认识到：马克思主义本质上是在与时俱进的科学探索中动态发展的思想体系。党中央所重视和强调的马克思主义的中国化，也就是要在中国的实践中坚持和发展马克思主义，而且今后还要不断发展。如果我们不能与时俱进地在所有制扬弃等理论领域坚持和发展马克思主义科学真理，那么就不配称作合格的马克思主义者。

# 第二章
## 金融创新的出路

# 解放思想　把握金融创新的真问题

时间：2018年12月12日
地点：北京
会议：金融时报高峰论坛

2018年年初，在迎接改革开放40周年的背景下，中央全面深化改革领导小组明确提出，要思想再解放，改革再深化，工作再抓实。在改革开放的深水区，有必要结合中央的指导精神，在问题导向下，争取进一步在解放思想中抓住真问题，从而进一步取得改革开放的实质性进展。在金融服务全局这个问题上，有必要回顾和探讨一些实际生活中的重大问题。

在新供给经济学框架下，我所推崇的一个带有哲理色彩的概念是"守正出奇"。我认为，在中国推进现代化的过程中，守正和出奇的结合，首先强调的守正，指的正是党的十八届三中全会改革"60条"中明确表述的，市场在资源配置中发挥决定性作用的"市场决定论"。按照市场决定论，在进一步解放思想这个方面应抓住一个真问题——正视对"垄断问题"的争议和判断。我国的金融领域内，近年来的改革创新非常值得肯定，但在这些成绩的旁边，也存在着需要正视且不可忽略的过度垄断问题。

我们需要明确地认识到，虽然金融改革创新取得了很多成绩，但在中国金融领域里，仍然存在过度垄断问题，实质性推进金融多样化改革势在必行，这一任务面临着艰巨的挑战性。在遵循市场经济的共性方面，如果客观地评价，金融领域有别于一般行业的特定经济领域，存在特殊的专业性和风险防控方面的要求。金融是现代经济的核心，它作为国民经济的"心血管系统"，将对经济形成核心影响和作用。因此，金融必须匹配特殊的专业性要求和风险防控要求，因为一旦金融形成危机局面，所带来的风险很可能演变为打击整个经济社会的系统性风险。具体来看，这种特殊的风险防控要求体现在较高的准入门槛上，从经济学角度来看，这一准入门槛实际上是非完全竞争的，它具有特定的垄断因素与特征。

在新供给经济学的认识框架里，"完全竞争"假设在理论分析上有其贡献，但回到实际生活的真实场景中，我们的任务是总结所有理论和实践结合的经验及教训，把认识和分析问题的理论前提，上升到 2.0 版的"非完全竞争"。金融是一个非常明显的非完全竞争领域，其中存在一些不可回避的特许权制度和垄断因素。但在此需要特别强调的是过度垄断，是超出了应该被允许和可接受范围和限度的弊端。

在思想解放的前提下，可从反证的视角对此进行分析。在经济社会的发展中，我们可以看到一个很普遍的现象，对很多中心区域的百姓来说，在接受银行等金融系统的窗口服务时，通常需要排长队，这就是一个典型的短缺经济的特征。在我国改革开放的进程中，已经在很多领域内消灭了短缺经济，但这种特征在某些领域内依然存在。在中心区域的金融服务方面，典型的短缺经济特征就迟迟没有消退，这足以证明要素流动的不足。

但是对于这个问题，一些市场人士并不认同，认为全国几千家银行和金融机构之间的竞争已经非常激烈了，不存在垄断问题。虽然当下市场在机构多样化和产品及服务的多样化方面确实形成了一定发展，但以上案例所证明的短缺确实仍然存在。因此，我们必须继续通过金融机构和金融产品的多样化，减少金融领域的过度垄断，消除市场的短缺特征，从而使金融更好地发挥其核心作用，服务于经济社会生命机体的健康和可持续发展。最终，金融的重要性要落在支持实体经济和支持国民经济机体的可持续发展和升级发展上。这一视角的立足点，是要认识市场经济共性的经验，在"守正"这个方面，进一步让市场充分发挥作用，在保证金融领域必要的准入门槛和垄断因素的同时，尽可能消除过度垄断的因素。

"守正"之后，我们所要实现的就是"出奇"。当下，中央层面既强调了市场决定论，也强调了政府要更好地发挥作用。在供给侧结构性改革的讨论中，政府理性的供给管理，是如何在非完全竞争的理论假设前提下，对应于中国的特殊国情、发展阶段，以及发展过程中必须解决的一些中国特色问题，既要"守正"，也要承担风险实现"出奇"，并争取做到"出奇而制胜"。在金融创新这个领域，关于"出奇"，我认为应在中国商业性金融发展的同时，充分确立中国的战略设计和建设政策性金融体系这一问题，并将其处理好。我们需要在承担和控制风险的前提下，争取通过创新在金融方面，实现既有商业性金融的锦上添花，又有效地匹配政策性金融的雪中送炭。在中国金融创新的发展过程中，不能仅仅简单沿用市场经济的一般经验，还要积极借鉴英国、美国、日本等经济体发展政策性金融的经验，由此适应中国追赶与赶超的现代化发展战略。

中国的现代化过程，绝不是一个常规的发展过程，常规发展无法解决通过"两步走"，重新回到发展第一阵营之列的现代化历史任务。因此，在超常规发展的过程中，首先要对商业性金融体系的"锦上添花"加以肯定，它是促进资源高效配置的必选机制。但需要承认的是，商业性金融体系所存在的局限性，是无法可持续地处理社会中越来越明显的融资供给问题。在当下的普惠金融、小微金融、草根金融、绿色金融、开发性金融、精准扶贫的金融支持等概念之后，必须加上思想解放这个概念，直截了当地考虑如何让这些概念对接政策性融资机制，由此真正使这些概念具有可行性和可持续性。

此外，还要进一步考虑以财政支持为后盾，不以营利为目的的"政策性资金，市场化运作，专业化管理，杠杆式放大"这一机制创新。在过去几十年的探讨中，涉及财政贴息、政策性信用担保、产业引导基金等问题，全国形成了至少1万家地方融资平台，它们所做的其实都是政策性融资，其所涉及的业务有别于商业性金融。在追赶新技术浪潮的过程中，应使以政府引导的孵化器、产业引导基金，以及跟随母基金与市场对接的子基金等做出更多探索，尝试发挥更大的作用。

从这个角度上看，中国相关方面的思想解放程度仍不够。需要认清的是，中国的金融双轨制，在可以预见的相当长的历史时期内并不是一个权宜之计。今后，通过"两步走"实现"强起来"的战略目标的过程中，以上政策性融资机制都必须被放在战略层面，去寻求它的可持续性和健康发展的可能性。对此，中央层面特别强调了对民营企业坚定不移的支持，在具体措施方面，最终落实到了银行和金融机构如何支持民营企业的具体业务量，并且对接到了业绩考核上，从而实现在量化指标下考量其对民营企业的支持。

但在业务方面的制约上，有些问题还没有得到解决。在我国，民营企业为数众多，但其中绝大部分是小微企业，少数是中型企业，个别是大型民营企业。这其中，"融资难"问题主要体现在中小微企业上。在中国接近 1 亿家市场主体中,绝大多数是小微企业,针对他们的融资项目存在风险高、安全度低、成本高的问题。站在在商言商的立场上,商业性金融也必须考虑风控问题和责任终身追索的约束问题。由此,如何才能真正解决支持民营企业融资发展的问题?这是我们必须面对的一个挑战,因此继续探讨如何化解商业性金融所碰到的技术制约很有必要。只有化解这种制约,才能贯彻中央意图,真正支持小微企业和民营企业的发展,其相关机制将涉及金融在未来相当长的时间内如何协调双轨运行这一问题。

  政策层面,首先需要强调的就是风险共担机制,在财政作为后盾提供支持的基础上,相关企业、金融机构等都必须共同参与进来实现风险共担。如果把风险单独推向财政为后盾的支持主体上,很大可能将会产生"道德风险",过去的很多教训已经证明了这一点。对于民营企业和小微企业的需求,不能有求必应,而是通过阳光化的集体决策机制实现选择,由此才能保持可持续性,提高决策的成功率。此外,政策层面的业绩考核和风控机制,一定要有经过特定设计的指标体系,不能简单照搬商业性金融机构的风控方式。要把多重审计监督、绩效考核施加到全流程,而把双轨制最容易出现的设租、寻租的可能空间降到最低限度,由此才能除弊兴利,真正实现出奇制胜。

# 打造金融供给体系,支撑实体经济发展

时间: 2018年7月
地点: 青岛
会议: 第四届青岛"中国财富论坛"

中央对金融工作的重要要求之一,是金融要更好地为实体经济服务,而实体经济发展的目标是高质量发展和升级发展。从供给的角度来看,金融应如何服务实体经济的发展?融资需求的主要特征是多样化,言下之意,相关的供给在服务这些需求时也必须多样化。在这个思路上,要适应整个经济社会发展的大趋势。经济发展进入信息革命时代后,中国的信息化发展也进入了强起来的新时代。其主要要求也是升级,而这个升级所体现的高质量需要依靠什么来实现?中央层面的指导方针是抓住矛盾的主要方面,即供给侧。而供给侧所解决的问题是结构优化,这个思路和逻辑是相当清晰的。

按照这个视角,金融应该按照最高决策层指明的出发点、宗旨和归宿,明确地落实于支持实体经济的高质量发展和升级换代。金融是经济的核心,强调的是金融的意义和重要性质。可以这样理解:金融是经济的心血管系统,是不可或缺且具有核心作用的,但心血管系统一定要服务于整个生命机体的健康发展,这是其真正的目标和归宿。

当下,中央对于中国发展中的矛盾有非常清晰的提炼,即我国社会的主要矛盾已经转化为"人民日益增长的美好生活需要和不平衡不充分的发展之间的矛盾。"从问题导向来说，具体到金融，目前的主要矛盾则是实体经济发展的多样化需求，遇到了金融供给方面的不平衡与不充分。不充分理论上永远存在，任何一个供给对需求的适应充其量都只是相对充分。而关键的问题是，这种不充分是由不平衡带来的。不平衡是结构问题，那么金融体系的结构问题是什么？

首先是直接金融和间接金融的不平衡。目前，我国的直接金融比率过低，必须要提高。在直接金融层面，股市和债市存在的问题都不容忽视。此外，中国股市和债市之间也存在不平衡，真正意义上的企业债发展程度仍非常低。市场上已经形成的债市中，大量是政府背景的市政债和变相为地方政府服务的公司债，而不是货真价实的企业债。而在间接金融内部，又存在多年的不平衡，即大企业和国有企业的融资比较容易得到满足，而大量小微企业却苦苦得不到应有的融资支持。很多大型银行和金融机构并没有真正支持小微企业的发展，这就是供给结构不平衡的问题。

这种供给体系当然应该实现多样化。那么，多样化需求为何不能在供给方面形成能够服务于它的供给体系呢？实际上，需求是无缝连接的多种形式，供给侧却由于种种原因无法实现无缝连接，无法对应产生多样化的供给体系。这其中最主要原因，就是要素流动受到过多壁垒的阻隔。

为何金融服务领域的多样性不足这一问题迟迟无法改变？按照经济学揭示的基本逻辑：出现一段时间的短缺特征后，应该有要素流入来解决不平衡的问题，但金融服务领域为何没有出现这种情况？企业和百姓的需求在上升，但供给始终追不上需求，这其中一定是碰到了要素流动里的不良阻碍因素。在农村区域和小微企业区域，有效制度供给更是不足，其病因恰恰在于此。另外一个印证：统计资料显示，在上市公司中，按照盈利最高水平的排列，美国前10位中，第一位是微软，第二位才是银行企业；而中国的前10位全是银行企业。从不同行业盈利水平的排位来看，美国第一位是高科技，第二位是银行业，后面的排名呈平滑下降的形态，各行业利润率是不平衡的，但整体曲线是下降的。中国则不同，第一位是银行业，且盈利水平非常高，第二位距离第一位是断崖式下跌。因此，这足以说明供给多样化的不足。

要解决这个问题，除商业性金融外，还必须发展可持续的政策性金融。这个问题早已确立，但迟迟没有优化方案。已经探讨多年的以财政为后盾的贴息、信用担保、产业引导基金，以及PPP、普惠金融、小微金融、绿色金融等，都带有浓重的政策色彩，这个政策支持体系如何才能实现健康和可持续？这是一个值得思考的重要问题。

当下，我国的金融供给碰到了多样化不足的明显问题，这个问题的解决不能仅靠认识和觉悟，其涉及的是整个金融体系的制度建设，是金融多样化改革需要从根本上解决的问题。包括金融机构的多样化，也要求商业性金融和政策性金融在战略层面形成产品多样化的制度条件，实行战略性、系统化的配套，让政策性金融克服必然存在的挑战。由此，无缝连接的金融供给体系才能支持中国实体经济中的各个组成部分，在市场中充分发挥作用，在升级发展的轨道上实现成长。

# 金融创新发展中监管的相关认识与基本思路

时间：2018年9月
地点：厦门
会议：新监管环境下的金融业发展高峰论坛

关于金融业创新发展中监管的相关问题，可从以下几个基本思路入手分析。

首先，站在研究者的角度来看，金融业迫切需要的创新发展可总结为如下6个维度。

（1）金融的出发点和归宿要落在更有效地为实体经济提供融资支持上。金融是现代经济的核心，其作用可以被比喻为支持国民经济运行的心血管系统，其主要功能是服务于整个生命机体的健康和可持续发展。因此，金融的出发点和归宿要落在服务于实体经济的发展。当下，中国实体经济面临冲关期，需要实现全球化进程下的高质量发展。在此背景下，中央层面重点强调的精神是在问题导向下纠正脱实向虚的偏差。中央金融工作会议明确要求，金融要更好地发挥应有的作用，防止以上"核心"变成"空心"。如果金融越来越自我循环式地虚化，就从原理和实际需要上偏离了其主要功能。

（2）金融的创新发展要推进多样化改革。当下，市场中的金融机构和金融产品还需进一步多样化，形成与实际需求无缝连接的金融供给体系。从此前的一些讨论中可以了解到，一些市场人士对金融领域存在垄断这一命题并不接受，他们认为，全国范围内的银行和金融机构已经多达几千家，相互之间的竞争也非常激烈，何谈垄断？当下，金融供需之间长期存在卖方市场的短缺，不仅仅对三农和小微创新活动来说如此，一般百姓和居民的窗口式金融服务同样短缺，这种现象所反映出的问题是金融市场的多样性不足。如果从经济学的角度解释，多样性不足即存在过度垄断因素。

此外，金融市场的过度垄断也可以从一般金融指标的中外对比中看出。美国作为一个较成熟的经济体，其市场中盈利水平前10位的上市公司中，第1位是高科技企业，第二位才是银行企业，而前10位中，只有3家银行企业。回到中国来看，排名前10位的企业统统是银行。而从利润率曲线在各个行业的分布来看，美国一二十个行业所形成的是比较圆滑的下降曲线，金融业排在高科技行业之后。而中国所呈现的利润率曲线，则是银行业一枝独秀，和排名第2位的行业差距非常大。以上现象充分说明了要素流动不足的问题，但金融想要实现创新发展必须克服这种情况，多样化改革势在必行。

（3）金融的创新发展需要健康、可持续政策性金融体系的支持。对于政策性金融体系的探索，我所推崇的一个认识是"守正出奇"。一方面，政策性金融体系首先要对接市场，必须充分尊重和适应市场的规律，这是"守正"；另一方面，这一体系不能简单地只顺应市场，在我国只运用市场经济的一般经验是不够的，还必须在中国特定的情况下实现出奇制胜。

（4）金融的创新发展要适应新技术革命的大潮。当下，随着"互联网+"、科技金融等前沿概念的普及，新经济时代已经来临。但在这些新技术快速发展的同时，也带来了一些困惑和需要防范的风险，这些发展中所面临的问题是我们必须思考和探讨的。

（5）金融的创新发展要对应PPP的创新发展。当下，PPP模式已经形成了一定影响力，它打破了以往政府和市场的关系，螺旋式上升至公共工程、基础设施、产业园区建设和运营、连片开发等大规模投融资领域，促成了政府与企业的伙伴关系。这种合作关系是平等和自愿的，在法治化的保障下形成了可持续的机制，目前在中国的探索方兴未艾。未来形成稳定机制后，这一模式将形成更健康的可持续发展，但同时也会带来一系列挑战性。

（6）在强起来的新时代，中国需要真正实现现代化，人民币国际化势在必行。这对我们而言是个长期考验，通过配套改革推进人民币资本项目的可兑换，使其具备货真价实的硬通货架构，能够经受住全球要素流动的考验，使我国真正成长为现代化强国。

其次，如何认识和防范金融风险。我认为，讨论金融监管的认识框架要与新供给经济学结合在一起。这是因为，主流经济学里的完全竞争假设虽然对认识经济规律很有帮助，但已经不充分了，需要实现升级。这种升级版的认识就是经济生活中的真实图景，以非完全竞争作为新的前提，在2.0版的假设前提下，我们会看到一些政府作为主体的管制因素。这种必然发生的非竞争因素，对金融而言有其特殊而浓厚的色彩。放眼全球，金融业的实际运行要求高度专业化，因为它的社会影响"传染性"极高，金融链条一旦出现问题，可能很快就会扩散为全局性经济和社会生活的危机局面。因此，在实际中，对金融主体的资质要求比一般市场主体高得多。在现行管理框架下，这种要求体现在金融牌照的管控，金融主体只有得到认定资质后才能够开展业务。在此情况下，对金融多样化的讨论必须放在垄断竞争的框架下进行，它决定着金融风险的防范，以及金融监管的特殊性。因此,在金融行业,对资质的认定要更加严格,监管的有效性要更高,对风险的识别要更及时。但从广义上讲,对金融所对应的投融资活动而言,其风险点无处不在。我们究竟该如何防范它的不良影响?在防范金融风险这个问题上,中央层面特别强调,其中的"真问题"是有效防范系统性风险。虽然广义上的风险点无处不在,但我们要保证这种风险不过界,不对经济全局形成打击,从而导致危机局面。从学理上看,其实现方法是理论密切地联系实际,在滚动的发展过程中提高认识水平以及防范风险的能力。

再次,掌握金融监管的基本思路,把握好"发展中规范"与"规范中发展"的权衡关系。

第一,创新发展是第一动力,在实际推进的过程中,需要给予创新活动一定的试错空间,即在发展中规范。如果没有弹性空间,就意味着我们需要将法制推进到极致,所有规则都要实现确定,然后才能开展金融活动。但在实际中,这个前提是不存在的,包括互联网金融和科技金融等概念,很多应有的规则还无从讨论,但首先应该给出弹性的试错空间,让市场充分尝试各类创新。这意味着,在金融创新的趋势不清晰,相关风险摸不准的初始阶段,应先进入发展然后再谈规范。无论中央层面还是地方层面,这个道理都是相通的。

针对以上思路,一个非常具有现实意义的案例是当下已经对人们生活形成很大影响的微信。此前几年,监管层在对微信的发展进行内部讨论时,一部分观点持坚决的反对意见。但在随后的国务院常务会议上,李克强总理给出了回应,要求政府部门对待各类新业态、新模式要有审慎包容的态度。举例来说,微信发展至今虽仍有一些不尽如人意之处，但它不仅已经被大众所接受，并且对我国的经济繁荣做出了重大贡献。在金融服务方面，扫码支付已经成为人们不可或缺的一项便捷支付方式，一些小额资金也可以连通理财服务，获取收益实现增值。从经济学的角度来说，生产费用和交易费用的降低促进了繁荣，使供需双方形成更好的互动，更是对百姓美好生活需要的一种有效供给。由此可以看到，如果没有"审慎包容"，就不会实现超常规发展。

第二，监管政绩要在发展中严密追踪金融运行的风险状况。在遇到了可识别的风险因素时，要及时出手实施控制，即在规范中发展。事物波浪式发展的过程中，在其中的一些阶段也需要"否定之否定"，删繁就简，抓住最核心的监管要领，对能够识别的风险果断地出手。

发展中规范和规范中发展，这两个层次在原理上不能颠倒，但在实际中不可能截然分明。因此，对不同的事项需要动态权衡其在具体领域内的临界点，由此确定实施规范的合理时机。对地方政府而言，这对应于地方层面的政策性融资，包括财政贴息、政策性信用担保个产业基金及产业引导基金等，这实际上是将地方财政政策与资金作为后盾，支持政策性金融，以及可引致的商业性金融，促进地方层面实现金融创新发展。对具体领域而言，何时强调发展中规范，何时强调规范中发展，往往没有固定标尺，需要在进一步总结经验的过程中掌握好它的权衡点。

第三，中央和地方金融监管部门发挥监管作用时，应在优化工作中协调机制和应急机制的同时，在调动行业、企业和市场主体自律和内部风控机制方面，与之形成相得益彰的互动。这将是我国推进现代治理过程中，实现上情下达、下情上传的一种新的机制连接。实际上，治理与管理有着本质区别，管理是一种自上而下的掌控架构，而治理则是将管理和自管理、组织和自组织、调控和自调控融为一体，在调动一切潜力和活力的同时控制风险，实现生机勃勃的发展。当下，这种追求对我们而言必然存在一定挑战性，但是我国实现创新发展的核心理念。

此外，当下的监管一定要"跳出监管看监管"，即监管部门与其他相关部门共同推动攻坚克难的配套改革。我国必须以系统化的配套改革对整个经济体系进行治理，如果抓不住这个任务，金融监管将会治标不治本。在配套改革的深水区，如何实现攻坚克难是一篇大文章。我们要把它放在心里，通过共同努力去实现，使得整个经济生活实现"金融像金融，财政像财政，市场像市场，银行像银行，企业像企业"，让我们进一步贴近成熟、完善的中国特色社会主义市场经济这个目标。

# 依靠金融创新支持民营企业发展

原发表媒体：《环球时报》 2018年11月24日

长期以来，中央高度关注民营企业融资难、融资贵问题，提出要优先解决民营企业，特别是中小微企业融资难乃至融不到资的问题。2018年11月，银保监会主席郭树清接受媒体采访时表示，争取3年后银行对民营企业的贷款占新增公司类贷款的比例不低于50%。但在执行层面，广大基层信贷工作人员却遇到了"有钱而贷不出去"的尴尬。因为一些民营企业达不到信贷供给的风控要求，如果强行借贷，一方面，将受到信贷流程的制约；另一方面，如果贷出却无法收回本息，将被终身追责。上有政策下有困难，信贷人员被夹在中间左右为难。

这个矛盾与纠结的出现，至少有两个层面的原因。一是纯技术原因，民营企业多是中小微企业，对于银行信贷而言风险度高、安全性低，单笔规模小但"固定成本"却不可能同比例减少，而银行放贷首先考虑的是安全性与成本收益的分析结果。由此，商业银行从风控和收益角度上必然"嫌贫爱富"，喜欢安全性高、风险度低、单笔业务规模大、管理成本低的大型企业贷款项目，而忽视中小型企业，特别是小微企业。这个问题是我国金融界一直在讨论的问题，且不仅国内如此，国际上也存在类似问题。

第二个原因则是中国所特有的。银行对外提供融资支持，虽责任明确，实行终身追责，但国有企业和民营企业的风险等级在实际中是不同的。面向民营企业的信贷一旦出现问题，信贷负责人员往往会被怀疑与民营企业存在利益输送，甚至有上升至触犯刑律的压力，而同样的问题发生在国企身上，则往往就事论事、平和宽容。因此，从政治正确和个人风险规避角度来看，具体的信贷业务人员在操作中大都偏好国企，对民企的信贷非常谨慎。

需要承认的是，无论是在技术层面还是实际操作层面，以上两个问题都还没有得到良好解决。但现在，民营企业融资难、融资贵问题已经引起了中央前所未有的重视，习总书记在2018年召开的民营企业座谈会上充分肯定了民营企业在国民经济中的地位和作用，明确指出改革和完善金融机构监管考核和内部激励机制，把银行业绩考核同支持民营经济发展挂钩，解决不敢贷款、不愿贷款的问题。

显然，中央已经注意到了信贷在实际操作中存在的问题与困难，而且已经就此做出了方针与思路和政策上的指导，中央的精神显然要得到落实。可以看到，解决技术性层面上的问题仍比较复杂，但在所谓"政治正确"这一层面上较快实现改进的空间较大。

想要解决技术性层面的问题，可以通过供给侧创新。

一方面是信息技术与金融结合形成的"互联网+"和科技金融概念下的创新。例如阿里巴巴的小贷业务，其主要面向小微企业和个人创业者。大数据、云计算和网络是这套小贷业务的前提，以阿里巴巴B2B、淘宝、支付宝等电子商务平台上客户积累的信用数据及行为数据为基础，在网上接受小额贷款申请，并依靠数据库的支撑对提出申请的企业和个人进行信用评价，制定并实施完整的风控体系，面向不同的企业和个人提供不同额度的信贷。这显然是一个科技创新带来的新模式，使商业性金融的边界得到了充分扩展，很多此前通过传统渠道根本无法得到贷款的中小微企业由此得到了信贷支持。但这样的支持机制也存在一定的局限性，一些在数据库中电子痕迹不足的主体仍难以获得支持。

另一方面是政策性融资体系的制度创新建设。政策性融资体系要以"政策性资金、市场化运作、专业化管理、杠杆式放大"为机理和要领，破解商业性金融的安全性和"锦上添花"运行机理的局限性，守正出奇地形成健康、可持续的政策倾斜机制，在承担一定风险但风险可控的情况下，体现国家政策对小微、绿色、创新、"三农"等方面民营企业的支持。而这种对中小微企业的支持需要一定的财政后盾，要形成以财政贴息、政策性信用担保、产业引导基金、创新孵化基地等匹配的财政资金为后盾的支持机制，这是财政不以营利为目的、与相关市场主体风险共担、阳光规范地实施集体科学决策、匹配多重监督、与商业性金融协调互补的一种特定制度设计，当下尤其需要在总结国内外已有经验、教训的基础上，对之积极创新发展形成有效供给，以解民企融资之急需。

# 温州金融生态创新案例

时间： 2012年年初
地点： 杭州
会议： 高校经济研究论坛

## 一、温州的前期发展

我对温州的关注是从20世纪80年代研究生毕业后开始的，那时各方观点对于温州的发展问题争论非常激烈。当时，温州当地居民看重自由空间，很多人尝试做一些小买卖或私人小企业，后来逐渐发展成了集贸市场；20世纪80年代中后期，市场上衍生出了一些投机倒把和假冒伪劣问题；到了20世纪90年代初期，管理层开始对这些问题进行治理和整顿。那时，市场中最大的乱象是假冒伪劣，其中比较典型的是低压电器市场中的假冒伪劣，还有一些假广告。后来，我在温州参加一个研讨会，接触了当地的企业家，也参观了当地企业，通过观察发现，当时温州已经度过了市场初步发展的紊乱期，能够看到一些民间经济的成长。那时我就注意到，温州已经开始校正混沌状态中的一些负面问题。包括低压电器在内的很多市场，都越来越规范，并逐渐扩展市场占有率。

最初，低压电器的假冒伪劣现象的出现必然与商业道德水准有关，但它在一定程度上也与人们拿不到计划控制的相关材料有关。低压电器的接触点需要镀银，但在国家指令性的战略物资控制下，很多企业根本无从获得，因而衍生出了假冒问题。一些企业采用其他类似银漆的材料完成生产，导致实际使用功能降低。但经过整顿之后，这些问题基本解决了。另外，在温州的发展过程中，市场的融资方式很有意思，对于那些得不到金融支持的市场主体来说，他们就依靠邻里之间、亲友之间、朋友之间的融资，来完成某一阶段生产经营周期的需要。但在这个过程中，也衍生出了一些不良的现象和问题，包括对社会公众的非法集资，甚至"地下黑钱庄"等。

那时我们就已经认识到，在中国经济社会转轨和实现市场化改革的过程中，需要经历一个从不规范到规范的过程，在某种程度上，我们必须容忍这种不规范。例如，温州企业最初的模式是个体户或私营企业，在经历了私有产权确定的过程后，开始发展规模化经营。但是，当时无法一步到位发展为股份制，因此提出要发展股份合作制。由此，在经济理论上形成了一番争论，股份制的规则是一股一票，而合作制的规则是一人一票，两种规则如何实现兼容？对于这一矛盾的处理方式，市场中形成了很多讨论。当时，基本看法是要先鼓励这种过渡形式，这是私营经济升级换代的一个必要的过渡，但是未来它一定会形成规范的形式，最可能的是形成股份制这种标准的现代企业制度形式。果不其然，此后凡是规模做大的企业和在全国范围内形成一定影响的企业，包括温州、台州，以及整个长三角的经济增长极区域的许多企业，规范化发展后都是以股权形式存在。

在温州前期的发展中，总体而言已经在经历了阵痛和混沌局面后，实现了与健康市场经济的接轨。2000年以后的一段时间内，温州甚至整个浙江民营经济和县域经济实现了良好的发展，成长为长三角经济增长极的代表性区域，收获一片赞扬之声。但在此后几年，我们又开始听到一些担忧的声音，例如温州的实体经济开始出现空心化，开始发展为一种炒作式的、明显带有泡沫性质的运作形式，如"温州炒房团"等。这些事件对温州形成了一些负面影响，社会对此出现了一些负面评价。

## 二、温州的旧城改造

20世纪90年代初期，温州的百姓普遍已经富起来了，农业层面已经出现了"龙港农民城"这种形态。但温州的主城区，却仍存在一些破败的景象，城区内有不少非常拥挤的老房子，城市改造任务非常艰巨。对此我也感到非常困惑，很难理清温州旧城改造的思路。但让人没想到的是，2011年之后，温州的旧城改造基本已经完成了。其完成的方式，是先有顶层规划，设计好城市区域的具体改造方案，由政府牵头将新区和老区一并规划，然后落实到各个街道上铺面的筹资，临街的铺面都可以向社会招标。在民间资本给出的资金中，除了包括通常商业标准定义内的租金，实际上也捆绑了用于旧城改造的资金，由此形成集资性质的招投标。因此，对于温州旧城改造的规划，整体方向是由政府控制的，但改造资金则主要来自于民间资本的聚沙成塔。正是依靠这样一种合资机制，温州老城区的改造得以实现。当下，虽然还没有其他城市仿效温州旧城改造的典型案例，但这种机制在某种程度上非常具有借鉴价值，在公私合作伙伴关系上实现了一定创新。

## 三、温州"跑路潮"

温州资金链断裂这一问题的发生，是我们不愿意看到的。对此，更多人关注是否温州的发展后劲出了问题。暴露了产业空心化问题，企业和实体经济层面的资金没有为企业的做大做强提供支持，反而有大量资金被用于炒作。由于缺乏资金，很多企业面临资金链断裂，最终引致了 2011 年下半年温州企业家的"跑路潮"。面对这一失衡，政府层面采取了"救火式"的解决办法。随着对一些企业的"救火"产生了示范效应，整个事态慢慢平息下来。后来，我到温州参加了一个研讨会，主要内容就是对金融问题进行研讨，一些温州当地人表示"余波未平"，对很多问题他们仍在想方设法地"灭火"，但"跑路潮"已经基本平息。

如果将问题提升到保持总体经济社会的和谐和可持续发展层面，金融在其中扮演着怎样的角色？金融是怎样服务实体经济的？联动机制如何考虑？这些问题需要进行很多调研、探讨和理论升华。先从对温州金融生态的不同态度说起，此前，温州的金融生态在全国金融生态评比中连续 7 年排名第一，但最终却出现了震动全国，且需要付出很大代价去平息的金融链断裂问题。那么，金融生态以及在金融生态指标衡量之下的金融运行，是否值得高度评价？应该以怎样的指标体系来把握？我认为，这其中最基本的一点是，看金融对实体经济发展提供服务的实际效果如何，才是正确的内在评判逻辑和取向。如果仅仅是指标层面的靓丽，是没有意义的。实际上，在温州金融生态指标评价连续 7 年排名第一时，央行调控的是规范化融资，而对于温州辖区之内的实体经济，金融的影响已经非常次要了，因为规范化融资在温州已经被边缘化了。温州实际的融资更多依靠的是常规金融之外的大量高利贷和次高利贷，这些高利贷成为当地经济生活中不可缺少的融资主导。然而，这种高利贷伴随着脆弱性，以及导致实体经济出现困难的属性。在泡沫经济、炒作经济等不健康状态下，获得金融生态评比的第一名，是没有意义的，这也是我们考虑金融本源和本能时应有的基本视角。从整体图景来看，金融生态评比中仅考虑的常规的、健康的低利率融资，在有些区域，特别是一些经济增长极，包括经济发展一度非常活跃的长三角等区域，已经在一定程度上被边缘化，已经无法在实际中起到太大作用，至少无法起到主导作用，这是我们不得不面对的一个现实。

## 四、金融发展改革的 3 个势在必行

### （一）金融有效支持实体经济的升级换代势在必行

伴随着关于金融生态这个评价，对温州实际出现过的金融危机局面，首先不能就金融论金融。它给我们敲响的警钟是，要注重金融支持下的实体经济发展所遇到的挑战性问题。在我国已形成的经济增长极区域（以长三角、珠三角为代表），其实体经济的升级换代势在必行。这种实体经济的升级换代当然要得到金融的支持，但目的不在于打造可观的金融指标，而是要关注实体经济的升级换代能否顺利实现。前些年，温州的经济发展异军突起，民间经济在这其中扮演了主要角色，实现了一派生机的发展。但 2010 年以后，这种发展碰到了天花板。而长三角、珠三角一些已经形成中大型规模的民营企业同样如此，大多都在技术层面到达了天花板。按照原本的态势，接下来这些市场的发展逻辑应是与国际上的一些对手形成竞争，但现在来看似乎没有形成这种实力。以玩具的生产能力，我们的生产量在全世界占比 75%~80%，但其中大量是其他国家的产品，而代表升级换代的自主品牌始终却始终没能形成这样的局面和势头。那么，这种升级换代的技术天花板该如何突破？我认为，配套有效的制度供给非常必要，首先我们必须正视这种制度天花板，再延伸到我们应该提出怎样的可行对策。

## （二）金融的多样化改革势在必行

所谓金融多样化，是合理的金融生态下金融运作体系的必备特征，这其中既包括金融机构的多样化，也包括金融产品的多样化。在这一体系下，应在有效控制系统性风险的同时，使金融中的低利率和类似小额贷款公司等所谓中等程度融资成本的中利贷结合在一起，把原来温州地域上产生的某种起到主导作用但又很脆弱也很容易出问题的高利贷边缘化，使其杀伤力降低。央行指出，利率向上浮动以 4 倍为上限。但在实际中，是否有超出 4 倍的情况？其实，各种变相超出 4 倍浮动上限的高利贷大量存在。因此，想要淡化高利贷，多样化的低端、中端产品及其供给形式必须实现增长，而这种多样化的改革势必需要利率机制的进一步市场化。当下，我国的利率市场化进程最欠缺的就是存款这一方面，存款利率是非常关键的控制指标，但也不能轻易放开，否则就会形成越来越多对银行金融系统高利差的批评和诟病。但总体而言，推进金融多样化改革和利率市场化改革，是我们别无选择的一个大方向。

那么，这种多样化要达到什么程度？我认为，应该形成一个经济中不同特色、不同主体、不同活动所需要的融资支持"无缝连接"的全覆盖体系。首先，这种全覆盖要有一个从某一视角下的横向比较，有大企业、中企业、小企业，还有小微企业，它们所对应的融资主体，有大规模银行、中等规模银行、小规模银行和金融机构，还有我们需要进一步发展的，对草根创业提供金融支持的主体。这些大对大、中对中、小对小的序列需要实现多样化。在这其中，小微企业和草根企业的融资相对而言是更为困难的，对这些企业的支持是多样化发展中需要特别注重的。

另外，还要关注时间序列的问题。在前不久的政协分组座谈会上，在总结中外小企业的成长规律时，大概区分了以下3个阶段：第一，死亡谷时期，平均时间在3年左右；第二，成长期，大量小微企业无法度过死亡谷时期，少数企业能够进入这一阶段；对于到达成长期的企业，银行通常也不会给予大规模的信贷支持，更多的企业需要借助PE（私募股权投资）等带有投资创业基金性质的融资机制的支持；第三，成熟期，通常当企业进入这个阶段，银行才能够相对稳定且具有一定可持续性地对这些小规模企业给予贷款支持。从时间序列来看，企业成长有可以总结的规律，融资支持的多样化，也必须适应这些不同的阶段，也应该具有多样化特征。

### （三）构建可持续的政策性融资体系势在必行

在追求全覆盖的概念下，又引申出一个问题：是否有些对象注定无法被商业性金融所覆盖？我认为答案是肯定的，在现实中，大量反馈仍是小微企业很难得到融资支持。因此，从全局来看，在深化金融改革的过程中，政策性融资体系的构建和可持续发展势在必行。

20世纪80年代后期，我国就已经形成了政策性银行或政策性融资体系的概念。当时就意识到，在金融系统方面，中国人民银行是调控当局，工、农、中、建四大银行是企业化的专业银行，交通银行、民生银行等则是企业化定位下的商业性银行和金融机构。如此运行一段时间后发现，政策性融资业务必须从这些银行种剥离出来，特别是工、农、中、建四大行。之后明确提出，要让商业性金融和政策性金融分道扬镳，要专门组建政策性金融机构，于是国家开发银行、农业发展银行、进出口银行作为政策性银行被分离出来。

但在此后的金融工作会议中，政策性金融机构和政策性融资体系被有意回避，很少被正面提及。但在实际中，此方面的需求仍非常大，例如支持"三农"和中小企业，以及支持科技创新和"走出去"等。我认为，必须将中国的政策性金融体系放在战略的高度来考虑，这是一个不可回避的问题。温州事件再次证明，要形成多样化改革和全覆盖，必须把商业性金融和政策性融资实现一种合理组合，最终形成全覆盖的融资体系。在此方面，如果进一步借鉴国际经验，可以尝试结合 PPP 机制来实现。

在此基础上，有一个重要问题需要思考：如何有效控制政策性融资体系的风险，使其得到有效发展。从国际经验来看，在金融的政策性担保和财政贴息问题上，很早就有一些典型的国际先例。包括英国和美国在内的一些国家，都设有中小企业局。其中，美国的中小企业局主要以信用担保和贴息这两种方式支持小企业融资，这是一个可持续的机制。对此，美国政府承认其中的风险，但同时也强调这是一个风险共担机制，政府与银行一起形成信用担保的共同支持。假定某个项目失败，需要面对风险时，银行承担一部分损失，政府承担余下损失，这之间的风险承担比例是动态和弹性的，其风险共担规则是透明和可预期的。在这种信用担保机制下，原来得不到融资支持的对象将有机会得到融资，面对可能出现的损失，将有财政作为后盾。

除了通过风险共担机制形成制约外，还必须规范地挑选支持对象，这在中国社会中恰恰是一个难题。这一问题如果处理不当，就会产生大量设租、寻租行为，由此出现大量该支持的得不到支持、不该支持的靠所谓的政策之名得到支持的情况。从国际经验来看，解决这个问题的方式就是提升透明度、规范性和实现公众监督。但从是来看，目前中国缺乏这种配套条件。因此，我们不能简单地借鉴其他地方所形成的政策融资机制的相关经验，前些年实践中的困难也恰恰在于此，而且很可能会引来一些指责。

那么，在以上问题之下，是否意味着我们应该放弃政策性金融体系的打造？我并不这么认为。在此，我们可以通过分析日本的经验得出一些结论。第二次世界大战之后，日本的经济发展出现了奇迹，其中一个非常重要的支持体系就是政策性金融体系，其支持重点是一个动态发展的过程。在日本恢复国民经济的过程中，政策性融资体系首先支持的是钢铁和煤炭这类重化工行业，到了20世纪50年代初，转为支持造船业。当时，世界范围内出现了一个发展造船业的时机，日本在此方面迅速发展起来。直至20世纪50年代后期和60年代初期，又支持了自动化机械和半导体等行业，这些都对后来的新技术革命形成了引导。后来，半导体后逐渐影响了信息革命。当时，日本经济生龙活虎的表现，很大程度上是由于政策性金融体系的支持。同时，日本对于区域开发、小企业和科技创新等，都有特定的金融机构（称为公库）和特定的开发银行等进行支持。20世纪80年代，日本开始侧重对住房的支持，将重点逐渐转移到非竞争领域。20世纪90年代，日本针对政策性金融体系中的一些问题进行了进一步改造。这些足以说明，在一定阶段上，不能简单地否定政策性金融的必要性。

由此来看，在发展政策性金融体系的过程中，可持续机制的打造需要被重点关注。此前两年，杭州市西湖区财政部门曾主动提出，要对每年以财政资金支持科技型小企业的发展构建从"消耗型"到"循环型"的新机制。这是西湖区发展战略中一个明确的导向，即财政必须有所作为，但这并不意味着财政部门要求这笔资金生出多少溢价，取得多少财政账面上的投资回报，而是要让这笔资金实现滚动和循环地用,从而实现绩效的提升。西湖区在这种循环型财政资金运用机制的创新中,形成了一个合理的框架:区域内一些活跃的企业与财政合作,成立了一个西湖区科技型小企业融资支持产业基金。这个产业基金的形式非常规范,采取各方入股的方式,且股权划分清晰。此外,这其中还加入了一些民营企业和海外资金,按照股份制的方式实现参与。在这个项目设计的金融产品中,有很多金融方面的技术细节,包括股权型、债权型等,不同的金融产品通过运作,最终将融资机制传递到对科技型小企业的实际支持。在这个项目中,涉及一个非常重要的概念——金融工程。在此过程中,首先要明确所需要的融资支持,然后再运用相关的金融知识和数量方法(包括精算方法),以及金融支持经验,设计出支持这种融资的金融产品,这是一种以量体裁衣、量身定做的方式运行的金融工程。这种支持完全可以运用于科技型小企业产业基金的多种金融产品的设计。

广义来看,西湖区对该项目的探索可以被看作是 PPP 的一种具体形式,不仅公众资金参与其中,私营企业、民间资本的股权,以及海外资本也参与其中,为原本无望得到融资支持的企业解决了相应的问题。

此外,还有一些草根层面的融资案例,所涉及的同样是政策性融资。在广西壮族自治区桂林市附近的恭城县,当地政府请来专家一起支持农户使用沼气。过去在没有沼气时,当地百姓砍树、割草,通过破坏植被来生火、做饭、烧水,生活质量很低。但使用沼气的先决条件是农民要养猪,使猪粪入沼气池,所产生的沼气入户,从而这些农民就可以使用清洁、方便的能源生火、做饭,生活质量得到提高。我曾到农村实地考察了沼气入户的情况,发现这些使用沼气的厨房就像是工厂里规范化的标准间,也设有灶台、仪表、管道等。由此,不仅农民得到了实惠,生活质量得到了提高,生态环境也得到了保护,一举数得。而在之后,隔一段时间就要清理沼气池中的沼液和沼渣,而这些都是非常好的有机肥。将这种肥料清理出来,还可以继续产生高附加值,例如用于当地的果园,帮助生产绿色的有机食品,从而让农民增收。由此,这一系列操作形成了循环经济,而这正是科学发展观所强调的发展的循环经济的具体体现。

进展到这一步,这一链条还并没有结束。随着这些百姓生活的提升,他们开始打造农家乐旅游。农户们在自家留出一定的居住面积,配上日常的生活用品,让城镇的人们在周末、假日到这里呼吸新鲜空气、吃农家饭、到果园里采摘,体验田园生活。接下来,一些企业也开始了此方面的思考,认为在这些基础条件之上,可以打造黄金旅游的一条龙配套,找到其中的增长点。例如,在恭城县选择若干农村社区,邀请高水平专家参与全面改造,制订顶层设计,从而打造成可取的投资回报的实际项目。但这个设想想要得以推进,需要得到资金的支持,但很多企业的资金量是不足的。此时,地方政府何乐而不为?地方财政需要支持新农村建设,因此财政可以在这个项目上加一把劲,尝试贷款贴息,由此就形成了一个政策性融资机制。其实,这个机制离我们并不遥远,中国的新农村建设就为这种机制提供了可能的机会和条件。在这其中,我们所追求的创新升级,是实现财政资金的"政策性资金、市场化运作、专业化管理、信贷式放大",一旦政府财政、企业、居民、银行、担保机构等各个主体以合理的机制实现连接,将可能出现一个共赢的发展局面。

整体来看，中国的商业性金融体系应该扮演主要角色，与之配套的政策性金融体系也并不一定全部都是政策性金融机构，其中也可以有一些商业性银行承接的政策性融资业务。在可能的情况下，也可以采取财政给予一个固定支持条款下的招标方式，让商业银行来认购这些业务。总之，融资供给侧的谱系要争取实现全覆盖。此后，所有经济社会生活中需要融资的事项，从最纯粹的商业性融资，到最有政策支持色彩的政策性融资，将形成一个无缝连接的体系。政策性金融系统是一个大战略层面下为社会经济服务的顶层设计，我们所看到的只是其中的一些片段。某些片段上有成绩，某些片段上有遗憾，某些片段上也存在明显的问题。在今后中国金融深化发展的过程中，我们要努力寻求让这些金融产品的供给实现多样化和全覆盖。

### 五、中国的金融深化

关于在金融危机之后，怎么看待金融深化问题，很多人强调要借鉴国外去杠杆化，以及巴塞尔协议Ⅱ和巴塞尔协议Ⅲ的经验。当然，这些严格控制风险的规则体系对我们而言有一定启发。但从另外一个角度来看，我国的金融深化和金融发展仍处在初级阶段，因此不能一概而论。以美国为例，其金融衍生产品过度发展后脱离了实体经济，资金链无法持续，以次贷危机为导火索，引发了国际金融危机。而后，美国又凭借世界霸主地位通过持续的量化宽松来渡过难关。再如欧债方面，欧洲货币联盟迟迟得不到财政联盟的支持，而它解决问题的方式与美国的表现形式相反，其严格控制赤字、控制开支，但困难重重。但实际上，这些问题的本源都是一个，就是在金融发展至比较高的阶段上，因内在矛盾的积累引发了危机。因此，对我国而言，由于市场的发展阶段不同，因此不能简单地借鉴，仅仅通过严控杠杆率来解决问题。在很多领域，我们甚至还要加杠杆，有的放矢地优化结构。

另外，在整个金融深化发展的过程中，还涉及一个非常重要的哲理问题：到底是在发展中规范，还是在规范中发展？从监管机构的角度来看，所强调的更多是在规范的前提下发展，因为管理层的一个重要职责就是控制风险。但回到全局来看，这个原理不一定全部适用。正如邓小平同志所提出的"大胆地试，大胆地闯"一样，首先要形成一个判断，这个方向不可回避，然后朝着这个方向努力前进，这对应的就是在发展中规范的哲理。因此，在我国实现金融深化和金融创新的过程中，在强调规范中发展的同时，不能回避在创新事项上首先要在发展中规范。

因此，所有的规则都需要给创新预留一定的弹性空间。在很多具体问题上，当各方意见相持不下时，可以进行合理的大胆尝试。不仅金融如此，在其他很多方面也蕴含着这样的哲理。但在这个过程中需要我们重点防范的，是系统性风险的发生。我们必须警惕泡沫，但要具体分析不同相关条件下不同泡沫的性质。例如，我们需要承认房地产市场存在泡沫，但仅仅是在一些发达的中心区出现了泡沫和炒作现象，总体而言，中国的房地产市场仍处于成长期。当我国的城市化水平趋于稳定之后，即城镇化率达到了70%~80%的水平，届时市场才会转为缓慢提升的状态。而目前，我国的城镇化水平仅为40%左右，因此我国房地产市场的泡沫绝不是普遍的系统性风险泡沫。对于金融系统的建设也是如此，我们要有金融创新的决心和勇气，更要有建设性的方案设计。一旦在发展过程中形成了稳定的风格，就需要有针对性地跟进"在规范中发展"的相关措施。

## 六、后记

随着宏观经济政策的不断收紧,一场严重的民间金融风暴在2011年秋袭击了温州。中国经济运行中的一些深层次因素,包括利率管制、金融增量改革滞后与民营经济受到冲击,为温州民间金融危机的爆发不断积聚了负面能量。要真正走出民间金融危机的阴影,实现利率市场化,金融市场开放乃必由之路。

2012年3月28日,国务院常务会议决定设立温州市金融综合改革试验区。

# 政府财政信用、政策性金融与地方融资平台转型
## ——聚焦融资平台"去财政信用化"

原发表媒体：《地方财政研究》 2019 年第 5 期

### 一、 政府财政信用及其具体形式

　　政府财政信用是以政府为主体的特种信用，属于政府以公共权力主体定位，按照信用原则筹集和运用财政资金的一种经济行为，亦称为国家信用。财政信用既是财政资金运动的一个有机组成部分，也是社会信用体系的一个有机组成部分。在直观形式上，财政信用具有信用形式的一般特征，即以资金的所有权和使用权的相关分离为前提，以如约还本付息为条件，形成资金支配权的让度和余缺调剂机制。由于是以政府公权为后盾的增信效应，政府（尤其是中央政府）财政信用等级一般都属于最高之列。

　　财政信用的具体品种依筹资与投资可分为两大类。筹资信用是政府作为债务人，通过公债（包括国债和地方债）、特种储蓄（如日本相当长时期内的邮政储蓄）、政府借款等形式，从国内外筹集财政资金；投资信用是政府作为债权人，为实现特定政策目标而投放政府贷款（如中国从传统体制下延续到改革开放后财政提供的企业技术改造贷款、支农等方面的周转金贷款、科技项目贷款等），也包括援助他国的政府贷款。财政贴息和政策性信用担保可认为是

财政信用机制对接商业性金融机制的一种结合态，通常被人们称为政策性融资，属于政策性金融体系的组成因素。

而政府信用的一种形式，地方政府的举债，特别是中国近些年与地方政府融资平台有关的隐性负债与或有负债，在《预算法》修订后已规范化地进入市场，中央政府所要求的地方政府融资平台的转型，其实际目标是去除原地方政府以融资平台举借债务的隐性负债机制，希望通过平台去财政信用化，使隐形负债就此寿终正寝。

## 二、 政策性金融及其发展中的机制优化

政策性金融是指以政府信用（国家信用）为基础，运用各种政策工具手段支持的金融活动，体现对特定对象予以融资便利的倾斜支持，产生贯彻政府发展战略、产业政策和技术经济政策，优化和改善民生基础设施等方面的特定作用。有别于按照完全竞争假设而以"锦上添花"机理运行的商业性金融，政策性金融内含的假设，是在非完全竞争场景中，为弥补市场失灵而贯彻政策导向，选择性地实行"雪中送炭"，从而更好地优化结构，提高国民经济运行的综合绩效。英文中的 Policy-based Finance，即政策性金融，在现实生活中已有比较丰富的表现形式，但在经济学界仍未形成统一的、能被普遍接受的严格定义。但于政策导向下，根据在利率、贷款条件与期限、担保等方面的优惠，非营利导向地、选择性地提供资金与支持的特征，一般认为财政贴息贷款、政策性信用担保、政府介入的产业引导基金等，属于政策性金融范畴。在基于理论分析的分类上，绿色金融、小微金融、普惠金融、开发性金融等概念，一般也被人们归为政策选择性色彩较明显、有不同于商业性金融的特别之处的政策性金融范畴内。

在实际生活中，政策性金融与地方政府融资平台服务于地方政

府特定发展战略之贯彻的投融资活动有不解之缘。地方融资平台前些年所做的发债、借贷、担保,而后把资金投入当地政府选择性的项目建设,实际上都具有浓厚的地方政策性金融色彩,但规范性程度不高,风控机制堪忧。在防范和化解地方隐性债务风险的过程中,如何认识地方的政策性金融,以及如何把握地方融资平台转型与优化地方政策性金融运行机制的关系,是需要研究和厘清的重要现实问题。

基于已有的关于政策性金融的研究认识,以下问题需特别注意。

首先,在中国可预见的未来,政策性金融的重点、形态、机制会发生种种变化,但由客观需要所决定,政策性金融应被放在以供给侧结构性改革支持中国实现超常规现代化发展的战略考虑层面,与商业性金融协调呼应,实现健康、可持续的金融双轨运行。

其次,政策性金融机制建设的原则与基本要领,应是以财政资金形成后盾的"政策性资金、市场化运作、专业化管理、杠杆式放大"的创新机制,坚持非营利导向、风险共担、专家集体决策、多重审计监督和特定考核指标体系等,打造防抑"设租寻租"的健康、可持续的运行机制。

最后,地方政策性金融的具体形式上,应积极探讨财政贴息贷款、政策性信用担保等与 PPP 项目建设、产业引导基金运作等的结合。

**三、 地方融资平台分类转型与财政信用和政策性金融的关联考察**

原地方政府融资平台的转型是《预算法》修订后相关制度建设中的一项既定方针,其内在逻辑的主线是使平台去财政信用化。目前,对于我国地方融资平台的转型问题,市场中还存在种种不同认识和多种可能性,需要在分类转型的概念下,具体考察和研讨不同转型路径及场景下,如何转型和去财政信用化,以及它与地方层面发展政策性金融的关系。

平台转型的主要类别可分为以下几种。

类型一,原地方政府融资平台转型为地方公用事业运营公司。转为这一类型后,在地方政府辖区内,其具体业务,无论是细分层面的上下水、集中供热供暖、垃圾处理或公交运营管理,还是公用事业领域内某些门类业务的组合与综合式管理,这种公司都不构成财政信用主体;其融资行为,无论是以股权、债权形成的直接融资,还是取得贷款形成的间接融资,都是按《企业法》《公司法》规则覆盖和调整的真实意义上的企业法人融资行为。但不排除在相关政府管理部门认为有必要的情况下,对此类公司安排源于地方公债的资金支持,或使之成为政策性金融的支持对象,即成为地方财政信用的受体或受益单位。

类型二,原地方政府融资平台转型为地方政府城市(城乡)建设运营公司。转为这一类型后,其具体业务,是以地方政府辖区内的土地一级开发切入,覆盖至城乡基础设施、公共工程的建设和运营的广泛事项,涉及七通一平、架桥修路,到环境整治、旧城改造等,具体的重点和业务组合因城、因时而异。与类型一相似,这种公司仍属《企业法》《公司法》覆盖和调整的市场主体,不构成财政信用主体,但很可能不时成为财政信用的受体,得到来自政策性金融体系的支持。

类型三,原地方政府融资平台转型为地方政府设立的地方政策性金融机构,如政策性信用担保公司或产业引导基金公司。转为这一类型后,其与类型一、类型二的明显区别是,其以特定金融机构定位,必须接受与其金融业务相关的所有法律、法规的约束和调整,其功能作用表现为地方财政信用的一个主体,或地方财政及其信用体系所支持的地方政策性金融体系的一个组成部分。因此,转型后,去财政信用化原则并不适用于类型三。

类型四,原地方政府融资平台以混合所有制改革或以被兼并等形式,转型为与原地方政府完全脱开行政隶属关系、人事安排关系的完全市场化公司法人(不排除其股权结构中,还有地方政府非控股性质的参股)。这种公司的业务范围无论如何选择和组合,都不存在明确的地域范围概念,实现了"走出去",在全国和全球市场上参与竞争,寻求合适的投资机会和业务定位并自负盈亏。这种新的法人主体,既不成为财政信用主体,通常也不会成为财政信用受体而得到原地方政府特定的政策性融资支持(其他渠道的特定支持不做绝对排除,但可在此不议)。

类型五,实际生活中,不排除某种由原融资平台向类型四趋近的"过渡态"。比如,有些原地方融资平台被认为已完全撇清了与当地政府隐性负债的关系,产权结构上也已是较规范的多方持股的股份公司,主营业务在形式上,亦已由董事会与高管层面自主决策,但实际上,与原行政主管,即当地地方政府间仍存在一些特定关系,会体现在公司为政府帮忙(甚至救急),政府以其他形式给予支持等场景中。这种公司有可能逐渐淡化在本地原有的"特殊身份",逐渐把舞台中心移向地域之外。但也不排除因为与原行政主管间的相互帮衬,形成相对稳定的利益共同体关系,使潜规则替代明规则的地方隐性负债机制继续暗度陈仓,在某些区域、某些阶段、某种局面下,形成卷土重来之势。

类型六，原地方政府融资平台，属于已资不抵债而应做破产清算的关停对象，其转型问题遂变为如何完成资产、财务清算和人员安置的问题。这种情况下，去财政信用化可作为一劳永逸的解决方式。

上述 6 种转型方式的具体情况可概述见表 2-1。

表 2-1　6 种转型方式与去财政信用化的关系

| 所转类型 | 转型后与去财政信用化的关系 |
| --- | --- |
| 地方公用事业运营公司（业务可专一、可组合） | 不为主体，可为受体 |
| 地方政府城市（城乡）建设运营公司（业务范围可因地、因时而异） | 不为主体，可为受体 |
| 地方政策性金融机构 | 成为地方财政信用体系或地方政策性金融体系的一个组成部分 |
| 完全市场化的公司法人（业务活动已不限于原地域） | 不为主体，一般也不为受体 |
| 类型四的过渡态 | 既可能过渡到位成为类型四，也可能继续"暗度陈仓"为地方政府隐性负债 |
| 资不抵债，破产清算 | 去财政信用化完全了断 |

以上概略考察，未必能穷尽一切相关可能性，但至少可以启示我们，地方政府融资平台去财政信用化的转型初衷，会面临比较复杂的情境，有必要进一步细化和深化相关认识，以求把握好大方向和大思路，并掌握高水平的操作原则和要领。

# 国际竞争背景下供应链金融的中国创新

时间： 2019年3月15日
地点： 北京
会议： 中国供应链金融年会

当下，我国正逐步推动全面开放新格局，全球化进程加快。因此，供应链金融的发展一定要在推进创新的过程中，在国际合作与竞争的背景下展开。

从定义来看，供应链金融即银行和金融机构围绕着供应链上的某种核心企业，以结算、理财、预付、代付、存货融资等发展得越来越丰富的金融服务，致力于实现对上下游企业（这其中可能包括大量中小微企业）资金流与物流的优化管理。从资金这个视角来看，这一过程一定要与物流结合在一起，将单个企业不宜控制的风险转为供应链企业整体可控的风险。在此过程中，需要相关主体全方位地获取各类信息，以优化解决方案，将风险因素控制在最低水平。在供应链金融的概念上，控制风险是和金融服务密切结合在一起的。同一个供应链下的各方，具有相互依存、一荣俱荣、一损俱损的关系。在很早以前的经济生活中，就有赊账行为的发生。从经济的角度来看，与赊账行为同时产生的还有风险。如果其中的风险没有得到有效控制，最终可能演变为整个链条的断裂。一旦这种危机因素发生了，就有可能形成多米诺骨牌效应并引发危机局面，由此危及整个供应链的生存。为了控制这类风险，并降低交易和管理成本，在相关金融服务、融资模式和方法层面，有关供应链融资的各类产品已从多方面进行了多年的探索与开拓。包括承兑票据、贴现、信用证等延期支付工具，从保理、货押业务，升级到近年创新态势中特别强调的结合电子化、信息化的一系列新工具、新手段。不仅国际上的发展经验如此，很多国内创新方面的有识之士也都意识到了这一发展潮流。

近几年，最典型的创新方向就是大家耳熟能详的"互联网+"。信息技术的代表性突破是出现了互联网和移动互联，未来还将推进到万物互联这个"互联网+"概念下的创新。在过去已有的贸易融资、供应链金融、产融结合互动这些概念的升级版上，显然其插上互联网新技术这个"翅膀"后，仍要落到形成核心企业与银行业务连接，获得特定支持而面对全链、全系统给予增信这个定位上。这也正是供应链金融的基本原理之所在：在一个供应链下大大小小的企业中，必然有起到核心作用的企业，这个（或若干个）核心企业将与银行和金融机构形成类似战略协同伙伴的同盟关系，进而带动整个供应链的上下游客户，以及相关的服务对象和利益相关方等，并与这些主体一起实现共赢，从而实现控制风险、提升绩效、高质量发展的目标。

对中国各类供应链而言，不同领域、不同行业的供应链所共同面对的，都是要在寻求共赢发展的过程中，对接全面开放的国际市场，要在新时代下与大数据、云计算、区块链等前沿概念相结合，实现运营模式的创新。从研究层面来看，对未来经济生活的展望是，人们通过一些设备，例如智能手机或即将发展起来的可穿戴设备等，实现真正的移动互联，以及由此形成的移动商务（不一定有固定的商务办公场所，不一定要通过高楼大厦来树立自己的品牌），通过技术和设备，实现移动中的商务交易，得到移动金融、移动保险等相关服务。我认为，这将是在不太遥远的未来，就会风行于全球的具体运营形态。而这其中的具体内容，将是如何在各类供应链中实现多方共赢，最终落实到企业发展和产业发展，以及中国走向现代化过程中的升级发展，从而造福全社会成员，满足人民美好生活的需要。

在此认识框架下，可进一步分析供应链金融概念下的一些创新案例。例如，油品行业内有一家科技公司——锁油宝电商交易平台（以下简称"锁油宝"），它们设计了一套非常新颖、被评价为目前全国市场乃至全球独一无二的运营模式，由此勾画了一个复杂的系统。

在这个油品行业的供应链中，所涉及的第一个关键词是实体经济。实体经济是金融服务的对象，中央金融工作会议强调所有金融服务都要落在支持实体经济的升级发展上，这是金融的出发点和归宿。而锁油宝想要锁定的，是其中的民营经济部分，是要帮助那些在竞争中成长起来的民企解决它们所面临的一些问题，包括为数众多的民营企业和具有民营经济成分的地方炼油厂、遍布全国的民营加油站等，以及和这个产业链业务相关的各类市场主体。

过去，这类实体经济在发展的过程中，大多伴随这样一个特征：这个供应链首先处理的是源头上的大宗货品，其中石油是大宗货品中在全球称得上是战略物资的典型，其供给具有区别于其他货品的特殊性。例如，在炼厂这个环节下，国家有相关的准入规模要求，须符合规模经济理论。此外，为了抵御市场波动带来的物流链条中的各种变化，还应符合安全库存的相关要求，即产能中的固定比例需按规定作为库存，安全库存水平以上的部分则进入市场通过物流形成产销循环。那么，后端与前端如何实现衔接？以往，市场中有大量中间商，通过分销和零售对应着各地众多分散的加油站。在市场价格变化的过程中，这些加油站的基本态度大多是"买涨不买落"——国际原油价格上升时，大家纷纷出手购买（因为如果不买未来会更贵）；而价格一旦走低，大家都选择观望而不出手购买。由此出现了源头上供给端的炼油厂、油库的"憋库"现象，它们的库存不断上升，相关的成本压力越来越大，一些地方民营的炼油厂由于调节弹性较低，完全无法与"三桶油"形成竞争。而这正是让供给端非常头疼的痛点，他们非常渴望建立上下游信任，减少上述波动和为难。在此过程中，后端的刚需用户，例如加油站和大量车主等，也非常茫然，完全不清楚市场未来将如何变化。

锁油宝想要解决的问题是变滞为活，将具有大宗货品规模经济特征的供给端的存量盘活。其具体设计是以炼厂库存的 1/3 和产能的 1/10 为界限，把引流和止损结合在一起，最终对应到刚需的需求端。锁油宝提出了一个核心商业模式：自身作为电商平台的服务平台，将供给端和需求端联通。需求端可以提前 30 天锁定价格，并根据锁定价格支付，最终在 30 天后完成交割。即"涨价不涨"——30 天内，无论市场价格怎样上涨，价格都已经被提前锁死了；"降价补量"——如果市场价格下降，则按照具体数值折算增量。由此，用户体验将实现前所未有的提升。

那么，锁油宝如何达成这种模式？这其中有一系列独到的分析和机制创新。首先是期货概念，但这其中不存在期货概念中的对冲，而是让用户单边受益。刚需端随时可以无顾忌地下单付款，锁定 30 天后的油品供应。但这些资金在流动的过程中如何建立信任？锁油宝借鉴了第三方支付概念，交易资金得到了银行和金融机构监管账户的保障。在银行设立监管账户的同时，相关服务也得到了提升，通过银联结算系统，实现了 7×24 小时交易无断点，在任何时刻交易都可实时结算、实时支付。由此，通过供应链金融打开了交易的新境界，不仅破解了物流和资金流的协调问题，还减少了风险和不确定性。此外，在此过程中与这套交易系统形成对应和配合的还有资本市场，包括在股权、债权中形成纽带的合作机制，以及大数据、云计算、精算机制等技术支持，为交易系统找到合理的量值，形成一套指标体系，衔接各种情况之下的运行。由此，这个平台所提供的服务为供需双方消除了"价损"风险，打造了安全、可预期、低成本、优服务的运行机制。在这个供应链中，炼厂、油库以及大量加油站等，都形成了自主定价权，受外界价格风云变幻的影响大大减小，这是一个前所未有的境界。

在这套通过创新形成的供应链运行模式下，锁油宝如何获取投资回报？据了解，目前锁油宝自身发掘到的盈利点多达 20 个。其中主要的方向可能有以下几个：锁油宝作为中间平台提供信息服务，首先，扮演了炼厂、油库的业务员功能，帮助这些供给端向外推销产品；其次，扮演了银行信贷员和吸储员的角色；最后，扮演了具有撮合、团购功能的"做市商"角色。锁油宝平台作为中间方所承担的这些功能，完全可以合法、合规取得佣金，从而获取自身的现金流。而从整个产业链的角度来看，则形成了"零成本现金流"的运营模式：在上下游供给端和需求端的交易中，融资及相关资金流和物流的对接形成了某种零成本状态。

虽然这种创新和探索还需经过进一步的实践检验，但我非常认同这种积极的开拓，它实现了勇于创新和善于创新。其实，并非所有先进经验都来自国际，在我国创新的过程中，完全可以根据痛点，在目标导向与问题导向相结合的背景下，争取有所突破。锁油宝当下所运行的这个平台，所提供的这个供应链，在一定程度上实现了所有参与方的共赢，包括炼油厂、油库、售油企业、用油主体，以及银行与金融机构、软件开发机构、相关服务机构和锁油宝本身。

以上案例虽尚在探索，但从中也可以看出，在中国推进现代化的背景下，供应链金融概念下的创新空间非常值得珍视。在我国以供应链金融服务于实体经济升级换代的过程中，要认准坚持党的基本路线一百年不动摇，以经济建设为中心，抓牢发展是硬道理，以及中央进一步升华的全面协调可持续的科学发展、高质量发展是硬道理的思想。在以上思想为指导的供应链金融发展中加入发展升级的潮流，所有相关者将做出无愧于时代的努力和应有的贡献。

# 乡村振兴中的投融资支持与机制创新

时间：2018 年
地点：西安
会议：G20 农业主题论坛

农业是国民经济的基础。在人类社会的供给体系中具有不可动摇的重要地位。

但各经济体发展中，随着工业化和城镇化的进展，农业作为产业又面临相对弱势的问题与矛盾，需要得到必要的统筹规划与政策支持。

中国改革开放后，农村改革取得了重大成就，但在继续发展的过程中又将面临与农村、农业、农民（三农）有关的一系列挑战。因此，我们需要在弥合二元经济的现代化发展进程中，推进城乡一体化和农业产业化，加快农民致富和全面建成小康社会的进程，致力于在未来几十年间使几亿农民有序地实现市民化。农业产业化需纳入总体、全局的可持续发展战略，在建设现代化经济体系中以供给侧结构性改革为主线，形成升级发展。

从农业的发展来看，不同区域、不同农业企业都需有合理的定制化供给侧具体解决方案，但这显然需要得到投融资的有力支持并实现相关机制的创新。结合中国的基本情况，以下 3 方面可作为着眼点。

第一，农业的投融资需以市场化、专业化、对象化为取向，并纳入配套改革与全球化潮流。

第二，农业的投融资需匹配合理和可持续的政策支持。

第三，农业及相关事项投融资需推行机制创新。

## 一、农业的投融资需以市场化、专业化、对象化为取向，并纳入配套改革与全球化潮流

（1）市场化。政府的农业投融资要遵循建设社会主义市场经济的客观要求，尊重市场资源配置机制总体而言的决定性作用。农业企业投融资要充分运用市场主体自主权，在竞争与合作中争取做大、做好、做强。

（2）专业化。各项农业投融资要以高标准、专业化为取向提高绩效。

（3）对象化。各项农业投融资要有效针对投资项目的特点、切合种植、养殖的客观情况，形成尽可能高水平的供给管理方案。可行性研究、金融工程式定制，都应抓好落实、优化适合特定对象的供给，这正是对应于供给侧结构性改革与供给体系质量效率提高的新理念，是处理好结构问题的客观要求。

（4）配套改革的整体化。与农村产权制度等改革呼应、协调，与农村社会治理变革相结合。

（5）全球化。农业投融资的全球化既有经验的交流和分享，也有各国政产学研商各界的相关合作。

## 二、农业的投融资需匹配合理和可持续的政策支持

农业领域也存在市场失灵，并且往往比工业和服务业更明显，公共政策支持要对其作相应的弥补和矫正。如农产品领域的巨灾保险配套机制、农副产出"大小年"信息服务及投融资风险防范，对基本、大宗农产品实施的平准政策机制，对于农户规模化经营的引

导扶助,对于农村金融的特定支持(包括必要的以财政为后盾的贴息与政策性信用担保),以及对于食品安全、种业发展、污染防范与治理、涉农小微企业发展、农业一条龙服务体系、生态农场、林下经济、设施农业、农业科技开发与成果产业化应用等各项政策的合理设计与动态优化等。这些政策的设计和实行十分需要相关各部门的协调与配合。一个新的政策命题是,中国还需探讨休耕轮作制度与政策的合理化。

### 三、农业及相关事项投融资的机制创新

在问题导向下,需积极探讨以下问题。

第一,各部门各类涉农资金的优化整合、组合及协调运用。

第二,财政主导的农业综合开发资金和产业基金乘数放大效应的充分发挥(政策性资金、市场化运作、专业化管理、信贷式放大)。

第三,对农业企业投资的鼓励,与资本市场、技术市场的对接(股市、债市和知识产权市场)。

第四,循环经济模式创新与PPP的开拓:如"猪—沼—肥—果—农家乐"链条上的循环经济发展及其规模化运营中企业、政府合作的案例。

第五,与城乡一体化、新型城镇化并行不悖的乡村振兴、城乡接合部建设和新农村建设的结合,"规划先行、多规合一"基础上的政策配套和优化细化。

第六,未来,在人类命运共同体式发展中的国际合作与新技术革命。如"一带一路"上的生态农业园区、农产品与相关产品加工基地、物流中心、冷链及其"互联网+",大数据时代创新升级的市场营销。

# 乡村振兴和县镇金融发展中的政策性融资

*原发表媒体：《华中师范大学学报》 2018年第6期*

党的十九大后，按照中央指导精神，乡村振兴及金融如何更好地为经济社会发展服务等问题得到了各方的高度重视。县镇的金融发展是为县镇经济服务的，在县镇经济中，工业、农业、服务业等多种产业对接着基层乡村振兴，并在现实问题中密切关联着小微金融、普惠金融、绿色金融等一系列概念，被决策层和有关部门反复强调。

小微金融、普惠金融、绿色金融等是具有鲜明政策色彩的金融形态和金融活动，大多可以归入政策性金融的概念。在中国现代化发展及和平崛起的过程中，政策性金融体系应与商业性金融体系一起，被放在现代化战略的层面上，纳入供给侧结构性改革的系统工程。在可以预见的未来，金融领域的双轨制是无法消除的。与此类似，不动产、房地产领域里的双轨制也是很清晰的：住房的供给必须有保障房托底，又必须有与市场直接对接的商品房，保障房和商品房的融资不能混为一谈，金融业在这一领域里具有双轨制特征。同样，在乡村振兴与县镇发展的金融支持机制方面，双轨制特点也非常鲜明。

## 一、乡村与县镇金融仍面临供需不匹配及相关机制问题

从需求层面来看，大量乡镇小微企业的经济活动需要得到融资支持，很多农户（县镇辖区内乡村振兴的基层单元）的生产经营也迫切需要得到融资支持。此外，无论是农业、工业还是服务业的经济活动，如今越来越明显地受到了环境保护的制约，迫切需要得到与低碳绿色发展中必须做出的业态改造升级相关的融资支持。

从供给层面来看，中国总体而言有较为强劲的资金实力。改革开放40余年来，在综合国力提升的过程中，从资本的供给方来看，无论是国有金融体系还是非国有金融体系，都有雄厚的资金力量。总体来看，民间资本已经走过了原始积累阶段，国有金融体系综合力量的提升更是有目共睹。但供给方虽然抱有支持态度，但在实际中无法给予小微企业、"三农"及绿色低碳发展等需求方可持续的融资支持。很多年前，一些具有一定规模的银行就专门设立乡镇银行进行试点，某些特定业务专门对应于农村基层小微企业、乡村振兴及绿色发展等，但并没有形成可持续的支持态势。商业银行和金融机构发展这类业务的内在动机与意愿明显不足，这是由在商言商基点上"锦上添花式"的运行机制决定的。多年存在的金融供需不匹配的矛盾，显然可以纳入"人民日益增长的美好生活需要和不平衡不充分的发展之间的矛盾"之中。

与"三农"、小微及低碳绿色经济活动相关的项目通常具有平均规模小、风险度高、不确定性明显、资金安全水平低等特点，其风控成本使在商言商的银行和金融机构难以形成持续支持的意愿和行为。这些供给方实际上认同的是商业性金融"锦上添花"的机制：哪些项目可预见的效益水平高、风险度低，就会更积极地提供资金予以融资支持。一个大中型企业项目的贷款支持，其规模可能

是几十个，甚至几百个小微企业项目规模的总和，总成本差异悬殊，风险性远不在一个数量级别。通常，供给方首选前者给予支持，而对后者避之唯恐不及，这就是利益驱动之下的利润导向，也是市场化资源配置机制所支配的商业金融的必然运行特点，这种"锦上添花"式的资源配置机制能够很大程度上解决经济运行的绩效问题。同时，社会生活中存在着另外一种迫切的需求，即"雪中送炭"，例如小微、"三农"、绿色低碳发展等，都可归为这一类需求。而这一方所应得到融资支持背后的机制建设任务，与"锦上添花"机制的建设任务有明显不同。

## 二、构建合理的雪中送炭机制，实现可持续金融支持

如何才能构建一个合理的"雪中送炭"机制，以融资的方式实现普惠，实现对于"三农"、小微、绿色低碳经济有效、可持续的金融支持？主要有以下两种途径。

一是在科技创新视角上，依靠信息化时代带来的商业性金融边界的扩展。过去的商业性金融无法可持续地支持小微的融资活动，但在"互联网+"业态下，一种新的可能应运而生：一些互联网公司对于大量基层创业创新者提供的小贷，依靠大数据、云计算等现代信息技术的支持，形成了自己的信息来源——由数据库支撑的技术上认为可行的全套软件设计和运行。它可以在网上接受基层融资需求者的申请，然后运用零人工干预的程序在软件系统里自动进行分析处理，来决定是否发放小额贷款。这种零人工干预的、靠技术创新支持的小贷发放，其风控是有效且可持续的，而实际形成的融资成本仅略高于普通融资，而这在过去是无法实现的。

但这类由科技创新形成的普惠色彩浓厚的金融支持也具有一定局限性，其实现前提是申请者必须在大数据信息库内有充分的电子

痕迹。例如,一些淘宝卖家(在淘宝网上开店的创业创新者中的很大部分是在乡村,现在一些乡村中已经出现了"淘宝村"),他们有这些信息痕迹可查,于是很容易被具有普惠金融性质的小额贷款支持覆盖。但对于那些信息较为落后的乡村地区来说,几乎没有可查的电子痕迹(有些甚至没有银行借记卡),如果这些人想要发展自己的小微生产经营活动,则很难通过这种途径取得小额贷款支持。然而,目前我国在普惠金融方面已经取得了较大进展,例如阿里巴巴推出的各类利用科技创新支持的小额贷款,实现了明显突破,这是一场对接了"互联网+"和信息时代的技术革命,非常值得肯定。

虽然第一个途径扩展了商业性金融覆盖的边界,但并没有解决没有电子痕迹融资者的贷款问题。因此,一个更带有普遍性,或至少和技术创新等量齐观来密切跟踪和完善的制度创新,可望形成金融普惠的第二条途径:即政策性、开发性金融。财政作为公共资源的分配体系,很多年前就有以政府财力为后盾而实际上做融资的财政周转金。改革开放以后,人们对于财政贴息,以及与商业性信贷相结合的带有政策倾向和政策倾斜特征的信用担保机制耳熟能详。然而,尽管经历多年发展,财政贴息所达到的效果并不尽如人意。于是,接下来的探索需要以财政公共资源资金为后盾,全面考虑如何构建一个政策性融资的创新体系。20世纪80年代后期到90年代初期,我国就已经认识到商业性金融和政策性金融必须同时存在,而且要相互独立,因此在国家层面组建了国家开发银行、农业发展银行等政策性、开发性银行,在地方建立了政策定位的各类信用担保公司,属于地方政府政策性融资支持机制。在财政贴息和政策性融资支持方面,基于已有的一系列探索,近年来在逐步开拓和探索如产业基金、产业引导基金等方式，并形成了当下已实现一定发展，接下来将走向规范和可持续发展的 PPP。PPP 的投融资具有鲜明的政策因素，其运行机制上的创新特点也非常突出。

对上述两个途径的概略和勾画，可以形成关于金融如何实现普惠，如何覆盖乡村、县镇的小微、"三农"和绿色发展等方面的融资要求这一问题的基本认识。

### 三、 典型案例分析

#### （一）广西恭城循环经济模式

广西恭城瑶族自治县（以下简称恭城）位于桂林附近，基本形成了乡村发展循环经济的雏形。过去，恭城居民大多通过砍树取得烧火做饭的燃料，而这也是他们唯一的能源供应来源。从生态环境的角度来看，这是亟待改变的一种不良状态。后来，当地政府通过政策引导，帮助农户形成了将养殖猪的粪便放入沼气池，从而产生沼气的能源供给来源。目前，沼气池在我国很多农村区域都是反复引导和推动的建设重点之一。利用这种方式，恭城农户不仅提高了生活质量，也通过养猪增加了收入。而沼气池不仅解决了能源供应问题，也实现了植被的有效保护。恭城将沼气池全面推进后，人们发现了一个问题，沼气池中的沼渣和沼液每隔一段时间就需要清理，而清理出的沼渣和沼液该如何处理？其实，这些都是高质量的有机肥，农户完全可以将其施加到一些带有经济作物性质的农户的种植项目上，比如施加到就近的果园里，助益柑橘等果品的收成。施加了这种有机肥以后，产出的果品则成为适应现代社会需要的高质量、口感好的经济作物，进而帮助农户提高收入。

顺着这个思路继续延伸，则将带动旅游业的发展。农户可将空闲的居住空间整理好，并配置一些基本的生活用品，用于开展农家乐旅游。农家乐旅游适应了城镇区域很多社会成员收入提高以后休闲的需要，周末、节假日住农家乐、吃农家饭，在果园里采摘，呼吸新鲜的空气，这既是城镇居民生活质量提高，同时又是农户进一步提高收入的供应链延伸。这时，有些企业注意到一个问题：能否对此进行规模化的整合？一些企业的决策者认为，可以通过聘请高水平的专家，在这类自然村落里将整个沼气系统进行高水平的规划设计。这种规划升级可能连接的是适应国家政策需要的规模化养猪场（养猪场本身再向下延伸，并形成规模化发展，则是向社会化大生产方式的升级），而这时，在这种自然村落里整合并优化后的基础条件，可以对接的是打造桂林及周边"黄金旅游一条龙"路线的节点。这种规模化的整体设计，非常契合当下我国实施的乡村振兴战略。企业介入这样一个领域，显然不能理解为简单地"学雷锋"，而是在商言商，注意到了商机，意识到了在这其中利用比较优势带来投资回报的可能性，但所遇到的瓶颈则是融资支持问题。这时，商业性金融不敢贸然介入，而政府如果以财政后盾为支持，就可能把带有政策支持效应的贴息、政策性信用担保贷款和产业基金支持等加入进来。那么，整个循环经济的链条按照恭城所展示的一环一环递进，从而形成的全景图是怎样的呢？是循环经济，更是绿色低碳发展中造福于"三农"和相关的乡村产业振兴与社会升级发展。显然，这是一个需要继续跟踪观察的特定视角的案例，如果结合近几年 PPP 的发展经验，这种特定区域的连片开发，特别适合对接 PPP，它具有特定的机制可塑性，展现了一个非常值得关注的创新空间。

## (二) 杭州西湖区县域经济发展

几年前,西湖区财政部门曾提出,财政资金必须每年安排对小型科技企业资金支持的计划(三项科技费用等),每年资金的使用情况必须对管理层报告,形成循环型财政资金使用机制和公共资源的投入机制。对于这部分资金,虽然不要求必须实现增值,但至少要运转起来,实现升级和创新。从具体机制来看,财政部门从其资金中拿出 2000 万元作为股本,和当地某个以"商业性信用担保"为定位的公司合作,再由这个公司利用其关系网带动其他民营企业(包括境外的硅谷银行)入股,共同形成一个标准的、现代企业制度下股权清晰的股份制科技型小企业创新基金。发起这个创新基金的各个主体,以股权形成产权纽带。在这其中,财政非常明确地表示将 2000 万元资金作为特殊处理,不求分红,但享有一票否决权。财政资金不求分红,能够降低其他参与者的风险,使其获益前景更好,企业的参与意愿相应提高。

在聚集了一些积极的参与者之后,这个基金实际的运作机制,是由专业化团队设计具体的融资产品,包括股权型、债权型等各类产品。即运用金融工程工具,对应实际生活需要,设计各种类型的金融产品。这种运行机制鲜明地体现了以财政为后盾,使资金使用在"雪中送炭"的概念下形成可持续的创新。

当然,对于这一机制而言,需要进一步总结其实际运行中的利弊得失,这些经验非常适合促进地方层面形成健康的产业引导基金。近年来,越来越多省、市财政进行较大规模出资,但这些资金仅作为母基金,其运作要领是绝不能直接进入项目决策,而是由母基金带出一批子基金,由此促成投入资金规模的放大效应,其子基金带有社会众筹性质,是由非政府主体更多地进行资金投入,并在投入后由子基金的专业团队决定具体的支持对象，从而运用资金支持达到带有政策性融资特征的项目投入，以贯彻当地的发展战略，并支持当地有意识地优化结构的重点项目。

### 四、以财政为后盾实施政策融资支持的基本要领

结合案例，于乡村振兴、县镇发展的金融支持方面，可初步总结在构建政策性金融体系中，以创新发展形成可持续机制，促进经济升级发展的要领。主要有以下4个方面。

#### （一）建立风险共担机制

风险共担是支持机制的基本特征。过去财政所做的一些支持，往往会导致实际上相关风险的财政独担：一旦财政部门明确一个财政贴息或政策性信用担保的运行机制，很多相关者便认为这其中的风险将完全由财政承担。但财政单独承担风险是一个不可持续的机制，因为会导致其他主体的道德风险。即自身和风险因素无关，既不讲节约，也不讲效益，整个过程演变成财政投入的"无底洞"，并且无法透明地向公众报告运行状况，这种局面是一种不可持续的机制。大量实践证明，财政与相关的企业、政策性金融机构，以及具有支持力量的商业性金融机构等，相互之间的风险分担虽然并没有严格规定，但一定要形成风险共担机制。以美国为例，其中小企业署以财政预算资金为后盾，用贴息和信用担保作为主要方式支持中小企业的发展，但在不同阶段和不同情况下，政府资金支持承担风险损失的比重会做出调整。但绝不会承担全部风险，而是把一部分风险因素留给其他伙伴，这样才能形成防止道德风险并形成可持续性。这一点在西湖区的案例中也有非常明显的体现：财政部门出资形成的股权不求获得分红回报，但要求可持续运行，这其中的风险并不是由财政独立承担的，而是需要各出资方共同考虑创业创新

中于利益诉求之下如何在股份制框架中共担风险。

### （二）建立阳光化、规范化的支持对象遴选机制

支持机制的第二个特征与要领，是在"三农"、小微、绿色发展等乡村经济活动中，对于所有需要资金支持而必须纳入政策性支持轨道的支持对象的选择，必须是阳光化和规范化的，还需引入专业化集体决策从而形成遴选机制。这一遴选机制意味着，并不是所有融资需要都能够得到满足，而是从其中筛选出一部分给予支持。在西湖区案例中，其经验是大家共同出资做股东，各自都有发言权，另外还会邀请专家和社会贤达一起形成项目遴选委员会，对每批申请项目进行阳光化讨论，最后以无记名投票形式表决，并保持财政金股的一票否决权（这种一票否决权不可随便动用，而要依据国家产业政策和地区发展战略的特定要求，并在否决时明确表明原因），最终形成专家参与的集体决策。阳光化的决策虽然使得支持无法100%成功，但出现一定比例的失败时，可通过这一机制给予公众合理的解释，这样才能保证整个过程的可持续。

### （三）实施有效、持续的多重审计监督

上述融资支持过程显然在金融领域形成了双轨运行，有政策轨也有市场轨，如果两轨之间处理不好，非常容易产生设租和寻租等现象。如何限制设租、寻租发生的可能性？一个十分重要的要领是，需施加有效、持续、多重审计监督，并继续探索如何优化绩效导向下的约束。这对于中国当下积极推进的供给侧结构性改革中所寻求的"守正出奇"有很大挑战性："守正"是遵循市场规律，"出奇"则是在市场规律之上，有政府更好发挥作用的有效市场加有限、有为的出奇制胜，即出奇而能制胜，从而实现超常规发展。如果仅出奇而不能制胜，那么就是在试错，这种情况必须控制在一

定范围内。中国实现现代化真正的希望,是在守正出奇的道路上,实现超常规的现代化追赶,并进一步形成大发展的局面,冲过"历史三峡"。我国众多的区域和县乡,都是这个大图景中的组成部分。

### (四) 形成定制化的理性供给管理解决方案

供给侧结构性改革的守正出奇,必须在这方面敢于迎接挑战。前面提到的风险共担、阳光化集体决策和遴选机制,以及多重审计监督绩效导向,最终都要以供给侧结构性改革的定制化方案,落在共性之外必然有个性的各个乡村区域、各个县、各个镇。形成地方政府辖区内定制化的、符合供给侧结构性改革为主线的理性供给管理解决方案,其难度在于,相比对总量进行管理的需求管理,供给管理及供给侧结构性改革需要应对非常复杂、大量和具体的结构化解决方案,并努力形成高水平的绩效结果。这是我们必须应对的挑战,也是在乡村振兴和县镇发展中政策性融资如何适应需要并形成有效供给的必然要求。

# 中国债券市场的健康发展与直接金融的成长问题与对策

原发表媒体:《上海证券报》 2015 年 10 月 21 日

当下,既定的 2020 年实现全面建成小康社会的目标,不仅匹配取得决定性成果的全面改革任务,还要配之以全面依法治国及全面从严治党的战略。在以上"四个全面"的大背景下,金融作为现代经济的核心,必须适应现代化战略的要求。在我国金融改革、发展、深化和多样化过程中,直接融资尤其应该成为发展的重点,至今我国直接融资占比仍过低,不到 20%。在直接融资中,例如当股市出现了一轮牛市,我们希望它不要变成大起大落的"疯牛",而成为慢牛。然而,希望和实际之间往往存在一些难以处理的问题。在目前的形势下,需要肯定市场中的一些亮点,但也要注重相关风险的控制。

除股市外,债券市场作为直接融资非常重要的组成部分,应从正反两方面来看待。一方面,债券市场的健康发展作为我国总体金融改革与发展的组成部分不可或缺,应该肯定其取得的成绩。改革开放以后,我国债券市场在举借外债方面,在国债适应市场经济发展的制度建设和作为方面,在具有一定特色的金融债发展方面,在地方债经过多年的反复探索终于有了《预算法》法律框架的进步方面,以及在已存在多年的企业债探索方面,都有值得肯定之处。近年来，方方面面的探索进一步聚焦到资产证券化和国债期货上，后者经历了十几年的中断之后又重新在市场的逻辑之下进入运行状态。

另一方面，在肯定这些成绩和进步的同时，也要看到债市仍存在的一些不足，如何进一步完善债券市场的发展是不可回避的问题。因此，必须尽可能地从问题导向角度上把一些事情说清楚。以问题为导向，就是要厘清什么是必须解决的问题。总体来看，主要有以下 5 个问题。

### 一、我国债券市场的品种不够多样化

无论是国债、金融债，还是地方债、企业债，从发展社会主义市场经济的客观要求来说，其种类和期限类型都还不够丰富。例如，地方债历经重重困难终于由《预算法》给出相关框架，并做出分类，即一般地方债和专项地方债。但如果从市场经济的国际经验来说，基于这种粗线条的划分，实际所能形成的品种相当单一。多年前我在研究市场经济发展时就注意到，国际经验是在地方债层面上有较多可选择的品种，这是与实际经济不同层面需求相对应的。让我印象深刻的一个例子是，美国作为世界头号强国，在其经济增长强劲的纽约市，很早就有期限长达 100 年的地方债。那么，为何这种地方债的期限会如此？其实，这是一种剪息债，即无记名债券，购买者年年获得收益，政府基于这种债券对投资所形成的长期支撑力量是超乎想象的。因此，我们必须承认我国债券市场目前品种方面的不足是实实在在面临的问题。

### 二、我国债券发行规模空间较大，但利用不足

仍然以地方债为例，经过多年努力之后，2015 年地方债阳光化

部分总体发行量从 2014 年的 4000 亿元提升到 6000 亿元。当然，现在还在解决地方债置换事宜，目前已有两轮 1 万亿元的安排。相对于此前十几万亿元的地方债来说，置换只是一个过渡，置换之后的阳光化发行应该在一段时间内越走越快，可利用空间相当大。在这方面，我们不能操之过急，但也不应在已经有清晰法律框架的基础上仍过于保守。在总结经验之后，中国的国债和地方债应适应新常态的客观要求，实现更大作为，把可利用的空间充分运用起来。企业债更是如此，在直接融资市场上，千千万万企业需要资金进行创新发展，但在这方面的支持机制相当薄弱。因此，如何充分利用债券发行规模空间也是一个艰巨的挑战。

### 三、债券发行机制存在缺陷和制约

例如，地方债虽然已经纳入新预算法框架，但仍由中央政府牵头，每个年度把全国地方债总体发行规模分配到各个省级行政区，规定省级行政区有权根据需要代市、县级地方政府发行。当然，首先我们要肯定这是立法的进步，但同时也必须承认，这带有明显的"初级阶段"特点。我们可从逻辑上发问：早就确定了地方债的发行要披露地方政府的资产负债表信息，进而接受有资质机构尽可能公正的地方政府信用评级，那么这个信用评级解决的是什么问题？按照现行框架，评级结果逻辑上只能影响中国地方债形成的债券利率水平，而完全不涉及举债能力与规模。但从已观察到的案例来看，国债与地方债本应有"金边债券"与"银边债券"的区别，但市场分辨不出差异，即形成的利率水平几乎一模一样。这意味着，我国的公债发行机制有待进一步向成熟市场靠拢。在风险制约方面，国债和地方债还需由健全的发行机制和市场运行机制区分出不同的风险等级。

不得不承认，企业债层面的刚性兑付问题目前尚未完全打破。一些企业发债之后，一旦出现风险就可能演变为经济问题政治化，这将限制企业债的发行空间。对应这种制约，应从长计议，努力加以化解，但解决机制方面的问题显然需要相应的配套改革，而不是仅讨论某一个部门或某一个观察点的事项就能奏效的。

### 四、市场分割问题

从形式上看，我国债券市场的分割状态有悖于把整个市场作为统一市场的客观要求，市场分割问题多年来表现为如何有效连通银行间市场和证券交易所市场。此前，有学者把这个问题进一步与利率市场化改革联系起来：如果债券市场连通有明显阻碍，显然不利于当下作为攻坚重大事项的中国利率市场化改革。如果能通过有效基础设施支撑和市场联盟实现市场统一，实质性地化解债券市场分割，就能较充分地释放债券市场的潜力，并助推当下已经进入关键阶段的利率市场化改革。

### 五、债券专业机构和人才队伍的培养仍有待进步

从长期发展来看，我国债券行业咨询、资产管理等机构和人才队伍的培养虽然有了很大进步，但仍处在初级阶段。回首债券市场的发展历程，相关机构和人员已经做出很大贡献，但是相对于发展需求来说，还有待加快步伐并进一步提升专业水平。

对于上述 5 个问题，我认为可以在考察和认定之后形成解决对策。把现实问题看清楚，对策也就呼之欲出。解决问题需要各个部门和各个方面加强协调与合作，大家的共识应是以改革为核心，真正攻坚克难地在改革中以创新驱动冲破利益固化的藩篱。同时，要以创新应对"互联网+"的大潮流，并有效防范风险，这是全局和

根本利益之所在。对应当下风生水起的PPP，债券市场和资本证券化有很多用武之地。此外，债券市场健康发展也特别要求法治化的配套。从我国经济、政治、行政、司法及社会全面配套改革的大框架下，可以客观地看到，债券市场发展也是法治化的催化剂之一。

在我国金融改革中，债券市场发展总体上已经滞后，但是大势所趋，"蓄之既久，其发必速"，如果我们能有所突破，其定会表现出超常规的发展能力，进入把发展空间充分打开的过程。期待未来大家共同努力，积极地打开这个空间。

# 第三章
# 数字经济的未来

# 我看"新经济"

时间：2018 年
地点：北京
会议：中国传媒大学"新经济"研讨会

新经济的概念是从 20 世纪开始议论新技术革命时引申出来的，到了世纪之交时，美国硅谷引领的新技术革命带来整个经济形态的转变，被人们称作"新经济"。其基本特征是什么？其实是信息爆炸时代的开始，信息革命的产生。而信息革命再向前追溯其技术上的突破，是半导体和计算机。在硅谷引领这个创新潮流以后，人们形成了数字化生存的概念。在 20 世纪的最后 10 年内，数字时代被人们热议，人们都意识到这个时代即将到来。数字时代和新经济的概念是密切结合的，当下前沿的一些概念是大数据、云计算。而在十几年前，大数据是人们完全无法想象的，依托数据库的计算能力，就可以非常便捷地将大量信息进行细分并分析得一清二楚，并影响经济活动中的决策和行为。而云计算则意味着将所有网络里可以连接的计算能力进行整合，前所未有地提高了运算速度和效率。

随后，近几年"互联网+"概念被人们熟知，各行各业都在进行"+互联网"的操作。与此同时，互联网也实现了向移动互联网的升级。此前被人们设想的移动商务早已成为现实。例如，每个人都可以在智能手机上完成手机银行业务的处理，而不需要再跑到银行窗口排队，即使是处理数额很大的款项，也可以在手机银行完成,整个过程非常便捷和安全。此外,移动保险和理财产品也应运而生。与此同时,移动文化生活随之丰富,人们用手机就可以看视频和各类节目,还可以用手机参与网络社交中的各种活动。

接下来,物联网和万物互联概念被人们所关注。在今后的社会生活中,传感器几乎将无处不在,由此人们了解信息的方式将变得更加便捷。最初,人们买衣服需要亲自去实体店选购,后来则发展为可以通过网购实现购买需求。相比网购,实体店的优势是能够让人们对衣服的质感有直观感受,而网购只能通过图片和视频来了解。随着技术的进一步发展,当我们在某处看到一件满意的衣服时,打开衣服的内侧,用手机扫一扫上面的标志,衣服的所有信息都将呈现出来。接下来,我们的购物方式将进一步发展为量身定制,一个人有着怎样的体型,怎样的偏好,做出选择之后直接下单就可以形成交易。在经济学上,这就叫作在有效供给的各种要素支撑下,很好地降低了交易费用,便捷服务于供需打通,服务于用户体验的升级,促进了经济的繁荣。未来,如果真的可以发展至此,实现了真正的万物互联,那么人们生活中很多供需过程的中间环节将被省略,从而达到满足人们美好生活需要层面的有效供给。

再往后就是已经被广泛应用的共享经济。共享经济的实质是什么?当下流行的一些概念其实是存在偏差的。例如共享单车,它其实并不是典型的共享经济,仅仅是便捷化地实现了租车,其实质和原本已有的商业模式没有本质区别,只是提高了效率,实现了便捷化。对于真正的共享经济,我想描述一个离现在不太遥远的图景。当下,新能源汽车的成熟度在迅速提高,预计在未来 5~8 年内,它将带上明显的普及特征。未来,在共享经济里,这些新能源汽车将连成一个怎样的图景?结束一天的通勤之后,新能源车主在晚间为自己的车充电，到了第二天，当这个车主不需要用车时，他的智能手机将会跳出一个界面，提示他需要为自己留下的备用电量，然后将其余的电量以适当的价格"共享"出去。与这种行为在技术上相匹配的，叫作分布式能源和智能电网。过去完全无法联结在一起并形成有效供给的相关因素，由于新技术的产生，可以顺利地联结在一起，并且这个过程非常便捷。此时，这辆新能源车不再仅仅是一个消费单位，也成为一个生产单位，并且是个盈利单位。在这样一个图景中，造车、卖车、买车、用车、发电、用电、输电、配电过程中所有相关的主体，不再存在因竞争而产生的排他性，而是一同共享新经济带来的成果。

以上就是我认为比较典型的共享经济的形态，它是靠新技术革命支撑起来的升级状态，没有信息技术的大发展，这件事将完全无法设想。当然，在这其中非常关键的是智能电网，想要实现经济的升级和前所未有的用户体验，其技术层面必须过关。

此外，人工智能也是人们非常关注的一个领域。目前，市场上已经有一些机器人带有人工智能的特色。例如，一些家用机器人，当你离开家时可以通过移动互联给它下达指令。而这个机器人可以在学习的过程中体会你的偏好，家中的一些事务将完成得越来越周到和细致，在一定程度上代替以往保姆的角色。我国的一些企业也正在向这个方向发展，以格力电器为例，最初从做空调开始，发展至现在的手机及其他各类家用电器，还包括家用太阳能，后续还将继续引入正在努力开发的智能机器人，以及计划中的新能源汽车等，其目的是将所有这些连成一个系统，实现能源的充分利用，体现绿色、环保、低碳的理念，并为人们的家庭生活带来便利。

从人们已经获得的这些体验来看，无论其实现的过程中经历了多少试错和挫折，总体目标和方向都是让人们的生活越来越便利，越来越带有信息时代和新经济时代前所未有的升级体验。

而在前几年，中国经济生活中尤为引人注目的，是不少电商企业的"一飞冲天"。例如阿里巴巴等，被形容为"风口里的猪"，没有翅膀也冲到了天上。阿里巴巴虽然被称为电商，但马云曾表示，阿里巴巴的电商概念其实已经变得模糊，今后将实现线上、线下相结合的升级发展。典型的如近几年阿里巴巴打造的实体店盒马鲜生，其形式类似日常的超市，但其中的运营非常讲究，通过完善供应链保证产品的质量。此外你可以发现，盒马鲜生店内的一些生鲜产品上带有二维码，如果用手机扫描，该产品的相关信息立刻会呈现出来。例如，某条鱼是在何处养殖或野生捕捞的，其负责人的信息、到店的时间等被标注清楚。而当消费者购物完成后，在店内即可烹饪出来并立即享用。而在线上层面，盒马鲜生承诺在实体店3公里半径范围内，用户可以随时通过手机下单，半个小时内送达。

如此来看，通过线上、线下的结合，阿里巴巴所涉及的的确不再仅仅是电商概念，而是全面的升级。当然，由此受益的是广大百姓，人们的生活质量由此得到进一步提高，实现了人们根据自身偏好的自主选择。随着人们收入水平的提升，也将有越来越多人认同和习惯这种供应链的有效供给。

因此，新经济依靠的是技术革命，以有效的供给及与之相伴的各种机制，满足人民群众美好生活的需要。而这个问题想要实现良好解决，特别要强调的是，在经济转轨的过程中，必须以制度创新打开科技创新和管理创新的潜力空间，由此才能继续大踏步跟上时代，并最终实现社会主义现代化和中华民族伟大复兴。

# 新技术与数字财政改革

时间：2018 年 9 月
地点：厦门
会议：中国会计报、用友政务公司联合举办的高端论坛

对于"新技术与数字财政改革"这个话题，我从以下 4 个层次进行阐述。

第一，对新技术革命时代的理解。在整个人类社会发展的过程中，20 世纪时就有研究者提出"数字化生存"的概念。当下可以清楚地看到，社会发展趋势越来越鲜明地带有数字化生存和发展的时代特征。以这一时代特征追溯，我们致力于在新供给经济学框架下研究的经济社会发展规律清楚地揭示：人类社会在以人作为主体的需求方产生原生动力之后，最关键和真正具有创新意义及作用，并且以关键性创新成为人类社会发展各个时代转换基本标志的，是供给侧创新。在历史发展的过程中，供给侧创新最早的代表性事件是农业革命。当人类社会脱离动物形态，最早以原始部落这种社会形式存在时，社会成员分工合作完成采集和狩猎的工作，从而满足人类社会成员得以生存的基本需求。经过漫长的发展和努力，供给侧创新引出了农业革命，这一时代的到来使人类社会成员在季节更迭之后，有很大概率可预期地满足生存所需，并利用剩余产品进一步满足其中一部分社会成员的享受需求和发展需求。而当人类社会的生产力迈上台阶之后，社会形态必将告别原始的氏族部落状态而

转入阶级国家状态。

此后，影响极为重大的又一个创新革命性事件是工业革命。并且，工业革命在地理大发现和进一步全球化的过程中一直演变到了现在。当下我们可以清楚地看到，全球化中的工业化已经对接了新时代的到来，这个新时代被人们命名为信息时代或新技术革命时代。工业革命前所未有地解放了生产力，使中国这个具有古老文明的国家在工业革命以后一路积贫积弱，但经过100多年的奋斗后，在努力振兴中华的道路上，特别是20世纪3件大事（辛亥革命、1949年新中国成立、改革开放）发生后，终于站起来、富起来，并迎来"强起来"的新时代，看到了中华民族伟大复兴的曙光。当然，在真正实现中华民族伟大复兴的道路上，还将面对诸多不确定性和考验，以及冲关期内"行百里者半九十"的挑战性。

当下，我们必须在工业革命时代以后实现从追赶到赶超的跨越，将工业革命解放生产力的进程完成，同时也必须应对信息革命新时代的到来。在包括大数据、云计算等新技术的支持下，从半导体概念演变到互联网、移动互联、万物互联，以及备受关注的人工智能。这种日新月异的变化让人目不暇接，更难以预测10年后、50年后人类社会的情景。在迎来挑战的同时，我们也收获了大量发展机遇。我们别无选择，也不能再错失与创新发展大潮并行的历史机遇，不能再和战略性机遇擦肩而过。我们必须通过努力，继续大跨步跟上时代，汇入人类社会创新发展和文明发展的主潮流。

在此维度上，一些企业界创新人士的敏感度确实比其他人更高。很多年以前，用友董事长王文京就进行过这样的预测：在不太长的时间内，我们总体的商务活动特征将变为移动商务。当下，我们已经可以通过智能手机形成交易，完成移动支付、移动金融、移动保险，以及一系列经济社会生活，移动文化已经形成大众化趋势。而在实际中，移动互联又将进一步推进到以大数据、云计算支持的万物互联和共享经济。数字化支持下的共享经济是可以凭借数据的处理带来的新境界：以往生活资源分配中的消费是具有排他性的，而当下的消费则实现了共赢，其中的利益是可以共享的。那么，其中的排他性是如何消除的？实际生活中，人们常见的共享单车其实不是典型的共享经济，仅仅是依靠信息技术的支持实现了便捷化的租车，仍是一种在交易过程中竞争性地以投资取得回报的形式，但这是一种让人们获取便利的服务创新。

而真正的共享经济，我认为应类似以下描述：当前，百姓的生活水平大大提高，越来越多社会成员拥有私家车。在未来不太长的时间内，或许会形成这样一种模式——众多车主在晚上将车停在停车位上，其中很多是新能源汽车，需要接入充电桩，他们用夜间成本最低的电将车充满，第二天白天在不需要用车的时候，他们的智能手机（或其他智能设备）会跳出一个提示：当下你需要留下多少备用电量以及可以卖出多少电量。由此，这些车主可以在白天用高价将富余的电量卖出，由此这一辆辆机动车不再仅仅是消费单位，还将成为生产单位和盈利单位。在这个过程中，谁和谁形成了竞争？谁是受损的一方？并没有答案。这其中，造车的人、用车的人，以及供电企业、电能输送企业等全部是受益，这是一种真正的共享经济。当然，想要实现这一共享经济的大网络，需要现代信息技术支持的智能电网、分布式能源供给体系实现更高水平的升级，保证电网总体的安全性。从当下来看，这个境界似乎已经并不遥远。

想要深刻领会新技术革命时代的精髓，首先要找到战略发展的原点——抓住和平与发展的时代主题，聚精会神搞建设，寻求共存与共赢，深刻理解"人类命运共同体"的哲理性判断。因此，对于新技术革命时代的理解，一定要落到人类发展文明的新台阶——以数字化经济支撑的人类命运共同体的时代。我们必须正视和平与发展的时代主题，顺应信息革命，积极参与信息革命大潮，以大数据时代的创新成果推进中国的现代化进程。但中国作为一个从追赶到赶超、目前世界上最大的发展中经济体，还面临着严峻的挑战和考验，我们要努力化解矛盾，跨越中等收入陷阱，由此才能实现社会主义现代化，实现中华民族伟大复兴。

第二，新时代现代化进程中中国财政改革的重大意义。想要实现人本主义立场上中华民族的伟大复兴，造福中国人民和全世界人民，关键是实现人类命运共同体，从而寻求共赢和共享。而在这个过程中，中国要"做好自己的事情"，其核心概念是党的十八届三中全会"改革60条"的内容浓缩起来的一句话：要实现国家治理体系和治理能力的现代化。中央层面将其概括为"现代国家治理"，需要特别注意的是，其重点落在了"治理"上，而不是过去强调的管理调控中的"管理"。政府体系是一个自上而下掌控的架构，而当下强调"治理"，则需要实现政府与非政府的多元主体展开更多平面、充分的互动，把管理和自管理，组织和自组织，调控和自调控融合在一起，从而调动一切潜力和活力，最大限度地解放生产力，这套制度安排和机制连接即配套改革的任务。在现代国家治理的现代化趋向下，要完成中国制度安排的转轨，使治理实现最大限度地解放生产力。

此外，现代市场体系也是当下重点提及的一个核心概念，它所强调的是资源配置的决定性作用必须是市场，即政府不再是资源配置的主角，这是从计划经济时代到中国特色社会主义市场经济时代反复探索的问题。党的十八届三中全会明确指出，"中国特色社会主义经济"就是市场在资源配置中总体发挥决定性作用，而政府要更好地发挥作用。其中，更好地发挥作用实际上是指守正出奇，不是简单依靠市场经济的一般经验实现现代化，而是在认识、顺应、尊重市场的前提下，坚定不移地发展社会主义市场经济的同时，守正出奇并出奇制胜，从而实现超常规发展，达到后来居上的赶超。

在此认识之下，中央层面还强调了财政是国家治理的基础和重要支柱，我国要建设现代财政制度。在财政制度中，主要包括税收、非税收入，国债、地方债等机制，以及财政支出等问题。总体来说，这是一个"以政控财，以财行政"的分配体系，是一个财政必须以全口径预算所表现的以财为代表的公共资源分配，会影响、辐射和拉动整个社会的资源，其意义将落在"国家治理的基础和重要支柱"这一作用表述上。因此，想要探讨新时代下如何顺应创新的大潮实现现代化，必须先充分认识打造现代财政制度这一不可回避和具有特殊重要性的改革问题。财政在整个配套改革中必然要充当先行者，并发挥对全面改革不可替代的支撑功能。

第三，如何推进财政改革中的技术创新和数字化。中国财政制度安排是生产关系的重要组成部分，要在生产力创新和技术创新的支持之下，顺应生产力的发展和数字经济时代提出的客观要求。从辩证法的角度上说，制度一旦形成，不可忽视地将对生产力产生能动的反作用。如果制度得不到应有的改进，将约束和束缚生产力。因此，在财政改革的过程中，理应对财政管理的技术创新打开空间，调动相关潜力。而在实际中，技术创新也将在一定程度上倒逼制度创新。

20世纪八九十年代，计算机开始得到应用。20世纪90年代初期我在上海调研时，当时财政局某副局长曾对我说，世界银行软贷款给我们的支持里，有一个很具体的要求：财政局整个办公体系要实现无纸化。财政局的工作流程实现计算机内部联网后，一个个环节前后衔接，实现数字化办公，直观来看，这是管理效率的提高。让我印象深刻的是，当时那位副局长对我说，"在我了解了这种改变后，发现这种影响是革命性的。"计算机联网后，以前可能存在和难以避免的种种人情因素，将不复存在，通过无纸化办公实现了全程透明的全链条监督。这种新技术的应用和新的管理流程，对整个政府更好地实现职能转换和公众政策的实行，以及实现财政管理的现代化产生了全局性的影响。表面上看，这是一种技术角度的切入，但牵一发而动全身，革命性地颠覆了公共资源的低效配置，从根基上以技术创新切入，而改变了整个体系的模式。

但真正实施的过程并非如此简单，在计算机联网的过程中，政府的各个部门发展和实施了十几个金字号工程，包括金财、金税、金审、金关、金水、金农等。其目的是在计算机联网后，所有数据清晰、准确地进入数据库，以后在授权之下，各个部门的金字号工程可以相互对接，共同掌握整个政府履职所需要的全面信息。由此，政府层面的科学决策和政策优化达到了一个新境界。我清楚地记得，当时所有党组成员一起在黑龙江召开了全国金财工程工作会议。

在实际进展的过程中，我们也必须承认这其中存在种种不如意。例如，财政部很早就设立了计算中心，计算能力也及早到位，但若干年内计算中心的主要工作，是处理财政部机关工作人员的工资条，至于业务司、局的各种数据，却以种种理由不进入数据库。

这其中存在的问题是，各方本能地希望将自己掌握的信息处理为一个信息孤岛。再如，在后来金财、金税工程推进的过程中，各个地方实现了一定开发后，如何让接口统一对接起来成为难题。这其中，有关利益的考虑是不可回避的问题。如何把这个机制理顺，按照一个良好的逻辑，以技术创新服务于制度创新，制度创新又引领技术创新，尚在进一步优化和探索的过程中。

党的十九大之后，将财政改革必须实行全口径预算的要求，进一步提升至全面绩效管理。在实际中，我国的预算管理形式早就要求 3 年滚动预算。后来经过观察，由于无法一下实现严格的预算形式，退而求其次，改为 3 年滚动规划的表述。但最终对于 3 年财政规划的要求，还是要达成 3 年预算的精细化形式。这一发展趋势要求我们必须借助新技术时代下的大数据、云计算等，实现高水平预测，进而支持高水平滚动预算的编制。当然，这也要求政府预算会计准则在权责发生制与收付实现制方面的结合，从而在全面信息提供的情况下，更利于管理水平和工作绩效的提高。同时，使应该具有知情权的社会公众，更多地了解政府到底在做什么，了解政府的绩效，最终形成越来越有水平的全面量化评价。

对这个发展趋势，我的感受是，财政改革如果称为数字财政改革，它实际意味着财政税收这个与社会公众息息相关的公共资源配置体系，将面临全面数字化管理的新时代。

第四，财政的全面数字化管理。对于这个问题的探讨，可分为以下几个层面具体分析。

第一个层面，如何实现全面信息与全面绩效量化考评的对接，可操作的指标体系如何制订。我认为，如果想要实现全面绩效管理，就必然要落在量化的考评形式上，不能仅通过概念和原则来实现。需要对"钱从哪里来,用到哪里去"这个问题做出量化的考评与判断,并且这一考评需要在时间序列上实现前后对比,在国际经验层面则实现横向对比和研究。因此,从技术角度来看,我们不可回避的问题是探索如何形成综合和成体系的绩效指标考评体系。而财政绩效的复杂性恰恰在于,不能简单套用微观市场主体成本效益分析的成熟的经验,但我们要充分借鉴管理会计视角上已经形成的绩效考评经验。很多时候,财政资金的运用涉及复杂的正外部性,包括公共服务和公共产品的外部性如何量化等,这个问题跨越了微观主体的成本效益层面。在此背景下,建立合理指标体系的难度可想而知,但这是我国实现财政全面数字化管理过程中不可回避的问题,需要在多年的动态优化中不断解决与完善。

第二个层面,将构建政府财政报告体系的重点落在资产负债全景图上,使社会各方更充分掌握政府职能履行的相关信息。当前的发展趋势是,财政透明度一路提高,社会成员对财务的资产负债情况越来越关切,在报表体系方面,应利用信息时代下的大数据实现更好的通盘处理。

第三个层面,在以上两个前提下,对全面信息支撑下的全面绩效考评,我们必须实事求是地认识到,它必将经历一个先易后难、由粗到细逐渐推进的过程。对此,可从以下几个着眼点来讨论。

(1)对绩效考评而言,相对容易实施的方式是事后考评,我们需要从事后发展到事前和事中。事后对已经形成的结果做考评,其意义在于不仅要对绩效优劣实行有奖、有罚的问责,而且要把经验和教训总结出来,这对后续的循环很有意义。当然,我们不能仅仅满足于事后考评,应尽可能提升到事前预测,这是个具有挑战性的问题。此外,还有对事中过程的把握。从这个视角来看,内控和外部多重监督结合在一起,这个过程必将是先易后难、由粗到细推进的。

(2)绩效考评可先从项目入手,再到资金安排,这也是一个渐进过程。若干年前,我在财政部科研所任职时,很看重与地方的交流和初步经验的总结。让我印象很深的,是广东省佛山市南海区的地方同志在了解到这种绩效考评发展方向后,主动提出可以从已经在逐渐完善的地方项目库入手做绩效考评。相对来说,项目考评是相对容易的。当时,据统计整个南海区几十个局、委、办积累下来,相对稳定的项目有一两千个。对每个项目而言,在有专家参与的通盘会诊式研讨之后,要对其形成初步的指标体系,此后这个指标体系将不再有太大的变化,而是不断地动态优化,从而相对合理地对这些项目进行绩效考评,并在后续发展中继续进行动态优化。这一个个项目水平的提高,最终将可以覆盖几十个局、委、办所有主要的项目。从地方层面来看,可以从项目开始切入绩效考评和绩效管理,再逐步向下推进。对于综合行政成本的降低,以及民生支出和间接民生支出等关系,这其中涉及的更为复杂的绩效评估可以适当往后放一放。在这些项目做起来后,我们会积累很多经验,这些经验对于以后解决更多绩效评价问题会形成很有价值的启发和帮助。

(3)从局部到全局,从中央开始,更多地让地方自愿跟进。从某些特别有积极性的地方开始总结经验,并扩大其覆盖面,这是一个必要的渐进过程,而不是一下子全面铺开。

第四个层面,在数字财政改革方面,我们必须认清的一个重要问题是,在如今的资讯时代,财政管理不是关起门来就能做得好的,而是要正视如何与公众互动、如何发展公共参与机制,这是势必要到来的社会压力，但我们要把压力变成动力。目前，决策层早已要求必须将中央级的部门预算、综合预算挂在网络上，之后地方也要跟进，现在这个进程还在继续发展，对信息得要求也会越来越细致。这就是做到让百姓有知情权，跟着的还将有质询权、建议权和监督权等。绩效管理与公众的充分互动，充分符合现代化取向上国家治理必然要发展的民主化、法治化制度建设要求。在绩效考评方面，有一些可以借鉴的国际经验：在有公众参与的情况下，有些相对模糊的事情可以通过公众问卷做考评。信息时代下，公众问卷的实施有了更便捷的办法，不一定以书面的形式发放，而是可以利用手机问卷的方式获取公众的意愿，从而决定具体的选择，以此解决一些具体的绩效判断问题。

前些年，在国际的一些交流场合上，我曾听到过这样一个案例：某个国家商定维护公共治安所需的设备——警车的喷漆颜色，需要确定喷白漆、黑漆或是其他颜色。这个讨论结果很可能见仁见智，该国选择通过问卷调查的方式解决，最终民众的压倒性意见是选择白色漆。也许喷白漆或喷黑漆在成本上并没有太大差异，但有公众的参与和问卷结果作为依据，在绩效上就形成了带有量化特征的决策支撑。回到案例本身来看，为何大多数人的意见是白色？或许是它比较醒目，可以为民众带来安全感，并对潜在犯罪分子形成震慑。问题的答案无非就是类似的逻辑，但是如果仅仅是拍脑袋决定，往往经不起质询意见的进一步深究。但如果有了公众参与和问卷依据，结果就完全不同了。

以小见大，很多公共资源的配置问题都是如此，没有绝对怎样做更合适，做决策也是一个公共选择，是可以在不同阶段因时、因地制宜所做的公共选择。例如，在一个地方辖区内，有一笔资金，是用其建立一所学校还是建一家剧院？问题的答案没有绝对的是与非，但如果有公众参与作为民意表达，绩效上就有了一定依据，而这个依据是可以量化的，是可以由粗到细的，更可以在动态中接受时间的考验。在推进财政改革过程中的以小见大，对应着"规范的公共选择机制"的重要切入点。所谓规范的公共选择机制，就是以最小的社会代价取得最大公约数而使社会成员满意度最高。所谓获得感、幸福感，与这个机制有密切关系。

第五个层面，在推进全面信息支撑的绩效量化考评这个公共领域的长期过程中，政府层面要充分重视企业、中介机构和专业团队的贡献，并与之形成合作机制。一直以来，政府虽然吸引了一批高素质工作人员，但也必须顺应发展大势，以购买服务、政府采购的方式，取得专业团队、企业和中介机构的支持，包括智力支持和特定项目的支持等。但这种支持在近年来我国财政发展的过程中，也带来了一些困扰。如何真正做到规范化和阳光化，并形成必要的竞争，同时处理好一系列公平竞争下的可持续机制，我们需进一步总结经验。在我国实际发展的过程中，在新供给经济学视角下，公平竞争中存在一个应该直截了当被确立为垄断竞争的概念：在技术创新时代，越来越多分散的主体共同创新，但成功的概率很低，真正的成功者形成后，会较快地形成寡头垄断局面。无论是从国际还是国内经验来看，政府管理层都意识到，不能再延续过去简单地通过《反垄断法》对其进行强制拆分，而是要认同新技术革命时代下，这种垄断竞争的局面迅速形成后很多与之相关的机制。新技术革命时代下，这种垄断竞争局面值得被肯定之处是，它并不是像过去一样一旦形成寡头垄断，其他的主体就完全被淹没，在当前共享经济时代下，寡头的后面可以跟随大量中小微企业，帮助他们打开生存空间。例如，阿里巴巴的电商平台带出了草根层面的淘宝村，大量微观个体借此开展创业、创新活动。在中国财政进一步发展金财、金税工程路径上的全面数字化管理方面，我们也要注意到那些已经做大的为数不多的企业，他们的垄断竞争之下跟随的是怎样的包容性，面对全社会调动一切潜力和积极因素，取得购买服务方面应该得到的智力支持和专业团队的支持。

## 关于新技术与新商业革命

时间：2018年5月13日
地点：昆明
会议：2018网易经济学家年会·哀牢山论坛——云上机遇

关于"云上机遇，新技术和新商业革命"这个议题，我概括了以下两个层次的观点。

第一个层面，在科技是"第一生产力"这个视角上，必须使之与改革这个"最大红利"结合起来。

当下，新技术革命的发展日新月异，我们在抓住这一时代发展机遇的基础上，还要继续深刻领会一个重要论断：科学技术是第一生产力。

我在十几岁时就开始攻读有关马克思列宁主义的原著，在已经读到的部分里，我有一个深刻的印象，在恩格斯的《在马克思墓前的讲话》中提到，在马克思看来，科学技术在人类历史上表现为一种革命性力量。放到现在，革命性力量无非是现代企业家所说的颠覆性创新力量，也就是第一生产力的力量。一旦科技发展实现突破，并很好地应用于现实生活，整个局面将为之改变。对此，一些学者在分析的过程中形成了以下观点：科技对传统的生产力三要素而言不是做加法，在劳动力、劳动对象、劳动工具这三要素之上，科技不是加在这之上的第四要素，而是乘数和放大，也就是对生产力三要素产生的放大效应，因此科技是第一生产力。

在这一认识之下，放眼世界，美国作为世界头号强国，其硅谷奇迹正是引领整个发展潮流非常关键的实力之所在。而在中国的发展过程中，改革开放 40 年来，已经可以看到深圳高新科技集群的崛起，它对全局发展的支撑力有目共睹。实践证明，科技的创新发展对应着"全要素生产率"中的关键要素，是我国走向新时代所追求的高质量升级发展的新的动力源最主要的组成部分。但同时要强调的是，当下中国将现代化的建设和经济社会体制及制度安排的转轨结合在一起，在此过程中，科技创新的成功需要制度创新的匹配和保障。现实中的一系列实例反复告诉我们，这对于中国掌握好新技术革命的机遇至关重要。

第二个层面，在发挥新技术的同时，要把新技术革命和新商业革命结合起来。当下，在新技术革命的前沿，我们已经接触到了一系列概念，包括大数据、云计算、移动互联、万物互联、人工智能、区块链等。在发展脉络上，这些概念所带来的显然是发展的新机遇，但同时也有一系列挑战。在经历了站起来、富起来到强起来的历史性飞跃后，距离实现中华民族伟大复兴的目标越来越近。但改革开放以来，这一发展过程并非风平浪静、一帆风顺，但毕竟我们的现代化之路越走越宽，增强了信心，在一路追赶中，迎来了新技术革命的大潮。因此，我们再也不能与之擦肩而过，必须在大潮中争取实现强起来的新时代。

我们首先要占领若干制高点，然后争取走到与领头者、先行者并驾齐驱的第一阵营，这要经过几十年的奋斗。在具体的过程中，有几个关口需要重点关注：首先，2020 年实现全面小康；其次，跨越中等收入陷阱这个历史性考验；再次，中央层面部署的"两步走"战略目标——2035 年基本实现社会主义现代化，2050 年建成社会主义现代化强国。在此过程中显然要以全要素生产率支持伟大民族复兴的实现，我们必须将新技术革命带来的第一生产力与社会主义市场经济必须要推进的新商业革命这一概念相结合。要把结合着新技术革命的新商业革命，落实到实际中，从而使走向现代化的市场体系中，生产力得到进一步解放，形成可持续发展和继续超常规发展的态势，由此一步一步追赶，继续大踏步地跟上时代，最终达成现代化战略目标。

与科技创新一样，实际中在将新技术运用于商业模式，用于市场开拓方面，需要有广泛的自下而上的试错空间，同时制度环境需要给出一定的包容性，从而让创新发展形成可持续性。以美国硅谷为例，大量分散的科研精英每天进行着各种奇思异想，但这些人并没有太大的资金实力，在其后给予支持的是市场体系中形成的风投、创投、天使投资等。这些科研人士在科技创新活动中寻找支持对象，虽然支持的成功率非常低，但极低的成功率却可以带来整个局面的焕然一新，并引领全世界的发展潮流。因此，我们要继续打造包容性的环境。改革开放为我们带来了前所未有的弹性空间，正是由于有了这种空间，我们才可以看到百度、腾讯、阿里巴巴、华为等民营企业的崛起，它们已经走到了世界的前列。

在华为创新的过程中，与"互联网+"、互联网金融及云上机遇等新技术的结合是非常明显的。几年前我就听说，华为已经着手在全世界的布局，到非洲去开拓市场，鼓励员工在非洲撒哈拉以南的地区进行开拓。而开拓的结果是，华为在撒哈拉以南的区域跨越了门店银行阶段，直接发展出了手机银行系统，这正是华为利用其装备制造能力和网络运营商供应能力，加之其他新技术革命时代的各种要素，打开的跨越式发展新局面。

当下，包括BAT（百度、阿里巴巴、腾讯）和京东在内的很多企业，已经形成了规模非常大的产品供应商和云上平台，这些企业自身并不生产这些产品，但它们在整个经济生活中所形成的影响力已经让全世界都感受到了。除此之外，市场中其他很多创新，也都利用了"云上机遇"。例如，运用云上平台的酒店供应商等，越来越多社会成员享受到了商业革命带来的实实在在与美好生活相关联的正面效应。

此外，还有一些与这个问题相关的案例，20世纪80年代中期，云南在考虑如何发掘比较优势时，就非常具有世界眼光。在当时的信息条件下，云南的决策集团选择支持企业家的创新，不惜重金引入世界最高水平的烟草加工设备。由此，云南的原材料——烟叶，不必再输出到外部的加工基地，而是用引进的高水平烟草加工设备，推出了用户体验一流的产品。此后，还有一些杰出的企业家为此提供全套供给方案的设计，从原料生产基地建设，严格进行质量把关，形成一条龙的供应链，从而迅速扩大市场份额，实现共同发展。在这其中所包含的，是大数据时代下，以信息和技术创新连接市场的战略思维，形成定制化的供给侧结构性改革方案。

此外，还包括金融行业的小额贷款等领域，对草根层面形成了融资支持。这类创新都是在把握住云上机遇后，应用在商业革命中实实在在的案例，在实际生活中形成了创新层面的突破性意义。这些案例给我的启示是，商业性金融在科技创新的支持下，其实际覆盖面可以实现有效扩展。当然，这种创新也有其局限性，因为如果想运用云上技术，则必须有以往信息和数据的支持，对于那些尚未开发此类技术的地区来说，甚至银行卡和信用卡都没有普及，因此完全没有电子痕迹可循，由此也就无法运用这类技术去系统地解决一些问题。对此，我们需要更大范围地组织政策性融资的一些要素，有针对性地完善供给侧结构性改革中的定制化解决方案。

当下，我国在此方面的创新未有穷期，我们要坚信，在把握云上机遇这个视角上，唯改革创新者胜！

# 数字经济时代的企业转型

原发表媒体:《扬州大学学报(人文社会科学版)》2019年第2期

作为市场竞争与创新主体的企业,在数字经济发展大潮中如何实现转型发展,关系着企业的生存前景。下面我从时代特征、发展趋势及市场竞争这3个层次简要探讨数字经济时代下企业如何实现转型。

## 一、如何看待当下的时代特征和发展大趋势

从全球范围来看,当下我们所处的时代,被称为新技术革命时代,也叫信息时代。20世纪70年代后期,我有幸参加恢复高考后的第一次全国考试,上大学之后,就已经有人在说,我们进入了信息爆炸的时代。信息时代发展至今,最典型的概念是什么?是在世纪之交人们开始普遍使用的数字化生存,直至推进到当下的数字经济时代。在数字化生存、数字化连通、数字化互动和数字化发展中,由互联网发展到移动互联,智能手机是其中一个重要的物质载体。当移动互联发展至商业活动和经济活动中,催生了移动商务、移动银行、移动保险,以及其他移动的经济活动和文化生活。如今,人们经济社会生活的种种组成部分,都在移动互联的状态下运行着,其背后的支撑是大数据、云计算概念。而大多数人并不了解其中的技术细节,就像很少有人说得清为什么在薄薄的一层液晶显

示屏上能呈现那么多绚丽多彩的图景，而它正是在大数据、云计算的支持下通过数字化处理，才不断把这些信息呈现给我们的。此外，人工智能也是人们当下非常关注的概念，其所能够支撑的是当下已经到来的共享经济时代，这些都已经在很多领域内改变了过去的经济规则，逐渐淡化排他性而实现共享。

对于当下日新月异的发展，我们可以称其为数字经济的时代，也是创新发展和升级发展的时代。中央层面给出的现代发展理念，是以创新发展作为第一动力，带动协调发展、绿色发展、开放发展和共享发展。按照党的十九大的表述，我们走过了站起来和富起来的时代，正在进入完成现代化历史飞跃的强起来的新时代。这个现代化时代和席卷全球的信息时代、新技术革命时代、数字经济时代是并行的。中国的奋斗被国际友人称为世界的奋斗，这个全球唯一的古老文明从未中断过的民族国家、世界上最大的发展中经济体，要通过和平发展实现自己在工业革命落伍以后从追赶到赶超的现代化过程，我们的目标即"中国梦"，就是要在2049—2050年这个时点上，在新时代的发展过程中实现伟大民族复兴。这个伟大民族复兴绝不是狭隘民族主义的，而是和全球其他经济体寻求共赢，实现"人类命运共同体"的共享发展。

观察当下经济社会升级发展的大趋势，发现很多都是和"互联网+"与"+互联网"结合在一起的。一些创业创新者将方向定位在互联网行业，在互联网的基础上加上其他各类行业，在这种相互渗透和结合的创新过程中将形成很多新的行业，例如互联网金融。如今，越来越多的行业与互联网结合在一起，包括原来很多和互联网似乎没有直接关系的行业、企业和市场主体，如今都迎来了加互联网的潮流，这就是所谓的线上、线下的结合越来越势在必行。

## 二、 新时代特征下企业转型如何顺应数字化趋势

在此特别强调的是定制化。各行各业的特色是五彩斑斓的，不同行业和企业需要特定地考虑，在认清时代特征和发展大势之后，自己到底该怎么办。我认为至少要分以下 3 类。

第一，高新技术企业。对于以新技术开发和运用为定位的高新技术企业而言，创新发展必须结合绿色低碳导向。这类企业所需面对的竞争，是在"烧钱"式的大量投入下，争取将成功的希望变为成功的实际结果的过程中，实现自我生存和发展，而且这种发展一定是升级的发展。实际上，这类高新技术企业并不太强调转型，其本身就已经处在转型的高新领域里，其所要强调的是如何在转型过程中实现升级，如何冲破瓶颈期而获取成功。我们也必须承认，这种成功的概率并不高。在"烧钱"式的投入下，想要实现发展和转型升级的高新科技企业必须找准适合的投融资机制。目前，我们在借鉴了以往风险投资经验的基础上，正在向产业引导基金这个方向探索。此外，这些高新技术企业想要实现创新发展，可以尝试向战略性新兴产业合流。当高新技术进入战略性新兴产业内，所定位的新能源、新能源汽车、信息技术的升级发展、大型成套设备制造的升级发展等，必将形成定制化的"互联网+"和"+互联网"的解决方案，争取在创新的过程中冲破瓶颈期。

第二，传统产业中的企业。在传统产业里，转型升级的意义更加重要。传统产业要解决的问题，往往和人们实际生活有直接关系，和社会成员所需的日常有效供给相关联。这类企业的转型升级不仅要引入高新技术，还要适当把握适用技术。并非所有传统产业都要像高技术转型，而仅仅是积累一些诀窍，重要的是注重企业组织生产经营和市场竞争中的要领。以餐饮行业为例，当下除了要保

证食品安全和食物的风味与口感得到认可，还要积极对接外卖等平台，以此扩大市场份额。

此外，酒店行业也是如此，例如分时度假酒店。在信息技术的支持下，那些通过互联网连接、没有实体店的供应商，通过在全球提供分时度假这种便捷的形式，已经成为全球规模最大的酒店系统。

第三，一些特殊的企业。现实中，地方政府层面有不少融资平台，当下它们被要求转制，不能再像过去一样单一地按照地方政府的意图发行市政债、公司债和向银行贷款，服务地方政府的一些隐形融资需要。在其转制的过程中，也要结合数字经济时代的转型升级。例如，其中一些可能要转成相对单一、做公共事业的地方特殊企业，负责供热、上下水、垃圾处理、绿化等；另外一类可能要对一个城市或地方政府辖区内相当大的一片区域，甚至整个辖区，进行城市建设的运营，规划不动产及社会各方的经济和社会活动的配套条件。此外还有一种可能，即地方政府政策性投融资机构通过专业的团队，配合政策性信用担保、产业基金、产业引导基金等投融资创新形式，对接PPP等创新形式，以金融定位支持产城融合，打开地方发展的新局面。对于这些特殊的企业定位，也必须有定制化的方案，它们也无一例外地要考虑如何处理自身的"+互联网"问题。

当下，企业转型的共性就是要对接大数据和"互联网+"，对于不同行业和不同类型企业而言，要有自身的高水平发展战略规划，并对应形成高水平、定制化的转型升级解决方案。各界人士应凭借自身特长与积累，在创新发展的过程中，找到能够实现自己人生价值的特定路径。如果将整个社会的定制化解决方案结合在一起，就是实现了构建现代化经济体系必须抓住供给侧结构性改革这一主线。而所有这些定制化解决方案，都应顺应制度创新的供给侧改革，并以此推进技术创新、管理创新,从而带动整个供给体系质量和效率的提升。

### 三、转型案例: 阿里钉钉公司的开创意义

在新技术革命带来新经济以数字化特征实现日新月异发展的进程中,成为独角兽的阿里钉钉,秉持服务各类企业全面进入数字化时代的宗旨,以自 2014 年年底上线以来在市场拓展方面的深耕与精细化服务,兼顾学校、医院等事业单位和政府工作系统的数字化(信息化)业务管理与办公要求,完成了其所开发的组织机构中"人财物事数字化闭环"的专业化创新,将在中国强起来的新时代创新发展中,一显其不同寻常的身手。

阿里钉钉所提供的企业(机构)数字化转型解决方案,来自于其开发团队的创新敏感性,以及独到的开发思路和工作者的拼命精神,同时还有阿里巴巴集团的支持。其在数字化转型路径上所形成的有效供给,呈现了适合企业与用户发展所需的强大吸引力。截至 2018 年 3 月底,阿里钉钉所服务的企业组织已突破 700 万家。2015—2017 年,钉钉平台的个人用户数突破 1 亿。QuestMobile 数据显示,在移动办公软件领域,阿里钉钉的活跃用户数量排名第 1,其数量超过第 2 名至第 10 名活跃用户数的总和。

20 世纪以来,从半导体到互联网,再到移动互联、大数据、云计算、人工智能,从中国企业的发展视角来看,实现数字化转型既是拥抱移动互联网时代的全球化竞争以及实现高质量发展和升级发展的严峻挑战,同时也是重大的成长机遇。尤其需要指出的是,我国市场主体的总数已上升至 1 亿个,其中绝大多数是中小微企业和民营企业,他们已成为中国特色社会主义市场经济不可或缺的重要组成部分,也成为国家从大政方针到管理部门各项政策支持的重点对象。在民营企业得到前所未有的政策利好的背景下,满足民营

经济创造创新的需求，需要更迫切地抓住机遇、迎接挑战，冲过挡在广大民营企业面前的数字化转型解决方案这道门槛。对于这一问题，如解决不好就是"危"，而解决得好便成为"机"。

阿里钉钉在近几年内助力了为数众多的民营企业和中小微企业冲过门槛，证明了想要转型为数字化企业，第一步也是最核心的一步，就是要从观念创新开始，使工作与既有习惯分离，借助"5个在线"（组织在线、沟通在线、协同在线、业务在线、生态在线），将企业和组织中的人与数字连接在一起，使传统工作方式全面转型为数字化工作方式，从而把人的价值和人本性中的自我实现潜能，转化为创造力的发挥和工作绩效的提高。现实案例中，远大科技公司由此"纵身一跃"进入面目一新的移动智能办公时代，"从前领导赶着员工跑，现在员工催着领导跑"；朝阳橡胶公司国内的9个制造基地和泰国的一个工厂，每天的生产监测数据都通过阿里钉钉及时汇总，手机端自动生成图表，一目了然；浙医二院使员工用互联网思维在指尖上创新医院信息化建设，极大方便了医院的多院区综合管理；浙江省政府系统已有超过100万公职人员使用阿里钉钉，极大地促进了省、市、县、乡、村五级实现扁平化即时通讯，极大地优化了队伍的执行力和工作综合效率，打造"24小时在线型政府"。

创新是一个民族的灵魂和时代的关键词，是中国奔向现代化宏伟战略目标的发展第一动力。其中，阿里钉钉的数字化转型创新可谓是顺应时代召唤，企事业及政府信息化建设升级要求的前沿案例。顺祝阿里钉钉和企业数字化转型之路上的所有开拓者，继续乘新经济时代的浩荡长风，于奋斗进取中踏平挑战与机遇交织而成的万顷浪涛，创造无愧于数字化新时代的卓越业绩。

# 第四章
# 规范化发展 PPP 助力"守正出奇"

# 规范化发展 PPP 系列谈

*原发表媒体：《经济日报》 2018 年 1 月*

### 一、 法治化是可持续的根本保障

过去，PPP 被直译为公私合作伙伴关系，而近些年在相关文件中被意译为政府与社会资本合作，在创新发展中得到我国决策层和管理部门的高度重视，也是企业和专业机构、中介组织、科研团队等多元主体积极参与的重要创新实践。数据显示，2017 年上半年，全国已成交的 PPP 项目达 1357 个，同比增长 31.4%，平均投资规模为 1.73 亿元，同比增长 27.8%。其中，位于前列的十大项目投资金额总和高达 2259 亿元。在公共工程、基础设施、产业新城建设与运营、地方政府辖区的国土连片开发等领域，PPP 项目建设提供了政府、企业、专业机构合作的融资与管理运营新模式，可形成"1+1+1>3"的绩效提升机制，在政府尽责、企业与专业机构发展多赢的同时，实现改进民生、造福公众，而且可以对接混合所有制改革，发掘有效投资潜力，引导经济新常态。此外，PPP 还将促进我国经济社会法治化的进程。

在 PPP 蓬勃发展的同时，有关管理部门在防范风险的问题导向下，更加强调加强规范化管理，这显然具有现实的必要性和针对性。PPP 的规范化发展，首先应强调与 PPP 相关的法治化建设。

在党中央推进全面依法治国实践的过程中，PPP 尤其需要得到法治化保障，迫切期待更多的法治化阳光。PPP 是创新发展中政府转变职能的典型案例，在这个过程中，政府与企业以平等的伙伴关系身份签约，进行长时间（通常需要一二十年，甚至长达三五十年）的项目运营，如果没有法治化制度环境的可靠保障，企业很难可持续地参与 PPP 项目。显然，PPP 的健康和规范发展，是以法治化环境为前提的，约束、指导和规范 PPP 的全流程，覆盖众多 PPP 项目的生命全周期，把签署协议的各方都放在依法守约、履约的轨道上，和衷共济求得共赢。

关于 PPP，我国各管理部门的"红头文件"，是具有法规体系组成部分之效力的，但毕竟这些尚属于最低立法层级的法规依据。随着实践经验的丰富和成熟，亟须推动 PPP 的立法工作，把相关的法规层级提升。如果由于种种原因，短期内还不具备进行 PPP 立法工作的基本条件，则应当积极考虑制定 PPP 的有关条例，界定 PPP 的关键性规则及应排除的"伪 PPP"的边界，明确 PPP 的全套标准和流程，并赋予国家鼓励支持 PPP 发展的各项政策及法规。未来一旦条件具备，PPP 的立法工作应力求及时到位，以保障 PPP 这一制度供给的可持续推进。

**二、阳光化是发挥正面效应的关键机制**

PPP 必定涉及具体项目的投融资建设。以往，政府实施公共工程项目投融资时，若以信息充分披露和集体决策来评价其阳光化程度，往往是不全面的。通常情况下，一个地方政府主要决策者所中意的项目，会要求相关部门提供项目的基本情况和可行性研究报告，予以批准后，这个项目便可以动工建设。这种决策机制的启动效率看起来很高，如果决策正确，这个机制必然会引出"好事快办"的结果。但在实际中,决策的失误屡见不鲜,项目失败形成的损失,都是由纳税人埋单,很难追究决策者的责任。然而,以PPP创新机制从事公共项目建设投融资则改变了这种情况。从原理上说,PPP可以通过其阳光化的决策和运行机制,依靠制度性、规范化优势,最大限度地减少失误,提高资金使用效益,显著提高项目的综合绩效。

通常,一个PPP项目是在多个备选项目均配有可行性研究报告的情况下,由政府、可能的合作伙伴及专业化团队在知情并共同参与的阳光化过程中,形成项目的识别与初步筛选,再使初选的项目进入同样具有阳光化特征的"物有所值评价"及"财政承受能力论证"程序,完成这些必经环节后,再由合作伙伴竞争性挑选专业机构与团队提供咨询给予智力支持,共同磋商并起草包括全套风险分担方案的PPP协议(合同)文本,最后由各方自愿签字,由此协议(合同)生效进入建设过程,竣工之后续接约定的运营期。这种阳光化的机制是最好的"防腐剂"和"防错机制",在多方知情、公众具有参与机会、客观生成了多重监督机制的环境下,可以凭借制度优化而防止过去极易发生、引起浪费和损失的少数人专断机制,并封锁借助设租寻租行为滋生腐败的空间。借助PPP项目的规范化特征,发挥出政府、企业、专业机构强强结合而实现的"1+1+1>3"的绩效提升,更好地以公共工程造福于人民。

制度创新的主要功能在于打开管理创新的潜力空间,PPP的阳光化制度特征十分关键。在各地实施的过程中,必须坚定不移地贯彻阳光化要领,使PPP从项目选择、前期程序、专业咨询,到合同编制、签约执行,再到建筑商的招投标、工程监理的选定与履职、运营中的必要信息披露和公众监督,直到走完其全生命周期的最后移交，都做到制度设计所要求的阳光化。目前，我国已实际推进的 PPP 项目已呈现了诸多正面效应，但毋庸讳言，也有一些 PPP 项目的阳光化程度不足，由于种种客观原因，偏离了规范化轨道，对此必须及时制止和坚决纠正对于不贯彻阳光化原则的 PPP 项目，我们完全有理由认定其为"假 PPP""伪 PPP"，是以 PPP 创新之名的违规之举，必须严防速纠。如果说规范化发展是 PPP 生命力的保证，那么阳光化就是 PPP 实现规范发展并发挥正面效应的关键性机制。

### 三、专业化是规范化推进的必备要领

注重 PPP 的规范化发展，是为了使这一创新机制潜在的活力充分释放，使其相关的风险因素得到有效防控，从而产生应有的诸多正面效应。在现实中，以专业化力量促成 PPP 规范发展，被业界称为"专业的人做专业的事"，这理应成为 PPP 参与各方的必备要领。

PPP 涉及的是成规模的项目投资，建设与运营周期较长，相关联的因素相当复杂，不同领域、不同类型的项目建设都客观地要求以较高的专业化力量形成尽可能周全、合理的定制化方案，致力于不仅将每个项目促成隆重的"婚礼"（签约），而且做成百年好合的"婚姻"（善始善终）。那么，如何才能达到这种专业化要求？除了有关管理部门应进行专业化指导外，地方政府、企业和专业机构也需共同努力。

PPP 的签约伙伴，通常一方是政府（或政府指定的部门和机构），另一方是企业及相关的市场法人（即社会资本方），政府与企业内部都需要具有一定专业水准的人士共同促成项目的落地和健康推进。使这些人士具备专业知识和技能，需要有必要的培训与经

验积累，这在客观上引出了培养专业人才的必要性与紧迫性问题。但 PPP 项目在进行中通常面临很多复杂问题，仅靠伙伴各方自行培养人才远远不够，因此需要借助社会中介机构及专业团队的力量，如设计师事务所、会计师事务所、法律事务所和项目咨询公司等。这些中介机构和专业团队的专家群体在特定领域积累了丰富经验，由此构成具有竞争力的专业化服务力量，政府和企业可以通过竞争程序挑选适合的第三方，以购买服务的方式获得其智力支持，从而达到 PPP 立项与运作的专业化水平。这不仅是一条捷径和一种多赢机制，也是"1+1+1>3"绩效提升机制不可或缺的重要组成部分。

我国已经展开的 PPP 创新发展潮流中，第三方机构和专业化团队的作用越来越被政府和社会资本认知，应运而生的不少 PPP 咨询公司日趋活跃。但在一定发展阶段上，这些以专业机构面目出现的主体，难免良莠不齐、鱼龙混杂。如何让购买服务这一市场形成公平竞争、优胜劣汰的健康环境，尚待各方共同努力。PPP 项目入库，是带有专业水平评估性质的已有管理框架，地方省级和中央部级的项目库似乎又代表着不同等级的专业化水平认定，如果把入库项目管理掌握为跟踪评价、动态优化很有必要，但也不应以入库"定终生"，以某一轮次是否入库作为规范化程度的唯一标准。因为 PPP 的发展中还有巨大的探索和创新空间，入库在管理部门的掌握上，应当定位于引导创新发展，而不宜定位为审批。应当注重充分阳光化，即信息的充分披露，切忌搞成拉关系、处关系，贴官方标签而滑入新型审批经济和设租寻租。对于已入库的项目，也不能排除以后被清退的可能。某一轮次未能入库的，也不排除未来可能入库。以上管理框架下所追求的应是专业化引导机制的动态优化。

依靠专业化力量促进 PPP 规范化发展的过程中，我们需要做好这样的思想准备，首先经历购买服务市场的优胜劣汰，随后结合 PPP 的法治化建设，迎来由具有良好口碑和公信力的专业化机构和团队以自身优势发挥专业咨询和服务功能的新局面。

### 四、创新发展与风险防控应理性权衡、守正出奇

总体而言，PPP 属于中国创新发展中方兴未艾的新生事物，方向正确、意义重大，但毋庸讳言其整体机制尚未达到成熟状态，相关风险的防控问题值得高度重视。在 PPP 规范化发展中，如何把创新领域应有的弹性试错空间掌握好，是发展中规范的要领。而对于试错探索中发现的问题如何及时察觉，对于能够认定的风险因素有效防控，则是规范中发展的要领。发展中规范与规范中发展不可偏废，需理性权衡，以求在 PPP 发挥正面效应的创新过程中，使中国的现代化进程守正出奇，实现动力体系升级并延续超常规发展态势，对接中国梦。

如果基于有关创新发展的哲理认识 PPP，首先应考虑发展中规范的问题，因为 PPP 虽然已有一些带有经验总结而技术性色彩鲜明的具体模式，如 BOT、TOT（转让—运营—移交）、ROT（改建—运营—移交）、BOO（建设—拥有—运营）等，但这个模式丰富化、可选择操作方案多样化的进程并未完结，可以说其操作系列可排列的选择清单仍然是"敞口"的。例如，国际上有其雏形但并未引起特别重视的项目打包和连片开发，在中国却已很快成为非常具有吸引力的选项，今后我们应积极鼓励带有中国特色的 PPP 创新，而不惮在这一领域走到世界前列。

再者，对某些具体问题的认识还难免见仁见智。例如，管理部门目前通常把 BT（建设—移交）排除在 PPP 概念以外，因为其没

有运营期，容易较多地形成地方政府债务压力。但作为研究者，我认为广义的 PPP 应包括 BT，它实为以一种政府按揭方式把政府急需做而一时无力承担资金支出压力的项目，由非政府主体先做起来，再把对后者的还本付息平滑处理为政府可承受。做得好，BT 也是使百姓得实惠的一种新机制选择，无非就是把政府一下做不成的事情做成的转换机制。当下我们可以看到，在一些欠发达区域地方政府精准扶贫事项上"要想富，先修路"的案例中，BT 不失为一种可选项，因此不宜把 BT 的可用性完全否定。这套探索，应当在发展中规范的过程中逐渐凝聚基本共识，待到可形成相对固定的规则时，就能够纳入法治建设轨道来——加以明确。

在实现了发展中规范后，还应高度重视并理性掌握规范中发展。在跟踪评估 PPP 创新领域运行风险的过程中，管理部门一旦认定了有把握、可看准的风险点和风险因素，就必须及时推出防范与消除风险的政策措施。例如，没有与地方政府"婆婆"切断行政隶属关系和产权纽带关系的融资平台公司，如果浑水摸鱼入场与当地地方政府合作 PPP 项目，所谓的合作伙伴关系一定会变形为"婆媳关系"，也就一定会发生严重扭曲而酿成非规范化局面，由此累积使过程不可持续的风险因素加大，因此必须明确排除此类"假 PPP"。对于明股实债、政府单方托底等风险因素，在管理部门有所察觉后，已强调要加以防范，这很有现实必要性，但在防控此类风险因素时，应掌握"堵不如疏"的大禹治水式哲理，从长远制度建设角度考虑，应发展规范的 PPP 资产交易市场平台和在政府可行性缺口补贴提高其预测和可确定性的水准等方面，引导社会资本积极而规范地参与 PPP 创新。

总之，应权衡好发展中规范和规范中发展的关系，从而在创新中审慎包容、积极稳定地推进 PPP 的规范化发展,由此我国将有望在供给侧结构性改革中于投融资领域成功地守正出奇,支持"后来居上"的现代化进程。

**五、 资产负债的规范化处理与会计准则的优化**

PPP 的规范化发展需要在创新的轨道上改进和完善相关专业化管理规则,其中非常重要的方面,是关于 PPP 资产负债的会计准则。从国际经验看,英国是国际上运用 PPP 模式较成功的国家,也是最早针对 PPP 制定专门会计准则的国家。虽然英国的 PPP 会计准则(FRS 5A)曾被其他国家当作制定相关会计政策的参照物,但其本身也存在一些缺陷,即 PPP 固定资产因漏记而成为孤儿资产。此后,随着国际财务报告解释委员会制定的《服务特许协议第 12 号解释》(IFRIC 12)与国际公共部门会计准则委员会制定的《服务特许协议:授予方—第 32 号》(IPSAS 32)相继出台,PPP 项目资产负债才有了国际性会计处理指南。

一方面,由于 IFRIC 12 与 IPSAS 32 之间是镜像互补关系,因此从设计层面堵上了 PPP 孤儿资产的漏洞;另一方面,由于 IPSAS 32 规定 PPP 固定资产及其负债均应记入公共部门的资产负债表,因此从制度层面封住了公共部门利用 PPP 隐藏债务的可能性,降低了公共部门利用 PPP 进行表外融资的冲动。鉴于我国推广和运用 PPP 模式过程中出现的"明股实债、回购安排",以及地方政府违规、违法担保等问题,已造成各方的担忧。同时,基于 PPP 的理论分析可引出其为政府和企业合作中共同融资负债的认知,从长效机制建设视角和作战略方针层面考虑,建议借鉴国际经验,尽快研究并出台我国的 PPP 会计准则,将 PPP 固定资产及相关负债记入公共部门的资产负债表(可首先在政府付费类 PPP 项目中实行)。

从理论上说,首先,PPP 涉及该类公共工程项目建设及其运营全生命周期或合同约定的较长特定时期内的投融资问题,必然涉及负债;其次,PPP 是政府与企业、市场主体以契约形式形成伙伴关系以求共赢与绩效提升的机制创新,必然要求相关投融资、负债、资产管理机制的创新;最后,PPP 的合同契约关系只有得到法律、法规的保护和制约才具有可持续性,故 PPP 投融资中负债的规则和财务会计的规范性准则,需要对创新发展和规范发展如何结合做好动态优化的权衡处理。

因此就定性而言,既然 PPP 是政府和企业伙伴关系式合作建设、运营公共工程项目,其负债就不可能在政府方完全撇清干系,但此机制创新可使政府的相关负债产生相当可观的乘数放大效应,并使资金的使用绩效明显提升,这便是 PPP 特别值得重视与推进的原理。在我国推进 PPP 的相关工作中,出于鼓励创新的考虑,曾在文件中规定,凡是由管理部门确认为 PPP 的项目,其负债不纳入地方政府债务规模的统计。但随着 PPP 的发展,其实际的负债风险压力因素又必然为政府管理主体(特别在中央管理部门层面)所感受到,故为防范风险,加强管理很容易走向另一个极端,做出 PPP 不能与政府购买服务(政府采购的一个特定概念)对接、不得承诺保底等严厉规定,似乎 PPP 负债可以也应该与政府主体完全隔离。如做严谨分析,PPP 的负债风险必然是以某种方式由合作伙伴各方共同承担的,其资产所有权或运营权虽可以阶段性地归属一方,但总体上不能否定这种负债风险的共担性质,至少在一定程度上存在政府方的或有负债(未来可能承担也可能不承担、可能多承担也可能少承担的负债)。因此,关键问题在于如何把各种

PPP 具体模式的负债风险共担机制尽可能合理化、可操作化，这必然要求在其财务会计处理上规则尽可能清晰化、力求精细化（在动态优化的创新探索过程中，要承认精细化只能是相对的，所以也必须承认工作中可能不得不留出一定的弹性），或有负债本身即是具有一定弹性的专业术语。当然，一旦在原则上明确 PPP 是政府的举债渠道之一，规范地方政府的融资行为，便不再是强调防止其利用 PPP 隐匿债务，而是应以合理的资产负债通盘安排，把 PPP 规范地纳入公共部门负债与相关风险的表内管理，以更好地使 PPP 机制兴利防弊。我国的相关法律法规需要依此思路框架考虑未来的优化修订。

# 存量 PPP 项目发展的制约因素与化解思路

*原发表媒体：《经济研究参考》2019 年第 8 期*
*作者： 贾康　吴昺兵*

运用 PPP 模式盘活存量资产，是落实《关于创新重点领域投融资机制鼓励社会投资的指导意见》（国发〔2014〕60 号）和《关于在公共服务领域推广政府和社会资本合作模式的指导意见》（国办发〔2015〕42 号）等政策要求的重要举措，对我国经济发展具有非常重要的现实意义。国家多次发文部署相关工作，但由于相关政策和制度安排在衔接和配套方面存在不足，存量 PPP 项目的实践效果往往不佳，因此亟须厘清现行规定并探究原因，以求攻克关键问题，完善配套政策，培育实践创新机制。

## 一、 存量 PPP 项目的重要意义及发展现状

运用 PPP 模式盘活存量资产可提高闲置国有固定资产的利用效率，有利于加快补齐基础设施和公共服务短板。首先，提高存量资产的利用和运营效率。改革开放以来，经过长期建设投资，我国在能源、交通运输、市政工程、生态环保等方面形成大量存量资产，运用 PPP 模式加大资产盘活力度、形成良性投资循环，引入社会资本的市场化运作模式，改变公建公营中效率低下、产出较低的局面，节约政府的资源和人力投入，实现多方共赢。其次，化解地方政府存量债务。对于本身无债务的存量资产，经盘活后政府可

依资产产权价值从社会资本方处得到转让收入,增加政府偿债来源;对于本身有债务的存量资产,政府转让资产产权得到的转让收入可用于偿还项目工程款或借债等历史欠账。最后,有利于推进混合所有制改革。PPP 模式作为公私合作的市场载体,与混合所有制改革的机理和目的具有一致性,将资产边界清晰、适宜市场化提供的存量资产释放出来,可有效动员市场力量参与公共事业的发展。

综合资产属性和规范管理的要求,可用 PPP 模式盘活的存量资产需满足以下条件:一是资产条件成熟,物理边界和管理边界便于划分,资产权属清晰,不存在法律法规禁止或限制交易的情形;二是经营性较强,具有较高的市场价值,便于项目融资。可鼓励供水、供热、供冷、污水处理、垃圾处理、收费公路及停车场等符合上述条件的存量资产通过 PPP 模式盘活和利用。市政道路及水环境综合治理等经营性弱的领域,出于实现公共服务提质增效、推进体制机制变革的目的,在规模可控的前提下亦可尝试。

根据全国 PPP 综合信息平台统计,截至 2018 年 11 月底,存量项目(包括存量+新建、存量两类)入储备清单项目为 450 个,总投资约 0.35 万亿元;入管理库项目数量为 1048 个,总投资为 1.07 万亿元,入库项目数量、总投资分别占比 12.2%、8.3%。已落地项目 549 个,总投资约 5507 亿元,落地率 52.4%;已开工项目 249 个,总投资约 2310 亿元,开工率 45.4%。

从行业分布来看,项目数量前三位的一级行业为市政工程、交通运输、生态建设和环境保护,其中市政行业存量项目占据存量 PPP 市场的半壁江山;分布投资额前三位的一级行业为市政工程、交通运输和旅游,3 个领域投资额合计占存量 PPP 项目总投资的 70% 以上。从项目回报机制看,政府付费类项目、可行性缺口补助类项目和使用者付费类项目的项目个数分别占存量PPP项目个数的10%、56%和34%。

存量PPP项目发展前景广阔的主要原因有以下3个。

第一，政策利好信号不断释放获得发展新机遇。2019年政府工作报告明确指出，"落实民间投资支持政策，有序推进政府和社会资本合作"，为市场预期注入一针强心剂。《关于保持基础设施领域补短板力度的指导意见》（国办发〔2018〕101号）、《关于推进政府和社会资本合作规范发展的实施意见》（财金〔2019〕10号）等政策的陆续发布，以及市场对PPP条例的预期，均显示了PPP在补基础社会短板、增加公共服务供给方面被予以的重视，存量PPP项目也会因此迎来发展的新高潮。

第二，满足规范政府购买服务行为后的项目承接发展需求。《关于坚决制止地方以政府购买服务名义违法违规融资的通知》（财预〔2017〕87号）发布以后，运用政府购买服务模式进行的基础设施建设都面临转型和整改，形成的相关资产除了政府自营方式外，也需要通过PPP模式引入运营方，由此形成存量PPP项目的来源。

第三，解决专项债形成资产的后期运营问题。根据财政部数据，截至2019年1月，全国专项债余额已达到75467亿元；根据2019年政府工作报告，2019年拟安排地方政府专项债券2.15万亿元。专项债形成的公益性基础设施的运营管理市场，将会成为未来存量PPP市场的重要组成部分。

## 二、存量PPP项目产权交易的实践

PPP模式通过产权交易盘活存量资产。产权是指一定经济主体依法对特定经济客体（资产）享有的所有、使用、收益、处分的权利,是财产所有权有关的各项权能的总和。根据《政府和社会资本合作模式操作指南(试行)》(财金〔2014〕113号)规定,存量PPP项目的产权转让仅涉及资产所有权,即政府将存量资产所有权有偿转让给社会资本或项目公司,并根据社会资本的职责和收益获取方式分为ROT、TOT、O&M(委托运营)和MC(管理合同)等类型。实践中,政府和社会资本对于存量资产产权的交易形式进一步拓展为转让所有权、经营权及股权3种方式。

### (一)转让资产所有权

因所有权是产权的根本权利,经营权附着于所有权,政府转让资产所有权则意味着与资产相关的全部权利行使主体由政府变为社会资本或项目公司,评估所有权价值原则上不低于资产账面净值,以防国有资产流失,政府因此获得一笔转让收入,纳入一般公共预算的"其他收入"中。例如,徐州市骆马湖水源地及原水管线项目,社会资本需购买资产所有权,可以收费权进行质押融资,在实施机构同意的情况下可抵押项目公司名下的资产与设备。而在实践中,也存在部分转让所有权、部分转让经营权的案例。例如,在安徽蒙城城乡一体化清扫收运项目中,政府将清扫车辆等流动性强、使用寿命短的资产所有权转让给社会资本,而将垃圾处理场等流动性差、使用寿命长的资产进行转让经营权的处理。

但在实践中,转让资产所有权会产生以下问题。

第一,根据《物权法》第一百四十七条规定,建筑物、构筑物及其附属设施转让、互换、出资或者赠与的,该建筑物、构筑物及其附属设施占用范围内的建设用地使用权一并处分。因此,存量资产所有权转让与其所附着的土地使用权转让具有一致性,若社会资本取得资产存量资产所有权,会引致土地使用权的转让行为,增加实操难度。

第二，资产所有权转让行为会带来契税、增值税等应税行为，而且在 TOT 等模式下，所有权转让会发生两次应税行为，第一次是合作期初从政府转向社会资本，第二次是合作期末从社会资本转向政府，大大增加了税费成本。

第三，与之相关的不动产登记等手续的交易成本也会增加。因此，实操中逐步形成了转让资产经营权的方式，从而节约资源、提高效率。

### （二）转让资产经营权

政府将存量资产的经营权有偿转让给社会资本或项目公司，在项目合作期内仍保留资产所有权，可规避税费、手续等问题，是一种很好的实践探索。例如，河北省张家口市桥西区集中供热项目以存量资产经营权作为交易标的。但对于经营权可产生两种理解。

一是转让不动产的使用权，从产权角度理解，使用权与所有权均属于产权转移行为，政府通过转让使用权取得的收入可参照所有权的处理方式，记入一般公共预算的"其他收入"，评估经营权价值的主要依据是存量资产账面净值。

二是政府对社会资本公共事业经营权的授予，同时也授予了社会资本基于存量资产经营权的收益权，此时应以项目未来现金流的现值作为经营权的评估依据。按此笔收入的性质，政府取得的经营权转让收入应记入政府性基金预算。由于目前没有政策对经营权进行定义，在实践中，这一问题并未达成共识。

### （三）转让资产股权

目前通行的做法是，政府以拟转让的存量资产标的为基础成立项目法人，把项目法人的股权转让给社会资本或项目公司，即以股权转让之名行资产（所有权）转让之实。这种情况下，政府行使的是国有股权持有人的权益转让权利，取得的收入记入国有资本经营预算。

上述方式中前两种更为普遍，采用转让所有权方式的法律关系与合作范围清晰，便于资产估值定价和项目融资；采用转让经营权方式则符合 PPP 项目的公共或准公共属性对资产的要求，可简化手续，降低税费负担。因此，应根据项目内容、资产属性、交易费用等综合考虑交易方式，做出实现各方利益最大化的最优安排。

### 三、存量 PPP 市场面临的主要问题

从实践来看，存量 PPP 项目发展面临的问题，主要在于与存量 PPP 项目管理相关的制度规定不明，流程衔接不畅，由此带来的交易成本的增加若大于盘活存量资产带来的收益，将增加存量 PPP 项目"夭折"的概率，具体问题出现在产权交易、财税管理、收入使用及资本市场发展等环节。

#### （一）进场交易和资产评估的相关政策有待细化

在进场交易方面，根据《地方行政单位国有资产处置管理暂行办法》（财行〔2014〕228 号）、《事业单位国有资产管理暂行办法》（财政部第 36 号令）、《中华人民共和国企业国有资产法》（中华人民共和国主席令第 5 号）等政策规定，处置国有资产涉及产权转移或核销行为的，应通过拍卖、公开招标等市场竞价方式公开处置。对存量 PPP 项目而言，若政府转让资产所有权，应在依法设立的产权交易机构公开进行。若转让经营权，大部分项目由于以下原因未进场交易：存量资产经营权的有偿转让行为发生在政府通过竞争方式公开采购社会资本之后，本质是对中选社会资本经营权的授予，与进场交易以达到公平竞争的目的一致、主体相同，若再次

进场交易，会导致成本增加。但此方面存在一定争议，部分机构认为，经营权是交易资产产权的重要组成部分，是一种"产权转移"行为，若严格执行政策，转让经营权应进场交易。

资产评估方面，《国有资产评估管理办法》（国务院第 91 号令）规定，国有资产占有单位在资产拍卖、转让等行为时应委托具有评估资质的机构进行资产评估，评估价值决定转让收入。目前，政策中规定的资产评估方法，如收益现值法、重置成本法、现行市价法等，主要用于评估资产所有权，基于"避免国有资产流失"的原则，评估价值一般不低于资产账面净值，且即便由于前期手续不完备导致转让资产所有权出现困难，也可以通过转让经营权或股权的方式实现存量资产标的的产权转让行为。但随之而来的问题在于：一方面，评估资产经营权或股权的方法尚不完善，而国内很少有不依靠财政补贴实现现金流自平衡的项目资产，若仅依靠预测的使用者付费现金流评估资产价值，则难以反映存量资产的真实价值，可能造成国有资产价值低估进而流失的问题，削减了转让经营权的公允基础；另一方面，若将政府补助作为项目经营收入来源之一而记入经营权评估的基础数据，会带来"以政府补贴评估值为基准代入值评估经营权价值更合理，还是以经营权价值为基准计算政府补贴值更合理"的问题，评估方法有待进一步完善。

### （二）存量资产产权转让收入的归属及管理存在难点

产权主体将直接影响存量资产转让收入的归属及使用，转让收入进入哪本预算管理因获取主体不同而不同。

一般情况下，政府和平台对资产产权认定和收入归属不会发生争议，但实践中存在部分"财政实际投资，平台名义所有"的情况。在此情况下，若产权名义归平台所有，且政府同意平台获得转让收入时，政府和平台的财务报表平衡，体现为平台财务报表"资产减少、收入增加"，政府的综合财务报表无资产和收入增减，此时收入按照转让产权的性质（所有权、经营权或股权）进入相应预算。国有资本经营预算一般以政府资本金出资的形式投资PPP项目（此情况存在于国有企业作为政府出资代表，以自有资金参与SPV的股权投资时），政府性基金预算主要用于支持项目的建设性支出，一般公共预算可用于包括股权支出、运营补贴支出、风险支出和配套支出等在内的所有支出。在预算管理"收支两条线"下，国有资本经营预算和政府性基金预算对PPP项目的支持力度有限。虽然《预算法》规定，这两本预算应加强与一般公共预算的衔接，但并不能保证调入资金可专项用于支持PPP发展。

若产权名义归平台但转让收入最终上缴地方财政，体现为政府综合财务报表收入增加，平台报表资产减少，可能引发的问题是：政府的综合财务报表与预算表无法完全钩稽，实践中部分政府因此原因将收入转至其所属事业单位代管，存在审计风险。

**（三）存量资产产权转让收入难以专项支持PPP发展**

根据《政府和社会资本合作项目财政承受能力论证指引》（财金〔2015〕21号）规定，县级（及）以上本级政府每一年度全部PPP项目需要从预算中安排的支出责任，占一般公共预算支出比例应当不超过10%，在市县一级财政承受能力空间有限的情况下，运用存量资产转让收入支持专项PPP发展难以落于实践：

一方面，将转让收入完全用于抵扣本项目的财政支出或引发财政风险。抵扣理论上有3种方式：一是在测算项目全生命周期财政支出责任时一次性抵扣转让收入，以此为基数测算每年的财政支出责任，同时由于在发生交易的时点抵扣，无须考虑折现率；二是在不考虑折现的情况下，将支出年度内的财政支出责任顺次抵扣，直至将与存量资产等额的财政支出责任抵扣完毕为止，在抵扣期的财政支出责任测算数为零；三是分到运营期进行年度抵扣，将折现后的金额作为抵扣依据，使得每年折现后抵扣的金额之和等于存量资产的评估价值。其风险在于，在预算"收支两条线"管理下，收入纳入预算后于当期财政年度统筹使用，但在PPP项目进入运营期后，财政实际支出责任大于抵扣后测算的支出责任，若财政难以支付这部分缺口，可能引发政府债务风险。

另一方面，将转让收入用于支持本级PPP项目的实践难度较大。可探讨利用本级的资产转让收入建立"PPP财政专户"，统筹用于支持本级PPP项目。此方式的执行难度在于设置财政专户不符合当前深化预算管理制度改革的要求。根据《关于深化预算管理制度改革的决定》（国发〔2014〕45号）的要求，"全面清理整顿财政专户，各地一律不得新设专项支出财政专户，除财政部审核并报国务院批准予以保留的专户外，其余专户在2年内逐步取消"，此外，"要建立结转结余资金定期清理机制"。PPP项目的财政支出责任体现在全生命周期，即便设立了财政专户，盘活存量资产取得的收入若无法在规定时间内支出，会作为"结转结余财政资金"被定期清理。

**（四）当前税收制度安排不利于存量PPP项目的实施**

第一，PPP项目税收制度整体环境不明朗、不到位。首先，规定不成体系。PPP相关税收政策散见于多项税法、实施细则和财政部门政策性文件，针对性弱，未形成从运营到移交阶段的全生命周期税收管理体系。其次，税收优惠力度小。一方面，其覆盖领域较窄，目前已出台的税收优惠政策集中于公共基础设施、节能环保领域，且标准较高，不适用于广泛应用 PPP 模式的市政工程、交通运输和民生领域项目，形成对不同领域、投资管理层级的 PPP 项目企业的税收激励不公平，对项目投融资和移交阶段的优惠支持力度小，未达国际水平。另一方面，优惠期限不匹配。PPP 项目合作周期原则上不低于 10 年，实践中以 20~30 年居多，且营利不暴利，在运营过程中需面临诸多影响收益水平的风险因素，这种长生命周期管理与目前税收优惠中存在的"三免三减半"、税收抵扣与减免等短期手段形成时间差，优惠效果大打折扣。

第二，存量项目的税负成本高，推进难度大。首先，在"营改增"背景下，社会资本难以取得用于形成增值税抵扣项的进项税专用发票，税负远高于同时期新建项目。其次，存量项目环节较多，在资产权利由政府转让至社会资本时，若转让资产所有权，则需缴纳增值税、土地增值税、印花税、契税、所得税及相应附加等税费成本；若转让资产经营权，则面临增值税、房产税、印花税、所得税及相应附加等税费成本。在项目运营期，项目公司主要缴纳所得税和增值税。在项目移交期，要产生流转税、所得税和契税等成本。实践中，很多存量项目因税负成本过高而难以推行。最后，政府缺乏推行存量 PPP 项目的激励。对于政府付费或可行性缺口补助的项目，项目公司的主要收入来源是财政补贴，在逐利动机下，社会资本关注税后收益率水平，会将税负成本转嫁给政府，通过争取更多财政补贴进行弥补，降低地方政府推行存量 PPP 项目的积极性。

### （五）PPP 资本市场建设相对滞后

首先，存量 PPP 项目资本市场空间有限。全国综合信息平台数据显示，截至 2018 年 11 月底，存量 PPP 项目的落地投资额约

5507亿元,约占管理库落地投资额的8%,构成存量PPP项目一级资本(发行)市场基础,若一级市场发展缓慢,二级(流通)市场的发展空间将较为有限。

其次,存量PPP项目基础资产现存问题抑制资本市场活力。存量PPP项目形成的基础资产需面对我国PPP模式发展的共性问题:第一,市场竞争激烈,部分企业为中标不计成本、恶性低价竞争拉低市场平均回报水平,影响投资人的兴趣;第二,《关于规范金融机构资产管理业务的指导意见》要求加强对期限错配的流动性风险管理,使得部分中短期投资者对生命周期较长的PPP项目资产投资望而却步,中长期机构投资者受2017年下半年以来清库、整改等举措的影响,也持观望态度,影响了一级发行市场的活跃程度;第三,地方政府不希望看到项目中标方,尤其是牵头方社会资本转让股权,担心项目公司股权频繁流转影响项目运作的稳定性,在国内PPP法律制度建设尚处在完善期的背景下,这一风险的加剧将影响二级流通市场的发展。

再次,资本市场交易规则和产品设计仍在探索阶段。相比产品设计,交易规则的建立与完善更加重要,要让资本市场成为提高资产流动性、增加回报率、提升项目价值的平台而非社会资本的退出渠道,需做到讲原则、讲诚信、依合同办事。目前,上交所、深交所、天金所等仍在探索建立PPP资本市场交易规则,银行间市场交易商协会、私募产品报价与服务系统等平台仍处在发展萌芽期,相关的ABS(推动资产证券化)、ABN(资产支持票据)等产品尚未成熟推广,影响资本市场的探索实践。

最后,与存量项目相关的人员安置问题、债务清理等问题,也会在不同程度上给项目实施方造成困扰,给存量项目的实施增加不确定性。

### 四、推动存量 PPP 项目健康发展的思路与建议

针对实践过程中暴露的问题及成因,可看出优化存量 PPP 项目的制度环境,增加市场主体实施、改进交易环节的主动性,是推动存量 PPP 项目高质量发展的关键。在以下领域开展改革和创新,可为存量 PPP 市场的健康有序发展营造良好的制度和市场环境。

#### (一)推动专项政策落地,降低项目实施的组织成本

营造良好的制度环境,减少存量项目实施过程中的政策摩擦与重复,切实对市场形成可预期、可执行的指导,是推动存量 PPP 项目发展的前提和必要举措。

一是以减少存量国有资产流失,努力实现保质增值目标,加强存量 PPP 项目与国有资产管理制度的衔接与合并优化。存量 PPP 项目中的交易标的大多为行政、事业单位或平台所属存量资产,属于国有资产范畴,产权确认、资产评估、交易与转让应遵循国有资产管理精神和流程。要在 PPP 项目实施环节中嵌入国有资产管理环节,不流于形式主义,并将核心资料通过全国 PPP 综合信息平台等途径及时、完整、准确披露,保证形式和实质均合规。针对资产经营权评估、产权进场交易等技术难点,可借鉴国际产权评估的先进做法和经验,在实践中逐步完善。要充分利用招投标网、政府采购网、产权交易中心实现"三网合一"的平台,探讨形成 PPP 项目中,社会资本采购与资产产权转让有机融合的路径机制,在实现充分竞争的同时精简流程、提高效率。

二是加强会计、税收等专项政策的研究与落地,着力攻克存量 PPP 项目的实操难点。存量项目在流程上较新建项目更为烦琐,只有完善配套政策,行之有据,综合效益凸显,地方政府才有激励推

行。因此，应理顺存量项目涉及各主体之间的利益关系，加强会计核算，实现存量资产授予方（政府、事业单位或平台公司）与被授予方（社会资本或项目公司），尤其是授予方内部会计信息的匹配和真实，通过会计管理真实反映资产产权的主体转移和价值变动。要逐步优化 PPP 项目的整体纳税环境，聚焦存量项目的税收处理问题，适时推出相关优惠政策。研究并推出覆盖全生命周期的税收政策，规范各主体纳税行为，适当提升税收优惠力度，扩大优惠政策覆盖面，推出项目在投融资活动和运营阶段的优惠举措，降低税收负担。

### （二）增强资本市场助力，提升存量项目附加值

融资到位是项目落地的关键，形成再融资机制、项目资产、股权、债权的合理流转以提升项目附加值，需要建立健全的交易机制、成熟活跃的交易平台和标准多样的金融产品。为此，需要增加资本市场对 PPP 模式的助力，通过范围更广的资源流转与配置，促进项目实现融资管理与价值增值。

一是加强一、二级市场的联动建设与发展。推动存量 PPP 项目的健康发展、做大做强一级市场容量，是扩容并繁荣二级市场的基础。伴随 2017 年以来 PPP 项目的整顿规范与发展环境的逐步向好，PPP 模式将迎来高质量发展的新高潮。存量项目应抓好这一发展机遇，在国内大量实践的基础上，借鉴国际上的良好经验，总结不足、优化管理，为资本市场发展提供良好的资产基础。在规范发展的同时，应注重市场各主体信用建设和公平、公正的招投标管理，体现合理的项目收益水平，为一级发行和二级流通提供公允的交易基础，增加对包括保险资金等各种长期投资者和机构投资者在内的吸引力。

二是探索并设计有利于盘活存量资产、提升流动性的产品与交易规则。目前，我国尚未充分践行项目融资机制，PPP 市场的融资主要依靠银行贷款，在股权融资受限和中长期投资人参与未成规模的情况下，应出台过渡性的政策安排和产品，以加强对符合政策导向、服务于基础设施补短板领域的项目的融资支撑。同时，为推动 PPP 资产形成标准化、规范化、规模化交易，一方面应探索建立统一及专门的 PPP 资产入场交易机制，在保障项目运作平稳的前提下，建立区分建设方、运营方、财务投资人、金融机构等不同主体交易需求的交易规则，严格制订交易标准与条件，保障政府对产权交易的监督管理权；另一方面应完善、创新金融产品，推动资产证券化、不动产投资信托基金等金融产品更好发力，提升 PPP 市场的流动性和附加值。

**（三）尝试制度创新，利用好盘活存量所得收入**

通过盘活存量资产所得收入若能专项支持 PPP 项目发展，能缓解地方 PPP 项目产生的财政支出压力，激发推广存量 PPP 模式的动力。可借鉴地方对轨道交通项目专项资金的管理方法，研究建立市级基础设施专项资金，所属县级可在市级专项资金中开设子专项资金，将本区域内与 PPP 项目有关的存量资产转让收入、政府项目分红及其他符合规定用途的上级补助、资源开发经营收益等纳入基础设施专项资金，统筹用于各级 PPP 项目的发展。

# 论综合开发型 PPP 模式

**原发表媒体**：《江西财经大学学报》 2019 年
**作者**： 贾康　董睿楠　陈通　唐丹彤

　　PPP 模式是公共管理理论创新背景下理论联系实际的创新发展案例，也是中国供给侧结构性改革推进和深化过程中，为公共工程、基础设施和产业新城建设运营、国土连片开发等建设投资提供有效制度供给的具体创新形式。近年来，我国 PPP 模式的探索和开拓取得了令人瞩目的成绩。但实践中因袭我国传统基础设施及公共服务的单一供给方式，PPP 模式的运用大多仍局限于单体项目。与此同时，在 PPP 概念之下实施片区综合开发的项目打包与连片开发，又已成为中国 PPP 实践中的一大亮点。在许多情况下，片区综合开发的 PPP 可以更好地适应我国城镇化建设与产业升级发展的需要，成为系统化完善国土开发中新区、新项目综合功能的重要实施思路。

　　现实中，一些地方政府将一个待开发片区内所有的基础设施逐一加总，称其为一个整体的 PPP 项目，但这并不代表真正意义上的片区综合开发。所谓片区综合开发，强调的是在通盘规划先行引导之下城市功能价值的整体提升，是在 PPP 模式规则下调度社会资本，与政府一起对开发片区进行整体谋划和统筹设计后导入产业并辅以政策支持，孵化片区价值，而相关基础设施只构成综合开发中的一些子项。如果对于每个项目仅作独立考虑和财务单独核算，会使 PPP 模式下公共服务的供给潜力受到较多抑制，既增加政府负债，也降低社会资本和公众的参与热情。而且，现阶段通盘考量全域综合开发并与 PPP 项目形成有机结合，无疑是对冲经济下行压力、增加有效供给、支持经济社会发展后劲的选择性"聪明投资"，是从供给侧发力优化结构、引领新常态的有效举措，非常值得我们在创新发展中充分重视和深入研讨。

## 一、我国以单体 PPP 项目为主的现状

从财政部综合信息平台项目管理库中可知，迄今为止，单体 PPP 项目占入库数量的绝大多数，且回报方式多以政府付费为主。

截至 2019 年 2 月末，在国家财政部 PPP 综合信息平台项目管理库中，单体项目数量为 8073 个，占入库数量的 91.95%；综合开发型项目数量为 561 个，仅占入库数量的 6.39%；其他类型项目数量为 146 个，占入库数量的 1.66%，见图 4-1。

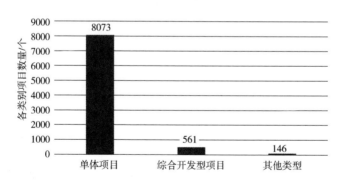

图 4-1 各类别项目数量

据国家财政部 PPP 综合信息平台项目管理库统计，截至 2019 年 2 月末，累计使用者付费类项目 635 个，占入库项目的 7.2%；

累计可行性缺口补助（即政府市场混合付费）类项目 4834 个，占入库项目的 55.1%；累计政府付费类项目 3311 个，占入库项目的 37.7%，见图 4-2。

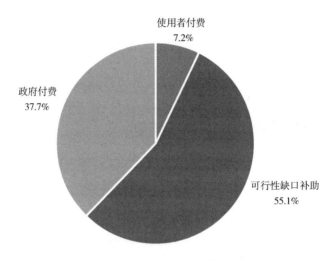

图 4-2　三类回报机制在入库项目数量中占比

但从库中项目上传资料来看，很多可行性缺口补助项目实际上可产生的经营收入微乎其微，甚至有些项目的实质就是政府付费类项目。而 2018 年 2 月，《关于规范政府和社会资本合作（PPP）综合信息平台项目库管理的通知》（财办金〔2017〕92 号）的出台规定，无运营内容、仅涉及工程建设的项目不适宜采用 PPP 模式。这意味着，没有运营内容，或仅依靠维修、维护、养护等作为运营内容没有业务模式创新的历史已经终结。《财政部关于推进政府和社会资本合作规范发展的实施意见》（财金〔2019〕10 号）则规定，"将新上政府付费项目打捆、包装为少量使用者付费项目，项目内容无实质关联、使用者付费比例低于 10% 的，不予入库。"意味着 PPP 项目的使用者付费比例至少要达到 10%，而政府付费类项目在以后的进程中将会淡化则是大势趋势，统筹区域经济发展、挖掘项目本身的经营性和盈利能力，将成为 PPP 项目建设的必然趋势。

## 二、单体 PPP 项目的局限性

1. 政府财政支出责任大、财政资金使用效率低、项目落地难

据统计，单体 PPP 项目中，市政工程、交通运输类项目分别占 17.49%、46.72%，超过 60% 的项目集中于纯公益属性的项目上，见图 4-3。纯公益性项目仅仅依赖政府财政资金，经营性不定，使项目实为长 BT 模式或类 BT 模式。此外，单体 PPP 模式中，全区域内所有 PPP 项目独立运作，不考虑各项目的特点，项目之间不具备关联性和互动性，缺乏取长补短的互补，如果其占比过大，必将导致财政资金不足。因而，将纯公益性项目转化为准公益性项目不仅是解决地方发展资金不足的有效机制，也是保证政府在充分提供公共服务取向下挖掘新增长点的重要方式。这需要冲破单体项目的局限性，以多项目拼盘至连片开发的方式实现。

我国大多数单体 PPP 项目实际上是按照或近乎按照纯公益性项目进行付费机制设计的，背离 PPP 模式的初衷。若不设计并转换成准公益性项目，将使地方政府债务激增，财政资金效率大减，导致当地超出一般性公共预算支出 10% 的红线（2015 年财政部颁布的《关于印发政府和社会资本合作项目财政承受能力论证指引的通知》（财金函〔2015〕21 号）第二十五条要求，"每一年度全部 PPP 项目需要从预算中安排的支出责任，占一般公共预算支出比例应当不超过 10%"），未来将越来越难以落地。

2. 规模效应不佳，不利于形成充分的财政资金放大效应

区域的经济、产业、文化、自然条件等因素都对项目全生命周

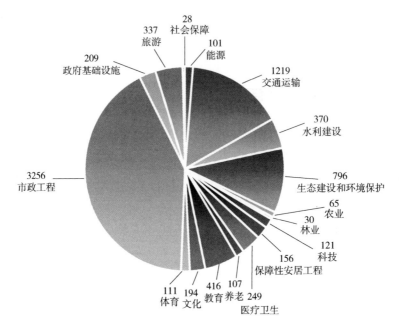

图 4-3 单体项目中各类型项目数据统计

期有着重要的影响,单体 PPP 项目不能对项目所在的全域进行通盘考虑,无法对区域内各种资源进行充分整合,以协调区域多方面发展动态与趋势并形成规模效应。同时,单体 PPP 项目仅使用财政资金提高投资拉动力量,但没有软件资源的导入,无法形成财政资金力量的充分放大。纯公益性项目自然没有盈利属性,但准公益性项目具有盈利属性,需导入具备相当实力的运营资源,这是改财政资金主导为财政资金引导、提高财政资金使用效率、保障项目健康可持续的关键。因而,若干项目打包"肥瘦搭配"或连片开发所有项目"互济帮衬"的片区综合开发 PPP 模式显示出了充分的优越性,可使 PPP 的激励兼容等正面效应升级。

### 三、综合开发型 PPP 模式的创新

将地方政府某一区域内若干建设项目打包，乃至将区域内所有建设项目完全纳入，作为一个片区综合开发型 PPP 项目，这在实践中通常被称为"打包项目"和"连片开发项目"，目前在国内已经形成了一些优秀的成功案例，纳入了财政部与国家发改委 PPP 项目库。其基本特征是：规划先行、统筹相关所有要素，做出综合测算，推进综合开发。综合测算是基于项目所在区域通盘开发规划而纳入全部项目形成综合财务数据的分析核算。统筹区域经济发展的通盘规划要兼顾区域内各方面的发展，协调所有相关资源。对片区进行统筹规划下的综合开发的 PPP 模式是通过政府和社会资本合作，以财政资金为引导，以公共服务为发力点，以各子项目财务互补为抓手，在项目的全生命周期内将区域设计、开发、运营、产业导入有机结合运作的一种创新型 PPP 模式。其于区域内项目以打包或连片开发的方式设计 PPP 项目的基本特征，可对应性地以其所覆盖项目包或整个区域内政府未来的新增财政收入来支持政府可行性缺口补助，有助于充分开发 PPP 模式以发挥其正面效应的巨大潜力。

#### （一）PPP 模式的发起方式及合作机制构建

1. 发起方式选择的优化改变

在综合开发型 PPP 模式下，发起方可以社会资本主动发起项目为主，社会资本方由被动变主动，做区域发展的先行者，同时兼顾政府方根据本地资源及产业优势因地制宜通盘设计之后的政府方为主导的发起方式。

根据新公共管理理论，多元治理必定成为社会大发展的有效途径，基于此种原理，国家出台大量相关政策支持民间资本积极参

与。财政部发布《关于加强中国政企合作投资基金管理的通知》（财经函〔2018〕95号）表示，对民营企业参与的政府和社会资本合作（PPP）项目要给予倾斜支持。基本意图是运用多方优势资源使公共产品实现又好又快地供给。在公共产品供给体现居民对地方公共产品的偏好显示机制的目标下，利用社会资本对市场的敏感性优势及逐利性属性，推动社会资本更主动地承担提供社会公共服务的主体责任，是提高公共服务供给效率的战略制高点。当今，在我国逐步壮大、资金力量越发雄厚的民间资本和社会资金持有主体中，很多企业具有日益强化的发展意愿，且偏好类型适合PPP，这将打开他们新的生存与发展空间，进而在中国推进现代化进程中构造市场经济发展健全的"升级版"。有相当实力的社会资本，在综合开发型PPP中具有先天的优越性，同时也要求政府在选择社会资本时从项目融资实力、团队专业能力、管理能力、资源整合能力等方面综合考虑，充分发掘和调动社会资本方的潜在积极性。

2. 综合开发型PPP模式合作机制的构建要点

区域发展必须以区域的自然和社会条件为基础，包括要素流动与集聚、生产布局、经济增长、区域发展阶段、区域可持续性等。从我国供给侧结构性改革理论出发，应当把中国特色社会主义的经济结构改革和体制改革结合起来，通过改进和优化制度供给，协调经济主体的利益机制与竞争机制，按照社会主义市场经济发展的内在要求，优化和重塑政府与市场的关系，充分调动个人、企业和地方政府的积极性，形成经济增长的新动力和新机制，促进有效供给的增加。

因此，在政府和社会资本双向选择或项目策划的初始阶段，应考虑成熟的合作前提，即双方各取所需的前提。

（1）从政府方视角看综合开发型 PPP 项目合作机制的构建要点。

政府方作为区域发展的引导者，在采用 PPP 模式推进时，必须结合区域特征，提供与区域发展协调的公共服务供给。

1）在综合开发型 PPP 模式下，政府需要通盘考虑项目所在区域的整体情况，包括项目设计和建设，以及运营的全流程和一体化的运作，再结合本地资源和产业优势，以区域发展战略为指导设计全盘 PPP 项目包和项目群方案。

2）在选择社会资本方时，应着重考量其运营能力，努力将有限的投入转化为变现能力，使项目本身发挥最大社会效益的同时，产生相较于其他运营方式更多的现金流，这是项目运行的关键。

3）构建全面的内在激励机制，在项目运行的过程中，应考虑若分别出现收益不足以返还社会投资和取得超额利润时的处理办法，如出现超额收益时，政府可根据入股项目公司取得项目分红，也可不分红而直接抵扣可行性缺口补助，或将该部分收益作为奖励直接给予社会资本。

4）明确政府在全生命周期的支出责任，兼顾本级财政情况。

（2）从社会资本方视角看综合开发型 PPP 项目合作机制的构建要点。

社会资本方要利用好自身对市场的灵敏性，发挥好自身整合资源的优势，在 PPP 模式下，实现为区域发展提供定制性和专业化公共服务的同时，获得更广阔的发展空间。

1）社会资本方要从自身行业技术优势结合地方短板，以项目建议书的形式向政府提出综合开发型 PPP 模式的动议。

2）准确识别项目通盘设计的适用性，这是社会资本主动发起项目时的关键。

3）努力做好盈利能力的充分挖掘，实现成本和运营收入的最优化。

4）保持良好的开发节奏。

### （二）开发型 PPP 模式应关注的重点

开发型 PPP 模式作为 PPP 的一种创新模式，强调区域项目统筹规划，操作中可积木化、模块化管理，从而充分发挥资源整合作用，实现区域综合效益最大化。所谓积木化、模块化管理，是指一个区域内每个单体 PPP 项目不再是孤立的部分，而是将单体 PPP 项目根据不同要素特点进行排列组合。通过积木化和模块化管理，政府方可根据当地规划设计及发展需求，选择合适的项目组合模块；社会资本方则可以根据自身优势和营利需求选择适合的项目组合模块，双方形成"最大公约数"。由此，当地的若干个单体 PPP 项目就搭建成了一个通过不同排列组合形成不同效果的整体，在选择建设项目时，可以有满足不同需求的多种组合，从而更好地发挥 PPP 模式的优势，满足政府和企业双方共同的诉求。在实际操作中，PPP 模式的积木化和模块化需关注以下两个重点：最优财务成本结构设计和最优项目组合设计。

1. 最优财务成本结构设计

PPP 的本质是一种在公共工程领域，通过政府方和社会资本方的合作实现公共服务有效供给的一种管理模式。

从发达国家的实践经验来看，当社会发展到一定阶段时，往往越急于发展，政府的财政系统就越容易面临压力，使得社会公共服务的供给力不从心，由此出现新公共管理运动下一系列供给侧改革的探索和创新。以英国为例，当其经济社会发展到一定阶段时，全面推出了"福利国家"的概念,提出建立全覆盖、全方位的公费医疗体系。但在推行过程中又出现了许多现实矛盾,使政府财政不堪重负,促使英国寻求将 PPP 模式应用在医疗板块的方法,从而创新性地解决政府财政紧张的问题。

从我国近几年落地的 PPP 项目情况来看,PPP 大多应用在道路、桥梁等重建设、轻运营的项目上,回报机制多是政府付费或可行性缺口补贴,各地政府财政支出责任巨大,而财政部规定用于 PPP 项目的财政资金不能超过政府一般性公共预算支出责任的 10%。对此,一些地方政府认识不到位,把关不严、执行不力,还有一些地方政府由于能力不匹配,对当地财力和支出责任测算不准确,导致财政承受能力论证流于形式,加大了中长期财政支出压力。据统计,2017 年 11 月 16 日《关于规范政府和社会资本合作(PPP)综合信息平台项目库管理的通知》(财办金〔2017〕92 号)发布后,至 2018 年 3 月末,综合信息平台已累计清退管理库项目 1160 个,累计清减投资额 1.2 万亿元,清库后部分地区仍超过了 10%的监管红线。

可以看出,在我国 PPP 前期发展中,由于没有最大化发挥 PPP 模式的优势,不少地方政府剩余财政承受空间不足,再加上当前中央及财政部大力清理政府债务,严禁政府违规举债,纯政府付费类项目即将成为过去式。在当前的政策背景下,必然要求 PPP 项目更加规范地发展,单体项目为主的 PPP 模式亟须进行结构与机制优化。

(1)单体 PPP 项目的超额收益分配。

综合开发模式下,对某些单体 PPP 项目超额收益的合理分配,可以在保障社会资本合理回报且防止社会资本暴利的同时,实现对其有效且不间断的激励,促使其提供的公共服务产品质量更好、效率更高且可持续。目前,我国 PPP 项目在超额收益分配方面尚处于探索阶段。研究发现,超额收益的部分几乎都按照 SPV 公司的股权比例进行分红,由于政府方先期出资较少,同股同权后超额收益大部分归社会资本方所有。虽然激励机制得到了保障,但降低了项目盈利属性对应的可预期、可计量的未来现金流入对财政资金的贴补作用,实质上是对另一些收益不足甚至无收益项目带动能力的"放空",实则压低了财政资金的使用效率。

(2)单体项目分类组合打包,统筹规划设计最优财务成本。

在政府补贴责任和超额收益分配方面,想要上升高度,将政府有限的财政资金发挥出最大的优势,力求带来放大效应,推动当地产业升级、培育长期税源,从而实现可持续发展,需要政府针对一个地区或城市整体或某个领域的多个 PPP 项目,在新公共管理理论及相关政策的指引下,对财务成本进行系统研究和准确核算,对预期收入进行准确评估,并以此为基础统筹规划。通过模块化、积木化管理,将不同的现金流项目进行搭配,有效解决当前 PPP 项目中超额收益分配不均、社会资本暴利等问题,均衡协调 PPP 项目各方利益,实现社会资本盈利但不暴利,最大化发挥政府财政资金的效用。

以针对新疆乌鲁木齐高新区存量、新增项目进行整改和顶层方案的设计工作为例。新疆乌鲁木齐高新区存量 PPP 项目有 19 个,政府支出责任最高的一年占一般性公共预算支出达 8% 以上。此外,高新区还有十几个新建项目即将开展,剩余不到 2% 的财政承受空间已不足以支撑所有新建项目的投资。目前可做的工作是结合高新区的总体规划,梳理存量项目和新增项目,统筹考虑,将项目做加法和减法，合理拆分、打包组合，释放财政承受空间，将有超额收益的单体项目和有缺口补贴或政府付费的单体项目打包在一起，作为一个综合项目，综合项目将不存在超额收益问题。例如，一个道路项目是纯政府付费的，而道路周边的一个医院项目是有超额收益的，将这两个项目重新规划，打包在一起，医院产生的超额收益就可以补贴到无收益的道路中去。这对政府而言降低了财政的支出责任，项目整体实现了效益最大化，达到 1+1>2 的效果，从而形成了政府最优的财务成本。对政府来说，只有将全域 PPP 项目通盘考虑，才能设计出最优的财务成本结构，由此最大化地发挥政府有限的财政资金效用。

2. 最优项目组合结构设计

跳出单体项目的局限，通盘考虑全区域 PPP 项目，从宏观层面来看，最优项目组合能够有效促进区域 PPP 项目的整体实施与后期运营及维护。因此，PPP 项目的实施应具有整体意识与系统观念，不仅要考虑单个项目的收益与运营，更要综合考虑各项目之间的联动关系。根据项目的不同特点，政府可以结合实际需求交叉搭配设计，发挥各项目之间的关联效应，将 A 类项目和 B 类项目交叉组合，选择最优的项目结构，见图 4-4。

图 4-4 交叉搭配不同类型项目

最优项目组合结构设计不局限于单体项目最优化，而是要以发展的眼光统筹考虑，用未来的增长预期置换当下的成长空间，不能仅考虑当下项目的得失，更要考虑整体 PPP 项目的未来发展，不应计较"一城一池"的得失，而是要注重整体的发展。从政府的角度来讲，政府无论推广何种 PPP 模式，都应当考虑当地社会经济发展的实际需求，以及当地处于怎样的发展阶段，有何特殊需求等，结合当地各 PPP 项目的实际特点进行项目的整体规划及项目结构设计。

例如，2016 年菏泽市 PPP 项目资金方案就是结合当地发展需求和规划，统筹设计项目组合搭配，最大化地发挥了 PPP 项目的优势，政府用不到 5 亿元的财政资金撬动了当地 300 多亿元的项目建设，实实在在地为当地建设和发展做出了贡献，政府有限的财政资金实现了最大化效益，见图 4-5。

### 四、项目拼盘特征

#### 1. 工程利润高的项目搭配工程利润低的项目

针对当下 PPP 项目普遍存在的落地难问题，可从工程利润方面找出问题的症结之所在。在拆迁工程占比较大的 PPP 项目中，对于社会资本方来说，由于拆迁没有工程利润，拆迁补偿款大多以现金形式给予，成本很高，施工利润很低。各地政府大多会面临这样的工程，由于对社会资本没有吸引力，苦于找不到投资方。而在拆迁工程占比较少，甚至没有拆迁工程的 PPP 项目中，大部分都是建筑安装，材料购置有回购，社会资本方至少能拿到 30% 的利润。当下普遍存在的现象是：没有工程利润的项目无人问津，工程利润多的项目社会资本竞争激烈。这并不是一种最优的状态，从 PPP 项目的模块化、积木化管理视角来看，通过模块化和积木化管理，政府可以设置合理的回报率，将工程利润高低不一的项目进行搭配，从而有效解决 PPP 项目落地难的问题。

第四章 规范化发展 PPP 助力"守正出奇" 193

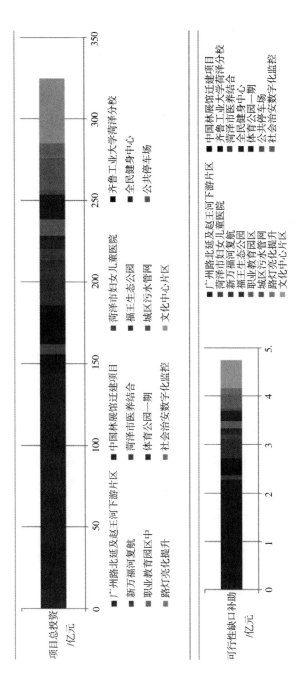

图5 2016年菏泽市PPP项目资金方案

## 2. 现金流好的项目搭配现金流差的项目

在PPP模式的现实意义中，一个重要的意义是可以弥补政府资金的不足，当前各地政府财政资金使用效率低，很多地方政府PPP项目支出责任占一般公共预算支出的比例逼近10%的红线，并没有充分发挥PPP模式的优势。在实际应用中，可以将工程利润相近但现金流差异较大的两个项目进行搭配设计，将有超额收益的项目和政府补贴较多的项目组合起来作为一个整体。从整体来看，项目的超额收益部分可以用来抵扣政府的财政补贴，既有效降低了政府的财政支出，也体现了PPP模式中社会资本盈利但不暴利的原则，实现了多方共赢，这种模式将大大提高政府财政资金的使用效率。

## 3. 施工难的项目搭配施工易的项目

针对施工程度较难而政府又急需建设的项目，大部分社会资本方积极性不高，通过将当地PPP项目实行模块化、积木化管理，可以将施工程度难易不同的项目组合搭配，提高项目对社会资本方的吸引力。例如，工期较长的项目搭配工期较短的项目、施工环境恶劣的项目搭配施工环境有优势的项目、开发风险大的项目搭配开发风险小的项目、拆迁难度大的项目搭配拆迁难度小的项目等。通过将施工难易程度不同的项目组合搭配，可有效解决社会资本方对施工程度较难而政府又急需建设的项目积极性不高的难题。

## 4. 小结

综合开发型PPP模式下的模块化、积木化管理，可有效解决政府方和社会资本方在PPP项目中的遇到的诸多问题。针对不同的问题，可选择不同的项目模块组合来解决。各地所有的PPP项目，除以上几种常见的组合搭配外，还可以根据项目要素，如项目体量大小、运营难易、运营成本高低等,结合实际情况进行符合当地特色的组合搭配,也可以将不同维度的项目组合后进行交叉搭配设计,从而真正发挥 PPP 模式的优势和现实意义。

政府方和社会资本方都可以结合当地特色和自身需求选择适合的项目排列组合,见表 4-1。

表 4-1 不同项目的排列组合

| 项目特点 | A1 有收益 | A2 现金流好 | A3 施工程度易 | A4 其他因素好 |
|---|---|---|---|---|
| B1 无收益 | A1+B1 | A2+B1 | A3+B1 | A4+B1 |
| B2 现金流坏 | A1+B2 | A2+B2 | A3+B2 | A4+B2 |
| B3 施工程度难 | A1+B3 | A2+B3 | A3+B3 | A4+B3 |
| B4 其他坏 | A1+B4 | A2+B4 | A3+B4 | A4+B4 |

### 五、统筹规划与综合开发型 PPP 的模块化管理

1. 政府全域(市、区、县)的统筹规划

目前,PPP 模式逐渐应用于片区开发中,全县、全市的 PPP 项目组合来看,就是一个辖区整体的片区开发项目。对政府来说,通过模块化设计和模块化管理,切分组合项目后形成最优项目组合,此过程中可以延长期限,打包更多项目,从而使得整个地区成为一个大的片区开发项目主体。从政府的角度来说,这一逻辑的价值在于充分结合当地的通盘发展战略及未来规划,科学合理地评估和处理各个 PPP 项目之间,以及 PPP 项目与当地社会经济发展全局之间的关联及影响,创新性地发展综合开发型 PPP 模式,针对一个地区或城市整体及某个领域的多个 PPP 项目的发展规划、投资、融资和运营,进行系统研究和统筹设计,有效解决政府既有的发展规划及项目运作方式之间的矛盾和问题。

2. 统筹规划,开发型 PPP 模式所需的协调机制与制度供给

各地政府的PPP项目工作涉及多个部门，很多业务大量交叉在各部门之间，各部门彼此并不了解对方的运作机制，而只停留在交接环节的信息共享。例如，政府财政部门的主要关注点是确保财政资金的合规发放，而污水处理企业或地铁公司则关心向财政部门申请资金，却并不清楚这笔资金的具体来源和使用要求。如果不采用PPP模式，不会出太大问题。但如果采用PPP模式推进，一旦不了解财政资金的来源和去向，现实项目的"两评一案"就会不切实际，没有参考性，这将直接影响项目的融资结构设计和交易架构的构建，政府付费、补贴、为公共产品和服务兜底的安排将存在缺陷，与之相关的创新会成为无本之木和无源之水。此外，各部门之间也可能存在各种利益冲突，从而大大降低PPP项目的推进效率。由此来看，要顺利推进开发型PPP模式，必须打破信息的孤岛效应和部门利益冲突。

以全区域PPP项目组合打包为例，PPP主管部门需要综合考虑不同子项目之间的关联度和连带效应，合理评估经营性、准经营性和非经营性项目、商业性与公益性项目，结合当地规划需求将不同类型的项目进行排列组合，以发挥最大效益。这就需要明确PPP中心、财政部门在其中的统筹作用，及时掌握信息，打破部门利益局限，打破信息孤岛效应，扎实PPP项目推进基础，以最优的财务成本站在纳税人的角度设计最完善的积木化、模块化PPP模式管理方案，形成最优的项目组合。站在全市、全县的角度发挥统筹规划作用，形成PPP的模块化管理模式，全域通盘考虑超额收益，由此形成最优财务成本，少占甚至不占政府的财政承受能力空间，符合当下各地政府"少花钱、多办事"的迫切需求。

政府作为PPP项目的监督者和管理者，必须立足全局，牵头组建 PPP 领导机构及授权 PPP 主管部门，专门开展全区域范围内的 PPP 项目总体规划及投融资方案研究，并积极与各相关部门协调接洽。应充分整合省、地级市、县各级各部门主管领域内的数据、资料和信息，打破各部门之间的信息孤岛状态，解决信息不对称问题，掌握全局性的可靠材料，由此做到对项目的具体运作心中有数，项目咨询机构也可以更好地了解各级政府的相关运作机制，进而有针对性地提出对当地未来发展规划及 PPP 项目健康有序发展的建设性建议，共同促进 PPP 项目总体规划、投融资及运营方案更加贴近实际、有的放矢和高效优化。

# 地方经济振兴：创新发展中的产业园区建设运营

时间：2019年5月15日
地点：上海
会议：中国商业论坛

改革开放以来，我国经济的发展有目共睹，地方政府层面形成了"争先恐后，你追我赶"的积极竞争。从研究的角度来说，地方竞争对中国经济的特别贡献显然是值得肯定的。现实中，在各个地方政府的辖区内，出于贯彻区域内发展战略和创新的要求，政府层面势必会重点关注辖区内某些重要的功能区，特别是特色鲜明的产业园区建设和运营等举足轻重的投融资事项。

在产业园区的建设和运营中，创新特征非常鲜明，在实际中往往被冠之开发区、高新区、保税区、出口加工区、产业新城、特色小镇、自贸区等名称，这些园区的建设对应着从中央到省及省以下政府体系在特色区域振兴经济中的发展战略。在中国改革开放路径下实现超常规发展的几十年来，中国特色发展中的一大亮点，就是某些区域通过积极打造新区所带来的增长极作用。

整体来看，这种特定地域的产业导入、聚集和升级发展，带有创新特征的功能区板块，其建设和运营模式可分为两个模式。

第一，A模式。很多地方政府经过一定决策程序后，在某个特定区域内，不再按照"五大班子"匹配管理机构，而是以更简洁的"管委会"的方式，领导和推进划定区域的开发。并在此组织和领导架构的基础上，按照园区规划，积极招商引资，导入产业集群，并在产能引入后附加一系列优惠和激励政策。

在此类特定区域内，管理架构简洁，办事效率高，追求超常规发展。政府层面注重都是让服务企业更好地发挥潜力和活力，目标是打造有特色的经济增长极和振兴带。通过观察可以发现，在其运营模式中，地方政府通常会在管委会之下，成立平台公司或物业公司等，以完成运营和管理，从而打造片区内高标准、法治化的营商环境。在此环境下，政府将对招商引资活动及创新活动形成有力支持。在以上框架下，政府将对这些特定功能区域先行先试，这在客观上引领了更多区域的跟进，由此政府将从原来的调控管理思维，转向服务型政府的打造。

党的十八届三中全会对相关理念的概括表现为：强调"国家治理体系和治理能力的现代化"。治理能力的现代化更强调"管理调控"这种自上而下的功能，必须结合在多平面内展开的政府、企业、社会等不同群体的互动，把管理和自管理、调控和自调控、组织和自组织熔于一炉，最大限度地释放一切潜力和活力。相关的产业园区作为特定的招商引资活力园区，其中对政府和企业关系的处理，合乎逻辑地率先进入了这种新境界。

近年来，我们可以看到一个非常重要的理念创新和进步。自上海自贸区开始，从制度上导入了"负面清单+正面清单"的原则，前者对企业，后者对政府。上海自贸区建设之初，国务院特别强调要对标"高标准法治化营商环境"，也就是对标国际规则中最高标准的服务型创新创业环境。其中，对企业管理要求的具体表述是"准入前国民待遇"加"负面清单管理"。对所有企业而言，无论类型特征和规模如何，在没有取得法人身份前，都应持有一视同仁的准入导向，允许它们进入市场做创新创业。这其中，企业所面对的约束就是"负面清单"，除此之外不受任何约束，可以大胆地试错和创新。而对政府层面而言，也要受到法治环境的约束，遵循"正面清单"并辅以问责机制，实现有权必有责。这一规则首先应在自贸区和特定园区明确树立起来，并且努力加以贯彻。

第二，相比 A 模式更具创新色彩的 B 模式，地方政府在特色区域的开发上，以 PPP 机制实行片区综合开发。过去，政府与企业的关系普遍是划清双方的边界，各自做好自己应该做的事，这当然是一种进步。但在 PPP 机制下，这种关系又实现了"螺旋式上升"，在公共工程、基础设施、产业园区的建设和运营，以及特定政府辖区的连片开发和运营管理上，政府和企业可以形成合作伙伴的关系，共同从事非常有影响力的一些项目建设。

通过 PPP 机制，政府、企业和专业机构的相对优势将被集合起来，实现"1+1+1>3"的绩效提升，满足人民群众美好生活的需要。目前，PPP 机制尚处于进一步发展和成熟的过程中，但这种从融资模式上升为管理模式，进一步上升为治理模式的创新，非常值得重视和支持。近年来，我国 PPP 发展中一个非常明显的亮点是在地方政府和社会资本协定开展 PPP 项目时，社会资本可以面向某一个地方政府的具体辖区，实行连片式的综合开发，打包建设和运营产业园区及产业新城，这是中国超常规发展中非常值得肯定的一大亮点。

具体来看，连片开发在一定程度上类似建设运营的总承包，但与之相比更丰富和复杂。在连片开发的 PPP 模式中，以下两个案例可做重点参考。

第一，距北京 50 多公里的固安县，以民营企业为社会资本主体，与地方政府合作展开连片开发和运营。过去，与北京市大兴区毗邻的河北省固安县是一个以农业为主的区域，并没有人将它看成经济增长极。世纪之交时，作为民营企业的华夏幸福与当地政府签约，以PPP机制合作开展连片开发的产业新城项目。经过十几年的发展，固安县改天换地，迅速改变了面貌，该项合作也成为国家级示范项目。

当时，华夏幸福与政府形成的PPP连片开发模式，被描述为"政府主导、企业融资、市场运作"。其中，政府主导是指由政府管理辖区内土地的开发、规划与使用，并参与连片开发项目的思路和方案设计，最终对结果给予认定和批准。在当年实际制订规划的过程中，华夏幸福以3000万元聘请了美国的专业团队，以购买服务的方式形成全套设计，在政府认定和认可的情况下加以实施。华夏幸福以企业自身的优势，完成招商引资即企业融资。市场运作则是充分调动企业的相对优势，对接市场机制，在几十平方公里的连片开发项目中，不仅将产业新城的布局迅速推进到位，而且将片区内所有要素都按照规划无一遗漏地构建到位，包括环境整治和绿化，以及公交建设和教育、医疗设施等。

教育方面，固安县的各个学校与北京八中形成了横向战略同盟，邀请北京八中的高素质教师到固安县的学校开展讲座，促进学校教育水平的提升。医疗方面，由企业搭建桥梁，促成固安县各个医院与北京一些医院的合作关系，北京一些医院的骨干定期到固安县各大医院坐诊并分享医疗经验。通过类似的合作与交流，固安县的公共服务水平迅速得到提高。借助PPP模式下的连片综合开发，固安县的产业和产能迅猛发展，地区经济迅速崛起并成为增长极。以前，固安县作为农业区域，地方财政收入规模不大，而在新城投入建设以后，政府方面承诺合作企业获得本地政府新增财政收入的分成。作为 PPP 机制中的合作企业，华夏幸福不仅充分发挥了自身优势，也由此取得了投资回报。在此案例中，政府与企业不仅通过合作实现了共赢，更使得固安县实现了区域振兴，让百姓收获了改天换地般的美好生活。

第二，汕头经济特区的片区综合开发。该项目是由汕头当地政府和中信地产合作开展的，在汕头市海湾区域进行占地 168 平方千米的大规模连片综合开发。项目的具体内容是在汕头市濠江区修建汕头海湾隧道，海底隧道建成后计划免费供市民通行，使该区域公交体系的两岸连通实现"全天候"。而对中信地产来说，回报机制是在其后多轮滚动开发中，分享土地与不动产的溢价收入。此外，这个项目激活了宜居城市建设和产业集群等方面的潜力，在该项目中，有大量国企和民企对后续多轮开发的众多项目产生兴趣，有意愿参与此后的众多子项目，由此进一步对中信地产形成了资金流支持。这种大规模的开发并非完全没有瑕疵，但总体而言是非常值得肯定的创新发展项目，有望实现振兴区域经济的目标。

在地方经济振兴中，无论 A 模式还是 B 模式，都是以创新发展为第一动力，促进协调发展、开放发展和绿色发展，并最终落脚在人民群众的美好生活需求得到更高质量有效供给的共享发展。在以上两种创新模式下，产业园区的建设和运营将继续大有作为。但在肯定创新的同时，也需要总结经验和教训，防范和控制可能产生的风险与失误，努力以高水平的供给侧改革和定制化的结构优化方案，在各地积极、稳妥地推进引领创新的产业园区建设和运营。

# PPP 对新公共管理范式的超越
## ——基于公共服务供给治理视角的反思

原发表媒体:《学术界》2018 年第 12 期
作者： 贾康  欧纯智

党的十九大报告提出,"我国社会主要矛盾已经转化为人民日益增长的美好生活需要和不平衡不充分的发展之间的矛盾"。为了更好地优化供给结构,增加有效供给以满足人民的需要,在不增债、不增税的情况下扩大政府公共服务的供给,引入 PPP 似乎成为必然选择。政府吸收社会资本参与公共事务往往源于社会资本实现"多、快、好、省"地开展自身擅长的事务。术业有专攻,这一点毋庸置疑,社会资本有自身的资源优势和效率优势确实能在某些领域胜出,这使得参与 PPP 合作的各方都能从合作中提升自身的效用。

然而,PPP 机制并非完美无缺。首先,政府与社会资本在合作中分享权力、责任、权利、义务、风险、收益,而分享机制削弱了政府对公共决策的政治控制；其次,PPP 有可能引发政府自身治理问题,在一定程度上扭曲公共使命；最后,由于社会资本出资参与公共事务以求经济回报,而服务供给又偏离市场机制,所以公共服务供给可能由此偏离公共利益。由此来看,旨在遵守公共价值的 PPP 在实践中可能难以恪守公共价值。正因上述诸多问题的存在,PPP 模式自问世以来受到了不小的质疑。

众所周知，PPP 合作模式一直致力于构造新型合作伙伴关系，但在政府与社会资本之间以合同方式约定后，缺乏必要的法律支撑与保障，导致实践中乱象丛生。新公共管理（NPM）范式下，对 PPP 模式中的公共利益、公共责任、回应性等有关公共价值的讨论明显被忽视了，值得深入反思。将 PPP 视为私有化是不正确的，因为社会资本参与了公共服务的供给，不能否定公共利益至上。在 PPP 的相关规则中，应明确规定政府在寻求合作伙伴时遵循安全可靠、风险可控、符合公共价值的原则。社会资本的利益诉求可以通过公开、自愿负责，有法制化保障环境的投入产出来实现。

## 一、与 PPP 相关理论范式间的挑战与超越

### （一）新公共管理

与里根改革同步，肇始于撒切尔，后来波及英联邦等国的 20 世纪 80 年代英国政府改革在一定程度上影响了克林顿政府改革，后来被学者称为新公共管理运动，一方面将国有企业私有化；另一方面强调政府管理中的经济、效率和效益。新公共管理注重以市场或准市场的方式改造政府：注重专业性与责权匹配、设置绩效评估方法、强调结果而非过程、追求规模效益、促进竞争、企业家政府、顾客导向。新公共管理承继了传统公共行政效率和效益的价值观，延续政行二分与首长责任制的思想、联邦主义的分权思想、市场经济的私有化思想，关注绩效评估，管理主义导向，因强调责权一致而扩大管理权限。一言以蔽之，新公共管理范式可以使公共管理不受约束地向私营管理借鉴思想。然而，新公共管理在渊源上出自不同学派，在实践中被偷换概念，在逻辑上难以形成自洽。这是由于新公共管理带来了组织上的变化，公私部门界限模糊，文牍主义被逐渐削弱，以减少对自由裁量权的束缚，引入市场机制、促进

分权，主张高效的小政府主义以提升政府公信力。然而，过犹不及，为小政府而小政府、为私有化而私有化，完全不顾经济社会发展的实际需要，将使后续政府工作陷入被动。从实践来看，推崇新公共管理范式的新西兰与澳大利亚改革效果均欠佳。

新公共管理将对经济、效率、效益的追求置于公共管理价值观的优先位置，迎合西方自由主义的传统，强调个人利益最大化，将公共利益视为个人利益的简单叠加。即便每一个民众都是公共利益的组成者，每一个声音都是为了实现公共利益，但这种思想从本质上而言是错误的。功利主义哲学偷换了希腊人的公共观，将个体的效用或成本收益取代了为更大的善而治理的集体努力，似乎政府仅仅是为个体谋取福利。人们通过官僚化或科学的方法测定结果或后果作为判定效用的标准，这已毫无公共可言，公共成为原子化的个体集合，除了个人利益的简单相加，不存在任何公共利益。

公共利益源于公共价值的对话，是对民众诉求的回应，但并不是对所有人诉求回应的简单叠加。新公共管理理论作为治国理论难免会偏离公共利益，将治理带入歧途，公共利益与群体内的共同利益、多数人利益与少数人利益、强势群体利益与弱势群体利益之间往往存在冲突和矛盾，而弱势群体往往是强势群体利益的垫脚石。西方自由主义的民主实际是由利益集团在推动，其中的制衡机制越来越少。传统自由主义国家用代表道德制高点的议会来进行统治并对市场失灵进行矫正，然而，道德被腐蚀的利益集团所操纵的腐败如何被制衡？这一问题在 PPP 的实践中尤其需引起重视。

新公共管理理论虽然不够成熟，却恰逢其时，在欧美叱咤风云，引领政府改革 30 年。然而，经过反复实践后，该理论并不能成为治国理论，即便理性经济人假设确实拥有强大的分析力和解释力,但人类并非时时处处都是理性经济。人类的行为在没有外力作用的条件下,将完全基于人性的自发反应,尽管这种行为有时看上去理性,有时并不那么理性。因此,私利导向的新公共管理很难实现公共利益,尤其需要注意的是,该理论侵害了现代民主国家的人权、公平、正义等。

### (二)公共治理

对治理的讨论始于20世纪90年代的世界银行。当时,由其资助的一些发展中国家腐败、低效、专制,滥用世界银行的项目款项。但世界银行作为国际民间组织,不能直接干预他国内政,因而提出由民间组织参与协作治理,对政府行为进行监督和问责。世界银行推动治理与西方国家20世纪80年代倡导的小政府、分权、私有化、市场化改革恰好契合,西方政府大力削减公共支出、降低税收,使既往很多政府职能转移到社会。从英国的实践来看,新公共管理运动下的公用事业私有化改革表明,政府对PPP模式的融资优势更感兴趣,在一定程度上忽视了该模式的管理与治理功能。治理包括以下4个方面的内容:公共服务供给过程的参与者、公共服务供给目标、如何实现目标、如何决定政府的政治活动和实现政治目标。

西方发达国家已经将治理作为公共服务供给和公共政策制定的机制。当前,治理改革的逻辑已经超越传统公共行政,由于民众似乎正在失去对传统公共服务供给模式的信心,所以现代国家日益依赖公共服务供给的收益和产出以期获取统治的合法性,而非传统公共行政模式的供给过程,该过程被视为极端的繁文缛节、傲慢低效,以及缺乏回应性。传统公共行政自身无法洞悉自身的缺陷,也没有适时跟上社会的步伐,在这一过程中,社会的不断发育已经催生了一些新事物，形形色色的社会主体开始在治理方面承担更多责任。由此，将政府从大量低效的行政事务中解救出来成为可能。然而，在欠发达国家或处于转型期的国家，由于民众尚不能广泛参与公共事务，因此参与式治理不能取代传统官僚体制的层级制治理。但这并不足以证明传统治理模式不能被取代，只能说明政治配套条件尚未成熟。尽管民众参与式治理受政体所限，并没有在世界范围内广泛开花结果，但该治理模式的基本逻辑已在实践中得到广泛应用。

治理的价值导向并没有将公共服务供给的效率视为关注的焦点（尽管高效很重要，但这不是评判公共服务供给的决定性维度）。更确切地说，公共治理需要解决的是有关公共利益、公共责任、民众回应性等问题。有时这些问题无法靠政府的单独行动来解决。因此，似乎需要政府与其他组织，例如政府部门、私人企业、志愿者组织等开展广阔的合作。如果在公共治理的范式下重新思考 PPP 合作，那么既往受新公共管理范式束缚的 PPP 需要做出一定改变，以适应治理的需要，PPP 参与者作为利益相关者应以相互作用的方式共同影响战略。

### （三）善治追求引出 PPP 对新公共管理范式的挑战

PPP 伙伴关系是由个体组成的联合体，这些个体在集体行动中讨价还价、权衡取舍、妥协让步，在一定程度上不可避免地带来公共事务合作结构和合作进程的碎片化。合作者为了参与合作通常会牺牲部分独立性或放弃主权，由于缺乏明晰的责任主体，更缺乏让参与者以适当的方式负责的直接机制，集体负责的结果往往变成个体不必负责。以往，由于政府独家提供公共服务的过程中部门之间存在繁文缛节、文牍主义、职责模糊性等问题，为治理带来了一系列问题,以新公共管理范式倡导的私有化、服务外包、企业家政府等理论旨在化解上述问题,从而催生了 PPP 合作。然而,伙伴关系有可能在某种程度上缓解上述问题,却一定程度上在其他方面加重了另一些治理问题。由此,对 PPP 的问责和治理变得尤为尖锐。PPP 由新公共管理范式引发的治理问题应引起足够的重视和反思。

第一,为了不偏离公共价值,PPP 对社会资本的甄别与筛选极为重要,但却往往被忽视。对于财政资金尤为匮乏的地方政府来说,没有太多收益的公共服务或基础设施不够完善的欠发达地区,对社会资本的挑选有时没有太多余地,很难做到严格遴选社会资本,由于缺乏竞争,难以形成社会资本的准入门槛,因此进入的社会资本鱼龙混杂。此外,PPP 这种超长期锁定合作伙伴的机制在某种程度上掩盖或制造了反竞争行为,如卡特尔(由一系列生产类似产品的独立企业所构成的组织,集体行动的生产者,目的是提高该类产品价格和控制其产量)。政府只不过想通过授予社会资本作为垄断者的权利来提高政府的最大收入,但此类合作的结果可能会降低服务使用者的效用,对治理形成挑战。

第二,随着电子政务的不断兴起,政府与大数据、云计算、物联网技术企业的合作日益深入。这些高新技术在公共领域的应用使得政府实现了数据互联互通、网络实时监控、交通实时控制、服务型政府惠民办公等。然而,由于这些高科技企业的专业性和技术性很强,政府对此没有足够的经验,因此涉及的 PPP 合作风险更大,公共安全的防范问题对治理形成挑战。此外,如果从这些高新技术企业的角度来看,以商业机密为由或基于数据保护等拒绝向外界透露信息,将对治理形成另一种挑战。

第三,基层官员担心失去对 PPP 共同规则制定的全程管控。

这或许是政府一直都不愿与社会资本展开合作的重要原因。如今，在很多情况下，PPP 合作并非是政府有意为之，而是在财政资金捉襟见肘之下不得已而为之。此外，引入社会资本后，利润导向促使公共服务供给变得复杂和多元，而政府缺乏对商业模式的专业性引领与评判，对公共服务的交付验收及对服务是否偏离公共价值的判断成为治理需要面临的新挑战。

第四，基层公务人员担心失去对 PPP 共同规则执行的全程管控。由合作伙伴组成联合体 PPP 统领项目全周期，既往基层公务人员对工作的主导性被社会资本分享，权力不可避免地被削弱，公务人员可能会对此表现出一些消极的对抗。然而在合作中，部分公务人员或许会发现这种合作也会带来一些积极影响，无论是消极的对抗还是积极的合作，都会在一定程度对治理形成挑战。

第五，公共服务的使用者付费模式一直以来都存有较大争议。服务的使用者通常将以 PPP 方式提供公共服务视为政府与社会资本合伙牟利的一种方式，认为这种付费模式拒绝了那些没有能力付费的贫困人群和被边缘化的人群获得公共服务供给的权利。其实，服务的使用者并不关心谁是服务的提供者，由政府单独提供服务或引入社会资本共同提供服务并不是用户关注的重点，用户关注的是服务的价格和质量。即便社会资本参与公共服务供给的初衷是为了盈利，但毫无疑问，偏离公共价值的 PPP 合作将对治理形成挑战。

新公共管理范式下的 PPP 对治理形成的挑战敦促我们要知其然并知其所以然，溯源公私性质，探讨 PPP 伙伴关系合作。

## 二、公私对比与 PPP 伙伴关系分析

### （一）公私对比

历史表明，国家制度中公共部门与私营部门的合理配置与使用

决定着经济甚至国家的兴衰。而一国制度的设计和运行，不仅仅取决于该国的政治和经济生态，还取决于该国的历史文化传承和精英群体的意识和管理智慧。官僚政治和市场经济是控制国家政治经济活动的两种基本方法，官僚政治可以领导经济活动；相应地，自由市场的价格机制可以控制经济产品和资源配置决策。

从严格意义来说，政府、企业或社会组织，都是以追求自身效用作为存在的基础。政府的效用是公共利益，企业的效用是盈利，社会组织的效用是为某一特定事务或人群服务。它们的合作是为了实现"1+1+1>3"的效果。政府代表公，企业代表私，因此二者在管理和运行上存在本质区别。Rainey 在对有关组织的公私区分进行文献整理时发现，目前对于组织的公私划分尚未形成切实有效的方法。他认为政府与企业的区别主要在于以下 3 个方面：一是压力源方面，政府组织较少受到来自市场的压力，其更多是受法律的约束及政治的限制，而企业的压力主要源自市场和消费者；二是组织与外部互动方面，政府组织决策具有垄断性、强制性等特点，同时接受民众监督，回应民众诉求，而企业决策则依据市场方法，接受消费者监督，回应消费者诉求；三是管理机制方面，政府采用官僚制，部门具有多元性，管理程序繁杂，而企业则相对单一，程序较为简单。哈佛大学肯尼迪政府学院创始院长、知名国际关系学者格雷厄姆·艾利森认为，公共管理与私营管理在不重要的地方可能是相似的，而在所有重要和关键的地方都是不同的。

然而在现代社会，公私分野早不如过去那么明显。第二次世界大战时期，美国航空工业产品的 92% 由政府购买，直至 20 世纪 50 年代，海军飞行器需求才开始萎缩，航空企业减小生产规模，关闭生产线并转产。但就航空工业而言，公共性基本改变了传统的市场模式，传统意义上的私营企业随着时代的变迁早已不存在了。从本质上说，企业一定具有公共性，只是程度的多少。这也是美国学者波齐曼提出的经典观点："所有组织都是公共的"。公共性将政府与私营部门联结到一起，给政府与社会资本合作奠定了基础。他将政府与私营部门进行了详细对比，见表4-2。

表4-2 公私对比

| 类别 | 公共部门 | 私营部门 |
| --- | --- | --- |
| 个人感受 | 公务人员对组织认同度低、工作满意度低、对现有人事管理系统的奖优惩劣不抱有太大希望。支持功绩制，但不支持现有人事评价程序的主观随意 | 私营部门雇员对组织认同度高，工作满意度高，对现有人事管理系统的奖优惩劣充满信心 |
| 个人关注 | 公务人员关心公共责任和目标 | 私营部门雇员关注个人报酬 |
| 工作权限 | 政府要说服议员和上级政府以证明他们的计划是有价值并可行的。由于分工和利益的原因，公务人员决策权由中上层掌控。政府的一线管理者只拥有有限的人事权 | 私营部门决策管理和操作多在一线完成 |
| 人事管理 | 政府不必要的规则和章程代替了管理控制，限制了官僚的自主选择。《彭德尔顿法》发布后，文官制度开始注重官僚实绩、工作安全及个人权益 | 私营部门雇员享有一定的自主权，个人权益基本能够得到保障，业绩考核相对更公平 |
| 工作压力 | 政府受到外部监督决策的风险较大，影响工作节奏，很难做到深思熟虑。时间安排也和组织的政治周期相联系，带给政府追求快速绩效的压力 | 私营部门工作节奏受外界影响较小，压力也更小 |
| 工作风险 | 政府决定的目标比较广泛，也更重大，风险也相对较大 | 私营部门决策相对简单，风险也相对较小 |

通过以上对比，会发现公与私有很大不同。政府是目标多元且为公共利益服务的组织，而社会资本存在的逻辑是盈利，效率是其生命，由此不难理解政府与社会资本产出及产出方式的不同。通常，政府很难找到简单、有效的干预方式保证社会资本为公共利益服务。同样地，市场在有限竞争等局限之下为政府提供了公共服务供给的理由，但政府往往是低效的生产者，由公务人员之间互投赞成票造成的供给低效或无效等问题，无一例外地在一点点蚕食公共利益。显而易见，政府或社会资本作为公共服务供给的独立主体是存在缺陷的。因此，政府在弘扬公共利益的前提下，在适当参考市场效率的同时，与社会资本展开合作、优势互补、资源整合、发展民生，已经成为历史发展的选择。虽然，PPP 被普遍认为是可行的工具，但在应用的过程中也应对其持有谨慎态度，思考政府与社会资本能否真正合作，或者双方的利益冲突是否难以克服。盈利是社会资本参与 PPP 的终极目标，但只是政府实现社会结果的一个手段。它虽然契合当前的时代要求，但不得不承认，它仅仅是政府众多政策选择中一个比较现实的选择。政府与社会资本之间的本质差异及目标分歧使合作面临重重挑战，但波齐曼"所有组织都是公共的"的信仰最终将促成双方结成伙伴关系。

### （二）PPP 伙伴关系合作

自亚当·斯密时代以来，经济学家一直认为，用市场的方式配置资源最有效，即以潜在的社会资本降低成本、提升商品或服务质量的方式参与市场竞争。传统意义上，这种分析适用于市场机制，也适用于 20 世纪 80 年代以后新公共管理范式下的政府与社会资本合作。然而，使用新公共管理范式对公共服务供给的公共性问题进行经济学分析似乎有失偏颇，经济上的合意未必是政治上的合意，这是截然不同的两个评判维度。公共服务供给的公共价值旨在实现公共利益，往往不算经济账。因此，用新公共管理的价值尺度分析PPP合作往往会以经济上的合意掩盖政治上的不合意，使合作偏离公共价值。

政府的职责是满足民众福祉诉求，然而，有时为了满足民众福祉而偏离民众福祉，是为本末倒置。政府一定要有所作为，然而现实往往不那么配合，客观条件极有可能限制政府的供给能力，必须引入外援结成合作。由此，PPP将公共服务供给模式转向了准市场机制。需要注意的是，准市场机制不是市场机制，这意味着市场机制的很多优点PPP并不具备。PPP模式缺乏有效配置资源的功用，甚至无法实现优胜劣汰。例如，在限定的范围内，由于自然基础条件差使得某些PPP项目对社会资本的吸引力不大，而公共服务必须要提供，面对社会资本较为狭窄的挑选范围，政府除了接受再无选择，而在这种情况下所提供的公共服务往往是不尽如人意的。如果是市场机制，公共服务可能就会选择不提供或换一种方式提供。从上述分析可知，政府受多元目标所限，决策的自主性不如私营部门，且决策是否提供公共服务并不仅仅依据经济合意的维度，还要考虑其自身的职责所在。PPP模式由于引入社会资本，把既往政府不能提供的服务变为可能，而服务的合意与否值得商榷。由此看出，新公共管理范式下的PPP既不具备传统政府供给的公共价值导向（虽然在实践中往往会有偏差，但毫无疑问政府的独家供给一定会遵循公共价值），也不具备市场机制的诸多优势。

如果公共服务继续由政府独家供给，将会造成供给低效、不公正、无序、过度等诸多不合意。如果不走回头路（政府独家供给公共服务），那么公共服务供给彻底私有化是否可行？如果完全私有化,政府将以社会效率的方式向私人外包公共服务的提供者支付佣金。这虽然实现了市场化,但却扭曲了公共服务供给以公共利益为导向的初衷,显然更不符合公共价值。尽管 PPP 伙伴关系确实会对治理形成挑战,然而回到政府独家供给或向前一步实行私有化,似乎更不可取。毫无疑问,PPP 是优化公共服务供给的创新工具。传统官僚制侵蚀自由却不能被有效管束,市场的魅力格外耀眼却不能禁绝垄断。如何将官僚机制、市场机制和社会组织的非营利机制扬长避短地整合,使治理既实现公共利益、承担公共责任、回应民众诉求,还能满足经济、效率和效益的务实需要,是道阻且长的改革。新公共管理没有解决官僚制的低效问题,此前的新公共行政及此后的新公共服务提出道德理想也没有实现,如何设计出既符合公共价值又能为服务提供者及使用者共同接受的治理方式,吸引更多优秀的社会资本参与,是提升社会整体繁荣、富强、民主、文明、自由的关键。

### 三、公共治理范式下的 PPP 伙伴关系构建

在一个重视善治而非高效的公共服务供给体系下,对 PPP 的要求必然比在新公共管理范式下更高。在 PPP 试图解决不合意问题时,即便每个合作伙伴都能根据自身目标提高业绩,也不能以效率作为主要的评判维度而忽略其公共价值。公共服务供给的公共性决定了社会资本应同政府一道为改善不合意问题而承担起公共责任,改善公共服务供给,使其符合善治的标准,见表 4-3。

表 4-3　从治理的角度看伙伴关系（PPP 的善治标准）

| 治理原则 | 合同 | 伙伴关系 |
| --- | --- | --- |
| 责任 | 在预算和成本控制方面向服务的购买者进行说明 | 合作伙伴之间相互解释他们在所有问题上的行动和表现，并向其他利益相关者说明伙伴关系的总体表现 |
| 透明度 | 限制商业机密的范围 | 开放是建立信任的关键要素 |
| 道德和诚实的行为 | 工作人员必须在法律和职业行为规范内采取行动 | 合作伙伴必须积极寻求创新的方式，以提高这些原则的效用 |
| 平等和社会包容 | 一些社会资本或许致力于改善自身的社会责任记录 | 伙伴关系的核心价值在于伙伴被期望积极寻求创新的方式来改善绩效与原则 |
| 公平 | 群体内的每个成员都能得到一致的待遇，并按合同中规定的优先权来考虑不同参与者 | 政府主导下的平权合作 |
| 领导 | 在每个组织中确保良好的合同管理，即合同规范的及时、准确、高效 | PPP 的整体性 |
| 合作意愿和能力 | 与其他组织有价值但不重要的关系 | 在遵守公共价值的前提下，借鉴优胜劣汰的市场机制 |
| 可持续性 | 承包商必须证明符合合同政策和活动中规定的所有可持续性标准 | 合作伙伴必须不断寻求改善政策和活动可持续性的方法 |
| 回应性 | 成本意识和客户关注 | 公共利益、公共责任、回应性 |
| 民众参与 | 与民众及其他利益相关者协商 | 民众和其他利益相关者参与决策 |

第一，PPP 责任机制在一定程度上限制了政府与社会资本偏离公共利益的行为，敦促政府对社会资本的遴选更审慎，社会资本面对这种治理结构也会有更切实际的收益预期。PPP 并非堂而皇之地把本应属于政府的公共服务供给职责推给社会资本，PPP 虽然高效但并不意味着相比传统模式具有更低的预算，允许社会资本获得非暴利但可接受的收益。

第二，有关 PPP 透明度及道德诚实的要求将在一定程度上解决政府与社会资本的互信问题，从而进一步解决商业机密及政务公开的问题。在伙伴关系中，彼此必须实现公开透明的共享，互信会促使他们迅速、灵活地开展合作。

第三，PPP 有关的领导力与公平要求能够在一定程度上敦促政府与社会资本共同制定规则，对规则及标准的认同为后续的执行扫清障碍。伙伴们共同制定规划及合作当中的变更事项，以利益相关者之间的互动促进合作，强调公共行政的精神。

第四，PPP 机制的可持续性及伙伴间的合作意愿能够在一定程度上敦促基层公务人员与社会资本在共同规则下实现优质合作。目标和计划必须协调和集成，强调整体治理，每个合作伙伴应不断做出调整以适应目标和计划的执行，共同提供公共服务。

第五，PPP 民众参与机制及服务的回应性，可在一定程度上敦促以该模式提供的服务，从而更好地回应使用者的诉求。最终促成以 PPP 模式提供的公共服务能够弘扬公共利益、回归公共价值、实现善治。

公共治理观将 PPP 合作视为一个整体，以合作的方式提供公共服务，很难厘清某个合作伙伴的某个举动带来的某个结果，而是伙伴们共同努力创造资源整合优势。如果某个合作者过分计较自己为 PPP 合作所做的贡献，以及计算因此应获得多少好处，那么这种合作关系将岌岌可危。伙伴们应更多地思考如何合作才能帮助政府解决他们所共同面临的不合意问题，确保它们适用于复杂和动态的环境，共同遵守合同，并最终走向善治。

## 四、结论

由于 PPP 在新公共管理范式下受到诸多束缚，不难想象在未来的公共实践领域，它势必实现对新公共管理范式的超越，继续承担公共责任，更多地考虑公共治理优化。以盈利为导向的社会资本在 PPP 合作方面应由定制化的项目契约在法制化环境中体现"激励—约束"机制而内生地对其自身的社会责任给予更多重视。PPP 是基于相互信任的政府与社会资本的长期合作，合作各方以创新和富有想象力的方式对彼此需求做出承诺，必然是设计和交付公共价值的创新工具。目前，我们无法精细化地判断 PPP 对于这些正面效应的发挥、潜力的挖掘，以及善治目标的实现所能起到的作用有多大。近年来，国内实践层面对 PPP 的评价主要限于其运行效率及生成的治理成本，而往往缺乏对其实现公共利益、承担公共责任、回应民众诉求等公共价值的综合考量。未来，PPP 应超越新公共管理范式的局限性，在不懈的创新中推进和实现善治。

# PPP 在公共利益实现机制中的挑战与创新
## ——基于公共治理框架的视角

**原发表媒体:《当代财经》2017 年第 3 期**
**作者: 贾康 欧纯智**

工业革命开始后的城市化早期,由政府提供公共产品和服务,并进行公共工程、基础设施投资。从那时起,根深蒂固的公私分野基本上将社会资本排斥在外,折射出国家干预与市场机制分道扬镳的态势。随之而来的城镇化、老龄化等城市和社会问题凸显了社会应对机制在功能上远远落后于社会期待的现实。传统观念上,我们将政府视为征税者及公共产品和服务的唯一提供者,而随着时代的进步,现代政府承担的角色越来越多:刺激经济、激励并维护市场健康有序地竞争、提供就业、减少贫富差距等。在这样的大背景下,政府需要承担的支出责任越来越多,以传统方式提供公共服务往往不能有效回应民众需求,亟待社会资本参与其中。政府与社会资本合作的创新机制呼之欲出。

社会资本通过 PPP 投资公共服务,具有一些显而易见的相对优势,政府要利用私人部门的这些优势,探索新的能够自觉改进效率的制度供给,并借鉴更具市场回应性的私营部门管理模式。然而,就全局而言,PPP 的核心意义在于最大化公共利益并实现"共享发展"。确切地说,PPP 涉及一个介于管理概念与民主概念之间的权衡取舍与有机结合。它是管理机制,更是治理机制。政府与社会资本合作自有其哲理意蕴，从公共性维度看，所有的组织都是公共的。但 PPP 是分享或重新分配风险、成本、效益、资源和责任的管理机制，不是一般人所理解的单纯的跨部门参与和融资，它既涵盖又已超越了委托—代理这一契约关系，致力于以机制创新实现某种共同目标，意味着参与者可以通过协商缔结合作发挥 1+1>2、1+1+1>3 的资源整合优势。PPP 的表现形式具有对非公共部门主体让利的直观特征，但正是由于非公共部门的伙伴式参与，如处理得当，将带来"好事做实，实事做好""蛋糕做大"的正面效应，有望在共赢中有实现一种公共利益的增进式最大化。PPP 更是天然对接混合所有制改革和法治化制度建设的治理创新机制，它是从融资到管理再到治理的新型制度供给，特别是对于当代中国全面建成小康社会和实现"中国梦"的伟大目标，向纵深推进行政体制改革和全面依法治国，具有不容忽视的重大历史意义。

## 一、背景：新阶段的公共治理变革

中国自 1978 年进入改革开放过程后，虽已取得举世瞩目的成绩，但强政府弱市场、高能耗低产出的粗放型经济发展模式，已经积累了巨大的风险因素，这意味着中国经济正进入中高速增长的新阶段和新常态。其中，城镇化进行时、人口红利不再、老龄化社会、较高基数上投资报酬递减、工业化与后工业化两步并作一步走等社会问题，使得当前形势和治理局面变得更加复杂。政府与社会资本在基本公共服务供给方面的合作，标志着中国公共行政从管制走向合作治理，并归入党的十八届三中全会所凝练的治国施政核心理念——"国家治理体系和治理能力的现代化"。

当前，政府提供的公共产品和服务越来越难以满足日益增长的创新需求和不同形式的治理需求。尽管困难重重，各级政府依然要继续承担公共责任并有效满足民众诉求。民众天然地具有在不增税的前提下要求更多基本公共服务供给的诉求，这使政府陷入两难困境，即利用有限的资源提供更多的基本公共服务。在这种情况下，民众希望政府把钱都花在刀刃上，将效率提升到前所未有的高度，即少花钱多办事，其实这是所有现代经济体都会面临的压力，但尤以发展中的转轨国家为甚。为了摆脱官僚作风浓郁的刻板印象，重新树立政府的治理能力，保证社会资本健康有序发展，政府在诸多领域大力推进PPP创新成为一件顺理成章的事情。该机制在此前几十年被世界上多个经济体看作是一种克服财政支出压力、缓解社会矛盾的有效方案，同时也表达了政府对社会资本所寄予的希望。据发改委公告显示，2015年5月发布的PPP项目共计1043个，总投资1.97万亿元，项目范围涵盖水利设施、市政设施、交通设施、公共服务、资源环境等多个领域。2016年财政部PPP中心公布，当年6月底全国PPP入该中心项目的有9285个，涉及能源、交通、水利、生态环境、片区开发等19个行业，总投资额10.6万亿元。

PPP之所以得到政府的积极推行，首先源于引入社会资本能够有效缓解政府的财政约束，尤其当政府遭受较为沉重的债务负担时，PPP的应用会比以往更为普遍。1999—2015年，中国地方债务余额量值节节攀升，积极引入PPP是中国现实发展的需要，见图4-6。而即使未来财政资金压力得到有效缓解，也要继续推广PPP合作，因为PPP的优势并不仅仅局限于缓解财政紧张，该模式能够倒逼有效投资、对冲经济下行，促进中国治理改革创新，尤为重要的是，可以在法治化中增进公共利益，提升民众的获得感与幸福感。PPP由政府提供资本作为"引子钱"拉动社会资本，并通过与社会资本缔结契约的方式在法律保障下共同提供公共服务。

其实，纳税人对"谁"来提供公共产品和服务并不在意，其关心的是服务标准和质量。以前限于财政资金不足和政府独家提供等无法打破的桎梏，造成公用基础设施投入不足，或者勉强投入使用却遭遇质量不过关，服务不热情、不周到，导致各类使用问题的发生，让民众无法满意。PPP最大的正面效应，恰恰是使百姓得实惠、使政府公共服务供给绩效获得提升。政府投资的目标应当是以罗尔斯的正义原则"最小受惠者最大利益"的方式形成，特别是改善那些"最小受惠者"（低端弱势者）的福利，让他们切实地受益。唯有如此，公共资源的分配才能更快、更好地促进"中国梦"的实现。

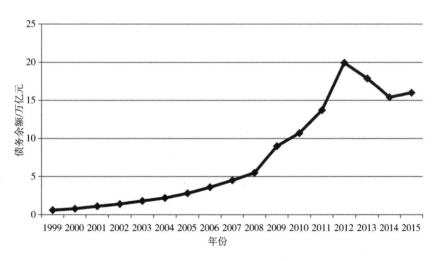

图4-6　1999—2015年债务余额量值演变情况

数据来源：1999—2010年数据来自贾康等所著《全面深化财税体制改革之路》一书，2011—2015年数据来自网络。

## 二、PPP对公共治理框架的创新式挑战

PPP的初衷是美好的，它基于以下5种假设前提：第一，社会

资本以 PPP 的方式提供公共服务有利于提升效率、改进服务质量；第二，PPP 已经将与收益对应的一部分风险从政府转移到社会资本；第三，社会资本的优势可以应用到公共项目当中，而政府可以公开透明；第四，政府有能力维持充满竞争性的紧张局势，杜绝唯一竞标人的情况出现；第五，公私合约与既定政策兼容且稳定不变，合约可以在法治保障和公众监督约束之下有效执行。

而实际情况有可能是：第一，社会资本以 PPP 的方式提供公共服务确实在一定程度上可以提升效率、改进服务质量，然而不能很好地兼顾公平正义；第二，政府向社会资本转移的风险不足，风险不能与收益相对应，如此往往会导致社会资本不负责任；第三，由于受政策压力及商业机密等因素制约，社会资本的优势不能完全应用到公共项目当中，政府无法完全公开透明；第四，政府没有能力维持充满竞争性的紧张局势，唯一投标者找来规定数目的社会资本进行围标，提高竞标价格，以高出市场价格的竞标价获得项目，导致风险与收益的匹配性下降；第五，合约由于受政策变化影响，并不具备稳定性，有时出现争端需要仲裁和问责，而由于仲裁和问责机制缺少法治化环境条件的匹配，合作方即使对簿公堂也往往不得善终、一地鸡毛。显然，PPP 将导致对既往公共治理框架的创新式挑战，以及由创新带来的风险防范考验。更确切地说，PPP 涉及一个介于管理概念（如效率、优化）与民主概念（如公平正义、公共利益）之间的权衡取舍与有机结合的创新问题。

由多人共享、向受益人融资的物品和劳务具有潜在的效率，但社会上的受益者将以怎样的集体方式或政治程序将自己组织起来，以便从集体行动中获得真正的公共利益，同时确切地使自己免受损害呢？本部分旨在围绕中国的 PPP 模式探讨一些现实问题。5 个特定的主题组成分析框架如下：效率、风险、复杂性（变数）、问责、治理。

**（一）基本公共服务供给重效率但不唯直接效率，公众参与有利于提高综合效率**

政府与私营部门是存在差异的，这种差异导致私营部门的效率更高，但这种效率很大程度上并不是源于组织形式，而是源于目标的单纯。如果定期给公务人员分派任务，让他们用"商业方法"改善行政效率，这意味着误解了行政效率这个概念。在许多情况下，需要让政府做事的原因之一，恰恰是我们并不想让某些政府行为简单地按利润最大化的方式运行。如果政府想追求所谓的效率，他们能够成功地用谋利的方式来经营自己。我们知道，政府赋予自己一种垄断地位便会使谋利来得更容易。从这一视角看政府的这类低效，恰恰是其公共性的天然属性决定的。社会资本通常被认为比政府具有更高效的管理，这一点也普遍被视为政府引入PPP旨在提高效率和有效性的重要着眼点。然而，外包及公私之间较之以往更频繁的交互安排，也容易显著降低政府的监督管理能力，而该能力正是为了确保回应民众关于公共利益更为宽广的、更多战略视角的诉求。笔者认为有必要从全局根本层面上进一步明确PPP"为谁提供服务"的问题，以及如何从多维的角度平衡和整合公私部门之间的效益、效率和效能。

以PPP的方式提供公共服务并非没有争议，争议的焦点围绕着是否真正需要将公共服务外包给社会资本。那么，政府期望PPP为纳税人节约成本和效率是否可行？长期的PPP是否会锁定政府的安排并限制政府的灵活性？就中国既往的一些PPP案例来看，政府治理并未因此获得所期望的成功，甚至治理风险有所增加。已有的 PPP 大都是政府和社会资本之间的契约缔结，独立第三方中介咨询往往参与不足，更缺乏民众参与，公务人员出于政绩考虑，可能只关注 GDP 的增长而非公共利益，这就使得政府以招商引资为工作导向，努力推进项目建设，缺乏合理的全面战略布局，不少失败案例皆由此导致。

不容否认的是，PPP 确实能够在某些领域提升直接效率，但是那些不能立刻见效并获得收益的领域，或许更值得关注，实际运行也在印证该模式并非适合所有领域。比如，将基本公共服务供给外包给通过用户收费收回成本的私人供应商，一些评论家就此表达疑虑，认为这种模式的 PPP 拒绝了那些不能付费的穷人和被边缘化的人获得基本公共服务供给的权利。此外，资产负债表的收益与成本也可能误导企业缺乏从过去的合作总结经验、教训的责任意识。更为严重的是，它将腐蚀民众的责任感，甚至可能出现牺牲多数人利益而使少数人获益的政策安排，无法保障民主授权。如果以公共利益作为社会综合效率的评判维度，那么显然这种类型的 PPP 案例是低效的或无效的。

PPP 的效率极大地受制于政治支持。很明显，PPP 作为一种公共政策与当地的政治环境有着直接关系。如果没有必要的政治支持，则项目得不到及时的审批和批复。此外，政府固有的繁文缛节和当地民众的抵制，都会成为导致效率低下的原因，而当地政府的必要支持将吸引更多投资者，可能会使项目的运转更具效率。在政治支持不强的管辖区，投资者会对政治风险望而却步，不愿在这样的环境中与政府展开合作。民众对项目的接受和理解也会影响项目的进展，项目初始阶段的民众支持可以减少延误，而项目后期的运行当中也不会因为受到民众投诉压力而中断，反之则反是。天津市双港垃圾焚烧项目可以证明以上观点，由于没有得到民众的支持，该项目的进展步履维艰，当地政府曾提供许多激励措施引进项目，并承诺如果收益不足，政府将给予补贴，但对补贴标准却没有明确定义。2012年，政府财政补贴不足5800万元，仅占公司主营业务收入的1.25%，公司运行难以为继。政府由早期的"越位"转变为后期的"缺位"，从而引发信任危机。民众的抵制加之政府的有限支持使得企业进退维谷。从原理上说，PPP天然地具有被民众接受的优势，比如项目可以吸纳当地人就业，然而本例中民众的抵制导致该项目数度搁浅，磕磕绊绊。这表明了当地民众对项目的了解和参与还不够充分，项目的优化没有到位。而积极和充分的阳光化、民主化及民众参与可以化解这些矛盾，使PPP项目得到更多民众的支持，从而使其更具效率。实现公共利益是PPP的初衷，而真正符合公共利益的PPP项目在有充分民众知情和参与的情况下必然不会遭到民众的反对。所以，民众参与基础上的政治支持是决定投资者信心、提高PPP综合效率的关键。

**（二）公私风险分担应是理想化目标取向下正和博弈和专业化方案的探索**

PPP是一种新生事物，中国政府与社会资本在普遍缺乏经验的情况下参与其中，在实践当中遇到诸多实际问题，有的项目遇到较大问题甚至宣告合作失败。与其他投资项目一样，在PPP模式下，政府与社会资本都会不可避免地面临风险，而各方面临的风险不同，并不是一纸合同就能够完全约定。

从企业面临风险的角度来看，参与PPP的外资企业、跨国公司在全球竞争中，不仅面临经济约束，更要面临由于政府的介入而形成的政治约束。PPP项目涉及的政策较多，由于中国尚处于起步阶段，相关法规政策有待进一步完善。此外，政府具有极其多元、复杂的目标，并且拥有广泛的资源及政治权威，这将在一定程度上增加PPP合同执行和修改的不确定性，很容易出现前后政策不一致的风险。例如，上海延安东路隧道项目由于政府政策变化，项目公司被迫与政府就投资回报率重新谈判，最后以政府收购告终。在国际投融建的模式中，再也没有比东道国政府将跨国公司财产和分支机构国有化更能引起争议和投资恐慌了。延安东路隧道项目中的收购就是东道国政府将外国投资国有化的一种方式，尽管本例中政府收购的初衷是为了收拾残局，但又衍生一个新问题，即政府应该以怎样的价格收购。如果收购价格高于项目的实际价格就会涉及国有资产流失，甚至会有腐败寻租隐含其中，而国有资产流失的买单人是纳税人；如果收购价格低于项目的实际价格，那么企业将面临投资失败，这会在一定程度上挫伤外资来华投资的积极性，不利于中国开放型经济的健康发展。表面上看，我们似乎以较小的代价获得了较大收益；从长远来看，如果经济发展不好，最终挫伤的还是公共利益。所以，在合作共赢的理想化目标取向下，建立健全寻求共赢的PPP风险评估机制，是一种必备的谈判（博弈）任务。项目执行过程中，风险一旦发生，对于各个合作方来说，以最专业的方式寻求解决办法是规避损失最有效的途径。政治风险往往比经济风险对企业造成的伤害更大，而评估机制和预案设计也可以力求将政治风险进行经济量化，并将风险处置预案机制化，尽量让合作各方的损失降到最低。

从政府面临风险的角度来看，PPP模式的本质内涵将适合由企业应对的那些风险因素转移到企业部门从而提升绩效，然而，这种风险转移也存在争议。就经济角度而言，有些公共服务是资本密集型的，并不能从收费中筹足必要的收入。以北京地铁 4 号线为例，在 2015 年涨价以前，与北京其他轨道交通线路一样，实行全程票价 2 元的低价票制，而根据《城市轨道交通成本构成分析》可知，2 元的票价难以覆盖 4 号线的运营成本，更谈不上盈利。为保证京港公司的盈利，财政对票价进行补贴以吸引社会资本参与其中，该项补偿每年约 6 亿～7 亿元。如果没有政府财政补贴，可能的情况将是这类资本密集型公共服务如果想在合同期内收回全部成本就会提高票价，这样做会使该线路拒绝为支付不起票价的民众提供基本公共服务。正是由于这些现实中的政治考量，才使得北京地铁 4 号线由公共财政进行补贴，为民众提供基本的公共交通服务。北京地铁 4 号线总体上可以说是 PPP 的成功案例，开始阶段由于政治因素，政府除了参与并补贴之外别无选择，但以后迫于种种压力，经过听证会程序与广泛宣传，终于推出了北京地铁票价提升方案，在风险的分担上形成了更易于各方接受的平衡点。PPP 的核心本质之一，是社会资本在获得适当奖励回报的同时承担相应的风险，社会资本方应该具有合理的心理预期，即失败也会赔本，成功则会有"非暴利而可接受"的利润入账。如果社会资本没有运行好，也不能指望纳税人买单。事实上，基本公共服务供给不允许失败的要求意味着日益多元化的治理机制的民主成本，将包含人们常说的"不算经济账"，这虽然在长期内杜绝了短视化与局部化的局限性，但企业可能并没有承担与收益相匹配的风险。所以，风险评估与防范、分担机制在充分照顾各方利益的同时，一定要以专业化的高水准和可行的动态优化调整机制，使合作各方的共同利益平衡点更趋向于综合意义上的公共利益。

### (三) 公私长期合作面临变数

当前，政府以市场化方式提供公共服务的模式挑战了传统公共价值观。方兴未艾的 PPP 合作模式被寄予更多社会治理改革创新的希望。决策层大力推行 PPP 作为治理创新的工具，反映了各级政府所应承担角色的重新评价与定位，并就此做出相应变革。PPP 把政府与社会资本的技术优势与资源加以整合，以民主法治为前提，允许社会资本受合理适度的自利驱动，由公共政策引导非政府资源进入符合公共利益的轨道上来。这一前景颇为诱人，不仅是因为它符合以市场机制为导向的传统社会价值观，也向我们展示了这样一种场景：积极调动社会资本的积极性，使其参与社会治理，为社会治理问题找到恰当的解决办法。

但不难想象，在未来的运行中，有关 PPP 的合同纠纷仍将层出不穷。就目前而言，已设的仲裁机构一般尚不具备相应的能力来仲裁 PPP 模式下极具专业性的纠纷，需要尽快提升其仲裁水平与功能。

PPP 还会涉及政策稳定性问题。政治承诺对于 PPP 的可持续性十分重要，政府政策缺乏连贯性将导致项目的重复谈判、诉诸法律或提前终结。很多项目的时间跨度在 15~30 年，甚至更长，这将使合同可能会遭遇未来政府不共享上届政府政策目标的困境，或者面临政策或市场环境的调整与变化。泉州刺桐大桥建设之初，原有的另一条泉州大桥的收费权归为省内，但当刺桐大桥建成后不久，泉州大桥的收费权也下放到了泉州市，新旧两桥并行相隔数百米，每年近亿元的车辆过桥费在事实上形成了市政府与民资争利的格局，导致出现"泉州刺桐大桥连不上高速路"的怪相，而实际情况是泉州市政府方面有意不让刺桐大桥连通高速路。在青岛威立雅污水处理项目中,当地政府对 PPP 的理解有限,导致合同谈判历时较长。此外,由于政府没有深入了解污水处理市场的运行机制,合同签约价格远高于市场价格,使得项目尚处于初始运行阶段,政府就单方面撕毁合同,要求重新谈判以降低承诺价格。在本案例中,显然政府是具有优势的一方,尽管政府重新谈判的价格更贴近市场价格,然而令人遗憾的是,这还是不可避免地为后续参与 PPP 合作的社会资本方带来政府信用低下的预期,不利于未来持续开展健康的政府与社会资本合作。此外,政府导向的政策变化一旦涉及重新谈判,冗长的时间和昂贵的成本成为必然。PPP 合同经常涉及与各式各样的利益相关者进行复杂的谈判,在廉江中法供水厂项目中,供水量 6 万立方米与用水量 2 万立方米成了不可调和的矛盾,旷日持久的谈判使得当初的合同水价偏离市场价格,现实情况造成企业无法履行合同,该水厂被迫闲置,继续合同对公司而言没有任何经济意义。发生这类问题时,追究各方责任成为一个新问题,每一方都会想尽办法推卸责任。

构建 PPP 的仲裁机制是必然的发展趋势,虽然作为事后补救机制,它无法减少 PPP 纠纷,但会在一定程度上改善政府与社会资本合作的预期,使"推卸责任"变得比以往更困难。

**(四) 问责可以敦促公私合作谨慎负责**

当前,PPP 项目已经出现了几个由于缺乏问责机制导致的失败案例,包括武汉汤逊湖污水处理厂项目、杭州湾跨海大桥项目、鑫远闽江四桥项目、山东中华发电项目、北京第十水厂项目。每个案例都警示我们,制订明确、清晰的问责机制是非常必要的。

中国幅员辽阔,各地域的情况千差万别,由于地域差异或行政隶属层级差异导致价值观和政策无法共享、伙伴间紧张的冲突不可避免。以鑫远闽江四桥项目为例，1997年，福州市政府为吸引外资，向外商盲目承诺根本无法兑现的优惠条件，以PPP方式修建鑫远闽江四桥。2002年9月10日，国务院为制止盲目吸引外资的行为下发《国务院办公厅关于妥善处理现有保证外方投资固定回报项目有关问题的通知》，要求各地政府对固定回报投资项目进行清理和妥善处理。2004年，福州鑫远城市桥梁有限公司因数亿元投资血本无归，向中国国际经济贸易仲裁委员会提出仲裁申请，要求受理其由于政府违约与福州市政府之间高达9亿元的合同纠纷。该事件使福州市政府陷入两难境地，如果兑现承诺，福州市政府将支付巨额补偿并违背国务院发布的新政策；如果不兑现承诺，政府信用将遭到严重损害，这在无形之中造成了问责困惑。PPP的基本逻辑是"利益共享、风险共担"，由于当年国内基础设施建设落后，财政资金远不能满足建设需求，为引进外资，不少项目设置了15%的回报率承诺，国务院的"及时叫停"无疑是在维护PPP的基本逻辑。然而，其规定是否适当同样是值得思考的问题——这涉及上文讨论的风险转移问题，会对未来的社会资本参与PPP造成阻碍。对于此种情况，明智的做法是问责并伴之以中期调整而非终止合同。令人遗憾的是，我们只看到终止合同而未看到问责。

PPP将是经济新常态下混合所有制改革的具体实践，与之相对应的问责机制应与时俱进。PPP的发展有望提供一种新型的责任机制及一定程度的民主潜力，为问责创造新的机遇，也为公众参与治理提供一种渠道。正是由于PPP改变了政府提供公共服务的传统模式，公众、社会资本、第三方独立的中介咨询都在这个过程中参与公共领域，带来了扩展公众参与的客观需要和现实压力。只有公众监督真正参与到PPP当中，才能使问责机制更好地发挥防范腐败、渎职等作用，才能引导 PPP 主动实现公共利益。

20 世纪 90 年代末以来，中国逐步推进行政体制改革，由管理型政府转向服务型政府，将基本公共服务供给职能以公开招标的形式转移给社会资本，这也是 PPP 的对接机制。政府由此完成从基本公共服务的提供者到监督者的身份转换。在政府的引导下，社会组织持续稳定地提供质量有保障的基本公共服务，这项改革在一定程度上使社会资本在公众参与的阳光化环境中承担了相应的公共责任，如果运用得当，PPP 可以在一定程度上促进服务型政府的公开透明。

**（五）治理优化和基本公共服务供给的未来**

基层财政困难问题在 1994 年分税制改革后逐渐凸显，于 2000 年前后以矛盾爆发的形式集中反映出来。1995 年，全国 2159 个县级财政中，有赤字的仅为 132 个，占比 6.1%；至 1999 年，全国 2030 个县级单位中，有赤字的达到 706 个，财政补贴县 914 个，两者共计 1620 个，占比达到 80%以上。而公共服务的水平取决于财政支持，"巧妇难为无米之炊"。事实上，如果政府提供的基本公共服务供给标准不能与可获得的财政资源相匹配，那么纳税人会质疑，这会进一步挫伤纳税人的纳税遵从，在一定程度上导致政府更大的财政压力，以及用于基本公共服务供给方面的更有限的可支配资源。民众想在不增税的前提下要求政府改善基本公共服务供给，使政府除了充分探索 PPP 的潜在效率节约之外别无选择。尽管有一些 PPP 的失败案例，却并未阻止也不应阻止该合作模式参与更多的公共服务领域。而财政支持下的 PPP 能否取得预期效果，又是另一个值得关注的问题，它与整个治理体系的改革息息相关。加强和创新社会治理变革，提升治理绩效、改善民生，迫切需要机制和观念的转变和创新。

PPP逐步推广到曾经被视为政府传统核心服务的公共工程领域（例如水利设施、市政设施、交通设施、资源环境等基本公共服务支撑条件），它可能会成为一种主流的治理工具，这在一定程度上引发了关于政府、社会资本在参与基本公共服务供给过程中所应承担角色的深化讨论。政府必须严肃地面对而不是回避有关政府与社会、市场的角色与责任的基本问题。市场作用不可忽视，应该加强并尊重市场的调节规律，在处理"市场失灵"时政府应实施较以往更为合理和有力的措施，并避免在干预市场的同时出现"政府失灵"的情况。官僚机构的繁文缛节及效率低下使得治理改革势在必行，然而市场不能完全取代政府，市场离开政府必要调控将会陷入失灵困扰。治理变革的政治风险告诉我们，在操作层面上也许只有PPP才是有价值且可行的改革，这也是当前国有企业改革按混合所有制轨道发展的良机，尽管当下这种重建和改革仍显得任重道远、步履维艰。

实际生活中，政府的角色错位使其需要重新进行身份定位，它既是政策的制定者又是政策的执行者、既是基本公共服务的出资人又是基本公共服务的融资者、既是项目的合作方又是合同纠纷的调解人，而各级政府责任意味着国家将继续以最小的成本尽最大的可能承担民众要求的广泛而多种多样的职能。那么，政府应在哪些重要领域有所作为，并在财政开支有限的情况下最大可能地提供基本公共服务呢？

近年来交通运输业领域的财政投入增长比例明显大于全年财政收入的增长比例，充分显示出基础设施建设需求强劲，而PPP有利于那些大型且超长期建设的基础设施，见图4-7。教育领域的财政投入增长比例在 2011—2012 年与财政收入的增长比例尚属匹配，而 2013—2014 年急剧下降，2015 年与财政收入的增长比例持平，这并不意味着 2013 年和 2014 年教育投入已经足够，而是在现有财政资源有限，而其他领域对财政投入的需求更紧迫的情况下所做的权宜之举，2015 年则及时做出了调整。医疗卫生支出领域的财政投入增长比例与全年财政收入的增长比例基本相当，而中国正进入老龄化阶段，当前 60 岁以上人口为 2.1 亿，占人口总数的 15.5%，根据预测，2020 年 60 岁以上人口占比将达到 19.3%，2050 年将达到 38.6%。在不远的将来，医疗卫生支出需求将呈现爆发式增长，公共医疗问题不可小觑，在医疗卫生领域适当推进 PPP 势在必行。

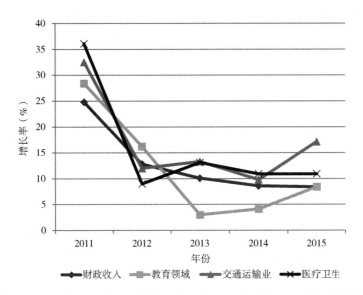

图 4-7　2011—2015 年中国财政收入及教育、交通运输、医疗卫生领域支出增长率变化

数据来源：《中国财政》杂志。

就政策前瞻性而言，引进PPP可以满足国内大型基础设施的建设需求、弥补当前教育投入的不足、改善基本公共医疗服务，满足老龄化社会对公共医疗服务的需求。额外引入的社会资本应该可以显著改善民众认可的服务标准，并以此重建政府的公信力。面对经济新常态，政府虽然反复强调加快改革步伐，但依然步履维艰，政府根深蒂固的利益固化藩篱虽被削弱但依旧存在。若干年后，如果虽有财政资金与社会资本持续投入，而相关的配套改革和制度体系建设不能如愿跟进，民众认为有些基本公共服务仍不能很好地提供，则意味着公共支出增加却产生相对较低的输出，或将引起重大的政治反弹。因此，PPP作为一种制度创新，形成全套现代化公共治理的有效制度供给是其灵魂与关键。

PPP挑战了中国传统的核心政治原则，承诺普遍均等的基本公共服务供给并在某些核心公共服务领域拒绝盈利。PPP机制已经将关注的焦点转为社会资本和消费者之间的市场供需关系，而并非形式上更为宽广的公共利益，这是由另一套不相容的价值框架即新公共管理造成的。公共利益容易被伪PPP或劣质PPP极大地忽视或弱化，如果政府不针对PPP的失败案例及公共价值空心化现象做出去伪存真、动态优化的调整，将对国家的治理能力和民主运行机制产生长久的不良影响。

### 三、实现公共利益是政府与社会资本合作的核心要旨

远在氏族社会的原始时代，就有公共利益的概念，当时的公共利益指氏族成员之间的共同利益。在古希腊和古罗马，公共利益的范围得到进一步扩大，扩展到了城邦和贵族集团。近代先哲又陆续强调公共利益的概念，洛克的"共同体"、亚当·斯密的"共同体下的市场经济"等，都是当代民主社会实现公共利益的社会基础。

众所周知，弘扬公共利益已成为社会治理的第一要旨。公共利益可以简单地理解为让最广大的百姓得实惠，并且是满意和可持续的。在政府的制度建设引导下，社会组织和私营部门可助益于持续稳定地提供质量有保障的公共产品和服务，PPP在一定程度上使社会资本从在商言商的立场出发而承担相应的公共责任，这不仅仅是社会治理变革，更是社会治理创新。

然而，PPP存在两个固有的政治悖论不容忽视。第一，过去政府所独有的公共工程建设权利与义务如今已经与社会资本共同分享，这样做在一定程度上削弱了政府的直接控制力。然而，存在即合理，这引出了政府作为合作伙伴一方的权利问题。值得探讨的是公共利益更依赖于市场还是"不算经济账"的政府。市场失灵理论告诉我们，即使市场在外力控制下完美运作，仍可能产生缺陷性后果，如宏观经济失衡、厂商逐利行为导致的短期行为、收入分配不公及外部负效应等，也就是说，市场也并不是完全靠得住。

第二，政府的法治化改革包括提高政府的开放度、透明度和强化其问责制，然而PPP在合作的过程中也会由其他一些因素冲击这些规则，如私营部门的商业机密会限制开放、政府的很多正式和非正式规则会在一定程度上抵制或破坏透明度。而伙伴间关系脆弱是问责制最大的掣肘，这也引申出了一个更基本的问题：如果不能对PPP进行有效监督和管理，其为民众提供公共利益的合法性从何而来？PPP的参与机制、评估机制、仲裁机制和问责机制总体而言在中国尚属试水期，参与机制可以提高PPP的效率，评估机制可以量化合作各方的风险和收益，仲裁机制使合作各方的权益得到有效确认而引导纠纷的解决，问责机制使合作各方都能更好地承担相应的责任，这些在一定程度上可以帮助合作各方规避风险，但前提是参与机制、评估机制、仲裁机制和问责机制不能抑制 PPP 的灵活性和必要的自由度。虽然用民主的方式调和 PPP 的内在矛盾在初期会带来更多的问题，但尽管如此，民主的视角依然不能被效率的视角完全取代，PPP 的核心本质是社会资本参与基本公共服务供给以实现公共利益的长效机制。

就目前看，有关基本公共服务供给的效率节约及与收益相匹配的风险转移等元素，由于参与机制、评估机制、仲裁机制和问责机制的缺失，意味着一部分 PPP 项目在不远的未来可能会带来无法准确预期的重大成本。这一预警意味着：首先，需要对 PPP 进行广泛而审慎的研究和分析，具体、准确地找出适合 PPP 的合理性原因，区分哪些领域适合而哪些领域不适合。其次，由政府原因造成的 PPP 失败案例及由此衍生的公共信任危机，使得严格把关成为大力推进 PPP 的必要前提。这些把关措施包括风险与收益的匹配、均平与效率的权衡、责任与义务的分担、政府与社会资本目标的融合程度的达标等。这些对应变量之间的权衡取舍通常被描绘为一个零和博弈关系，其中一个变量的增加（如风险）必然会带来另一个变量的减少（如收益）。可以这样理解，政府在沿"增进式"公共利益最大化轨道上推进 PPP 时要做出与合作伙伴博弈中的权衡，并综合、优先地考虑那些符合公共价值的元素。实际上，如果设计合理，这些变量之间可以是正和博弈。PPP 对于实质性地转变政府职能、优化政府行为和全面推进法治化，不啻是一种倒逼机制。PPP 的发展，对法治、契约和上述所有相关营商文明的培育，都将是一种催化剂，对于降低交易成本、鼓励长期行为和促进社会和谐进步，具有国家治理现代化和包容性发展层面的全局意义。

## 四、 结论

未来，我们面临的主要挑战在于监督 PPP 的参与机制、评估机制、仲裁机制和问责机制，以及司法作为最终解决机制（责任在法律形式上的认定需要完成全部的司法程序）是如何被正确无误地设计出来的。因此，将 PPP 引入基本公共服务供给领域，无疑是一个极具争议性和潜在风险的政治举措，而推行 PPP 恰恰是政府在现有财政难以满足民众对基本公共服务需求的现实情况下的积极举措，这一事实使政府绝难放弃 PPP 作为一项有关基本公共服务供给的代表性制度创新任务。建议政府在越来越多的相关制度规则与政策领域，致力于促进 PPP 在法治化轨道上的有序进行，对 PPP 在民主法治框架下实现公共利益的政治考量予以高度重视。如果忽视这些政治元素，那么这种举措的长期结果也许会隐患无穷、事与愿违。尽管 PPP 的运行可能如履薄冰，面临纠结与暗礁，我们需要在总结前人经验教训的基础上，在创新中以开放的胸襟和优化公共治理的全面努力，来发展和推进 PPP，将其作为供给侧结构性改革的一个重要组成部分。

# 以PPP创新破解基本公共服务的传统筹资融资掣肘

原发表媒体：《经济与管理研究》 2017年第4期
作者： 贾康　欧纯智

　　基本公共服务指一定阶段内公共服务应覆盖的最小范围和边界。它需要建立在一定社会共识基础之上而趋向于均等化。基于一国经济社会的发展阶段和总体水平，无论民众的种族、收入和社会层级差距如何，原则上都应公平、普遍地享受这种基本托底的公共服务。这种均等化的内在要求，不是相关公共资金支持下人均数额指标的趋于均等化，必然、也必须是使用价值形态的教育、医疗等服务供给数量与质量的趋于均等化（当然只能渐进追求）。我们判断一项服务是否是公共服务，并不只看该服务的提供是否由公共政策决定部门直接办理，或者是仅由政府通过公共财政开支。同理，基本公共服务的公共性属性，不是只由它的提供方式，即政府提供还是企业或私人提供决定的，而是由该服务的使用（受益）者是否可以接受一视同仁的公共福利供给所决定的，这种供给所涉及的公共服务内容较多，主要有3个方面：一是保障人类基本生存权的基本就业服务及基本养老和基本住房保障；二是满足基本发展权需要的义务教育和文化服务；三是满足基本健康需要的公共卫生和基本医疗保障。

　　此外，影响公共服务供给优化的因素很多，需把视野扩展至非政府的多元主体方面，并考虑补贴、再分配等经济杠杆式的机制。我国既往的基本公共服务供给模式，是单一地由财政资金支付，在这样的模式下，政府供给的质量、数量和效率多有不如人意之处。

基本公共服务供给是政府担责的社会治理的重要组成部分，需要持续、稳定的资金作为支撑。如果地方财政收入高且负债低，那么可用于公共服务的资金就较为充裕，公共服务的供给数量和质量通常会有所提高。传统上，我国政府在公共服务供给方面一直居于主导地位，然而，一些不尽如人意的问题也不容忽视。

一方面，以税收方式筹资支付基本公共服务经常由于资金紧张导致供给不足，而以政府债务方式融资支付基本公共服务往往导致代际负担不公。

另一方面，财政拨付往往无序，纵向来看，上级政府与下级政府之间权责不清晰，信息不对称，上级政府很难了解下级政府的真实需求；横向来看，我国幅员辽阔，区域间差异较大，地方政府间人为创造必需的竞争现象可能加大区域差异和不平等，地域间的基本公共服务很难走向均等化。从中央到地方，政府"心有余而力不足"的矛盾长期存在，我国在2010年进入中等收入阶段后，民众的公共服务需求进一步被激活，实现充足、公平、均等的基本公共服务供给的社会压力升级，必须在供给机制上取得创新。现阶段，高税费负担下的"企业出走"、政府债的居高不下、地方财政的可持续状态恶化等问题，无不敦促政府拓宽传统筹资和融资渠道。随着政府公共职能的进一步扩张，基本公共服务供给客观上更加多元，财政支出将随之增长，加之增税空间几近于无，政府债务压力与风险问题凸显。截至2015年年末，我国地方政府债务余额达到16万亿元。未来的一段时期内，如果单纯依靠财政资金供给公共服务，那么其供给能力的不足显而易见，公共服务供给不如人意的地方更难以得到有效改善。社会的不断发展对国家治理提出更高要求，催生了公共服务的多元需求，从"托底"事项入手重视和满足民众的诉求，是公共服务更具回应性的有效表达。以上种种现实因素倒逼我国地方政府治理模式转变，基本公共服务供给体系与制度机制亟待改革。在此背景下，PPP项目建设如雨后春笋，分布在各地的相关行业。2015—2018年，中国如果把公共部门负债率同口径提高到50%左右，可增加的公共部门资金规模将达6.5万亿~7万亿元，更重要的是可以结合PPP，较好地拉动民间资本跟进发挥乘数效应。

## 一、地方政府的传统筹资、融资及拨付方式成为基本公共服务供给的掣肘

对于非竞争性的基本公共服务而言，排他是不可取的，否则将导致消费不足；然而如果没有排他，又会导致衍生供给不足。过去，一些非排他性的公共服务供给无法通过价格体系分配，因而竞争性市场不能带来帕累托效率所要求的公共服务。如果公共服务不能用价格进行分配，政府责无旁贷，只能由政府自身提供。在此思路下，地方政府的传统筹资、融资及拨付方式已经成为基本公共服务供给有效性的掣肘。以PPP实施创新的关键，是在准公共品概念下，找到政府功能与市场功能结合的新机制，使特定公共服务有限排他，所需建设项目的现金流在有限制的价格机制中表现为正。

### （一）以传统方式筹资、融资支付基本公共服务导致供给低效

理论上，如果必要公共品的市场价格体系运作成本极高而不可行，那么由政府税收筹资来提供该项服务就可以作为替代选择。林达尔税收机制原理指出，如果政府可以得到实施林达尔税收机制所

需的个人收益信息,那么基本公共服务供给和支付可以由林达尔税收机制完美解决。但在现实中,没有哪个地方能采用这种税收方式,因为政府根本无法完全解决个人收益信息问题。

在考虑以税收(广义为税费)方式为基本公共服务供给筹资时,假定公共服务是非拥挤性的,不产生拥挤效应。当公共服务面对拥挤效应时,比如高峰时间的公路,那么施加于税收(税费)的作用,就不只是用来筹资以支付基本公共服务供给,而是可以用来限制公共服务的过度使用、降低使用程度。这里借助图 4-8 的直角坐标系图形,讨论税收作为基本公共服务供给筹资手段的作用。

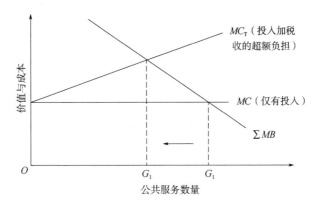

图 4-8　以税收方式融资支付基本公共服务供给

基本公共服务供给数量是政府善治无法回避的基本问题,以传统的税收方式融资支付基本公共服务供给,其供给数量是否受到影响?图 4-8 描述了税收的超额负担如何影响基本公共服务供给数量的公共支出。$\Sigma MB$ 为个人基本公共服务边际收益总和,$MC$ 为用于基本公共服务供给的投入物边际成本。当图 4-8 的基本公共服务供给数量为 $G_2$ 时 $\Sigma MB = MC$ 的效率条件要求,对基本公共服务进行公共支付时,不能有税收的超额负担损失,人们要像市场交易一样对基本公共服务供给自愿支付，而不是通过强制性税收对基本公共服务供给进行支付。$MC_T$ 是包括税收超额负担后的基本公共服务投入边际成本，$MC_T > MC$。如果政府通过成本-收益分析的方法计算出 $\Sigma MB$，位于 $\Sigma MB = MC_T$ 的有效基本公共服务供给数量 $G_1$ 就能确定下来。税收超额负担使得以税收方式筹资支付的基本公共服务供给数量低于自愿支付的基本公共服务供给数量。

此外，图4-8还表明如下关系：

（1）以传统的税收方式筹资支付基本公共服务供给，如果想要增加基本公共服务供给数量，只能增加税收收入，而增加税收收入要提高税率。

（2）增加每一单位的税收收入都会导致税收超额负担上升。随着由税收支付的基本公共服务供给数量的上升，$MC_T$ 会随之增加。

（3）如果想要更多的基本公共服务供给，就要有更多的税收作为支付，随着将导致更高的税率，$MC$ 与 $MC_T$ 之间的差额就会扩大。

（4）以传统的税收方式融资有效支付基本公共服务供给是由 $\Sigma MB = MC_T$ 决定的，落在 $G_1$ 点上。

（5）在没有税收超额负担的特殊情况下，$MC$ 与 $MC_T$ 重合，基本公共服务的供给数量 $G_1$ 与 $G_2$ 也重合。当有税收超额负担时，$MC$ 与 $MC_T$ 的差额就会产生，其结果就是以传统的税收方式筹资有效支付的基本公共服务供给数量，少于多元融资下的供给数量。

如果假设完全由政府自筹资金，那么除了税收筹资就是政府借债筹资。政府债由政府用未来的税收或重新借债偿还，无论是税收还是政府债实质上都是由纳税人负担，只不过偿还的期限可以延后。从此意义上说，政府债其实是一种让纳税人延期支付的税收和延期超额负担，从而把当前的税收和超额负担转移给未来的纳税人。而未来的纳税人无法参与当前的政府决策，无法表达意愿。

尽管未来的人被动地承担前人债务看上去有失公允，但其实只要能够保证未来的人可以从过去的基本公共服务开支获得相应的收益，那么前人通过政府债务为基本公共服务供给融资就是公平的。简而言之，只要付出与收益相对应，债务融资与税收融资就是等价的。比如，政府通过借债形式提供基本公共服务，以某净化水厂为例，政府以公债融资建成，并用下一代人的税收偿还前一代人留下的政府债本息，将该净化水厂的成本分摊到未来的受益者。如果政府债务的还款年限较短，由同一个人支付当前的税收或将来用于政府偿还债务的税收，那么税收或政府债就没有区别；如果政府债务的还款年限较长，那么政府债的偿还就会转移到下一代或更往后的代际，这就衍生出了代际再分配公平的问题。如果该净化水厂的实际受益期与当初计划的受益期不符，会导致代际收入再分配情况出现相应变化。如果实际受益期长于当初计划的受益期，就会存在未来代际不必付出成本就可以使用该自来水厂提供的清洁水，享受"前人栽树后人乘凉"的益处；如果实际受益期短于当初计划的受益期，就会存在未来代际享受该自来水厂提供的清洁水时还要额外承担前人建设净化水厂的递延成本。

此例中的代际再分配公正问题是由前人为建设该净化水厂而发行政府债的还款年限和贴现率，以及该净化水厂受益期等因素所决定的。但以上分析只是一个静态考察，在实际运行当中经济社会是向前发展的，如果经济保持增长，规模会不断扩大，后代人会比前代人生活得更好，应有足够的能力比前代人承担更多的债务成本。这也是当前很多地方政府通过以较少的税收、较多的债务来支持基本公共服务供给的依据。问题是前人很难准确预测后代人所处社会的经济发展程度，也就无法准确推测后人承担债务的能力。即便未来的人有能力比前人承担更高的债务成本，但如果收益与所承担的成本不匹配，对未来的人依然是不公平的。

李嘉图等价定理被用来解释父母与子女的财富传递行为，使得通过税收或政府债券为基本公共服务供给给予资金支持之间成为等价关系。也就是说，父母可以弥补自己后代将来需要承担的政府债务，其隐含的前提假设是父母拥有可留给子女的足够物质财富。然而这个隐含假设过于极端，不能够普遍适用，因此李嘉图等价定理并不能完美解决这个问题。从某种程度上说，李嘉图等价定理是先人补偿后人的一种理想，可能成为政府过度发行债务的借口，在纳税人与政府结成的委托-代理关系中，政府可以借此违背纳税人的意愿，利用人们无法区分税收与政府债务的财政错觉增加政府债务，让未来的纳税人（当前纳税人的后代）承担巨额债务及还本付息的巨大压力。未来政府会面对无法回避的政治难题，即如何筹集足够的税收偿还前任政府遗留的巨额债务。简言之，以政府债融资提供基本公共服务往往会导致代际再分配不公和未来可能的危机式风险。

但从传统视角上看，以税收筹资或政府债融资支付基本公共服务供给毕竟是政府的职能和责任，能够避免囚徒困境和搭便车问题，尽管其效果没有理论上假设的林达尔税收机制有效，在现实中仍具有可操作性，只是税收筹资导致的供给数量收缩及政府债融资有可能引发代际不公等问题，值得决策者深入思考。然而，若从创新视角上看，引入多元融资方式支付基本公共服务供给，既能有效避免囚徒困境和搭便车问题，又能减少供给低效和代际不公，是非常值得探索的基本公共服务供给模式创新。民众对传统基本公共服务供给单一主体（政府）的绩效日益不满，而对比私营部门的效率优势，基本公共服务供给主体多元化成为改革的诉求，例如以 PPP 模式引进社会资本参与基本公共服务供给体系的项目建设。目前，PPP 已成为地方政府化解融资平台债务风险的现实选择。更为重要和带有长远意义的是，引入 PPP 模式将在一定程度上改善基本公共服务供给低效的问题，不仅使其更有序和更可预期，还可通过政府、企业、专业机构之间风险分担、利益共享的机制带来实现"1+1+1>3"的绩效提升效应。

### （二）地方政府之间竞争财政拨付造成的基本公共服务供给无序

从政府资金支付方面，可首先做个现象观察：2008 年奥运会前后，我国很多地方社区健身器材出现在大街小巷，深受民众喜爱。而现在，真正还能正常发挥健身作用的器材已经所剩无几。很多器材已经被废弃，鲜有维修，有些在等待统一的专项维修或更新。还有存在一些比较特殊的情况，一些健身器材处于繁华地段，当毁损到有碍观瞻的程度就会被替换掉。而大多数器材在一次性安置后鲜有后续维护更谈不上替换，对此我们也许会认为最大的问题是资金。而令人困惑的是，繁华地段很多看起来很新的步道板、景观却年年更换，为何会出现如此现象？最根本的理由是：对于社区来说，如果及时维护健身器材，费用一般会由社区全额承担；如果推迟一段时间，由于健身器材更换需求迫切，就一定会有其他部门（上层物业、上级政府）支付更换成本。因此，拖延是明智之举。而对于繁华地段那些似乎不太重要且使用时间并不长的步道板或景观来说，情况正好相反。而这样分配公共资金，可以营造管理者的政绩最大化。

让我们以学术分析解读这一观察，如图4-9所示，横轴表示时间，表示由某个任意点开始的年份；纵轴表示金额，可体现成本或收益。

为简便起见，做出如下假设：

（1）某些健身器材在第一年安装好，在以后的任何一年重新安装的成本用 $R$ 线表示。

（2）这些器材实际维护的有形成本不会受到器材自身毁损状况的影响。

（3）这些器材最终会得到维护。

由假设可知，某年的维护成本是没等到来年而放弃的那笔钱的利息。即如果重置健身器材的成本是 10 万元，而当前的利率是 10%，那么今年进行维护而不是等到明年，社区就要支付 1 万元的利息。如果社区打算推迟几年再维护，以复利计算，结果是否非常可观？

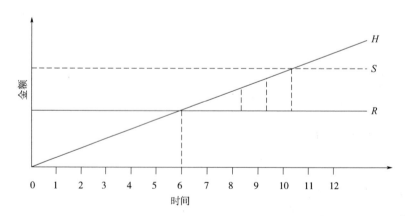

图 4-9　政府之间对财政拨付的争夺

$H$ 线表示让这些器材得不到维护的状况再延续一年所造成的社会成本，由于财政资金按年拨付，这使维修器材被分成了以一年为周期的几个不连续的期间。$H$ 线不断向斜上方发展。在健身器材投建初期可能由于其缺乏维护带病作业，使用户体验并不完美，但毕竟还能使用，随着时间的推移，用户体验越来越差。假定社区的融资渠道单一，只能靠上级政府拨付，且社区能够充分代表辖区内居民利益，那么如图 4-9 所示，社区将在第 6 年年底替换已毁损的健身器材，第 6 年是 $H$ 与 $R$ 的交点，是必须维修的时间点。从这一点考虑，每等待 1 年，替换已毁损的健身器材的成本会上升，超过维护成本。当然，在"社区能够充分代表辖区内居民利益"的假设下，社区比任何更高层级的政府部门都能更好地掌握当地百姓的偏好。一般情况下，上级政府都会制订健身器材维护计划，若款项不能及时满足维护的实际需要，上级政府会把钱用在最急需维护的器材上。如果上级政府可以在第 6 年内完成这些器材的维护，将不会产生任何问题。然而，这只是小概率事件。我们通常碰到的情况可上升为假定：维护资金经常不足。

如果以此进行分析，由于社区认为上级政府很难恰好在第 6 年承担健身器材的所有维护费用，因为也许其他社区的健身器材的维修需求更加紧迫。那么，社区必须做出权衡：如果完全依赖上级政府资金，那么维护大概会耽搁多长时间。假定上级政府的维护资金还有一定数量可用，上级政府可能会看到，当 1 年后继续使用这笔资金的成本是在 $S$ 线而不是 $R$ 线时，所有的健身器材都能得到维护。在这样的情况下，社区就会预期它管辖下的健身器材将在第 9 年得到维修。这意味着，在等待上级政府行动的 3 年时间里，健身器材会进一步毁损。图 4-9 显示，社区花在这额外 3 年等待上的成本，大致与它现在就自己集资维护的成本是一样的。因此，如果社区认为上级政府的维护标准高于 S 线，即拖延不止 3 年，社区就会选择在第 6 年年底自己维护，如果社区认为拖延会少于 3 年，则会依赖上级政府维护。

从社区的角度来看，以上是利益最大化的决定。但这只是想当然的理想状态，更可能的情况是：由于信息不对称，上级政府做出错误估计是不可避免的。或许可支配的维护资金不足，在第 6 年后的 3 年中器材已经毁损到不能用的程度，器材才能得到维护。或许上级政府资金非常有限，它会维护其他社区更亟待维护的器材，而依然轮不到本社区的器材。上述情况皆有可能发生，则社区在第 9 年还需重新进行权衡：因为没有维护而已经出现的成本，如果再拖一两年，上级政府是否真的会拿出资金维护本社区的健身器材。

如图 4-9 所示，如果从第 9 年再拖 1 年，对于社区还是可以承受的；但是如果从第 9 年起再拖延的时间超过 1 年，那么最好的办法还是由社区自己维护。如果出现这种情况，即使社区在第 10 年维护健身器材，就效用来看，也不如在第 6 年就维护健身器材。此外，如果社区在第 9 年可以确保再耽搁 1 年健身器材也不会毁损到上级政府来维护的程度，那么社区就会自己承担维护责任，因期待上级政府出资维护却落空而导致的 3 年未维护造成的损失，无疑是社区的净损失。对于社区来说，数年的耽搁显然是为获得上级政府资金的努力而付出的成本，是为获得一笔转移支付而做出的尝试，毫无疑问，这种尝试本身也是有成本的。当上级政府对社区的支付是以帮助为动机时，转移支付的根本问题将无法回避。在此情况下，社区被迫为获得转移支付而竞争，这并不是一个合意的结果。尤其值得关注的是，假如由上级政府提供的维护资金只拉低了 S

线，低到足以使社区通过推迟维护获利，那么社区本身就已经从收到这笔转移支付获益了。各个社区为了获得这类来自上级政府的支付，其竞争的结果是健身器材维护的普遍推迟，那么上级政府提供支付的最终效果实际上伤害的是使用这些健身器材的民众。

尽管上级政府资金充裕的情况并不常见，但为了全面分析，在分析了资金不足之后，再从资金充裕的角度进行分析。第一种情况，假设来自上级政府的资金足够充裕，完全能够满足每个社区的公共服务供给需求，各个社区不必竞争资金。如果上级政府提供的资金数量正好能够把 $S$ 线降到 $R$ 线，那么社区会得到上级政府的资金支持，这样看起来比较完美。然而，这种情况在实践当中的操作性较差，因为不同社区的健身器材毁损程度不同，对维护的需求千差万别，各个社区对资金的需求很难达到一致。上级政府对辖区内提供同等水平的服务显然是低效率的。

第二种情况，假设上级政府的资金多到足以完全承担社区开支并有结余，使 $S$ 线降低到 $H$ 线与 4 的交点。这种情况下，假定忽略税收等成本，社区会每 4 年重新购置一批新的健身器材，这样做显然优于每 6 年重新购置新的健身器材。然而，换一种思路，如果上级政府把每 4 年购置新健身器材的全部费用一次性给到社区，而社区依然每 6 年购置新健身器材，那么社区的状况将会更好。正如前文讨论的维护不足一样，过度维护也会导致浪费。

征税的合法性在于税款"取之于民，用之于民"，而在这里，无论上级的财政资金是否充足，纳税人均没有得到更好的基本公共服务，这不能不使政策制定者反思以传统财政全额方式支付基本公共服务所造成的结果，因此改革势在必行。

通过以上分析可以看到，无论上级政府的资金是否充裕，各方博弈的结果均毫无悬念地指向福利损失，博弈造成的基本公共服务供给低效不能不说是制度的遗憾。然而，我们一直假定，上级政府在决定优先把资金分配给哪个社区时，如果只看该社区对某种公共服务的必需程度有多大，就会鼓励社区主动"创造必需"，由此造成低水平的社区满意度。此外，上级政府想要帮助社区解决健身器材维护不足的初衷，却恰恰鼓励了社区创造这种不足，因为只有健身器材亟待维护的社区才能优先得到上级政府的资金支持，这在一定程度上导致了各个社区之间创造必需的竞争。

由于社区对上级政府资金支持无法准确预期，以及各个社区间创造必需的竞争，使得社区活动缺乏灵活性、自主性，很难实现帕累托最优，导致治理效率低下，实现公共利益合意度差。当前，我国地方政府债务节节攀升，使得用于基本公共服务供给的资金越来越紧张，社区之间对资金的竞争会更为激烈，传统单一渠道融资造成的基本公共服务供给低效更无法避免。提高财政资金的分配效率，积极扩宽基本公共服务融资渠道成为国家治理面临的挑战性必然命题。

从 PPP 层面来看，它首先是一种融资机制，政府带动社会资本跟进，支持基本公共服务供给；进而是一种管理机制，在可能的情况下有意识地借助企业和私人部门的效率优势；从全局来看，它更是一种治理机制，使政府在有限的税收、公债及财政拨付下与非政府的多元主体一道提供更多更好的基本公共服务，更令人满意地实现公共利益。PPP 不仅有利于转变公共服务的供给机制，避免上下级政府由于责任不清及同级政府财政竞争所造成的基本公共服务供给低效，还可以剥离一部分政府性债务以减轻政府的债务压力，使地方政府从传统单一年度的预算收支管理转为资产负债管理。总而言之，PPP 在带来财政革新的同时，也带来了管理、治理的革新。

## 二、基本公共服务的公共性议题——效率还是公共利益

PPP 被认为是解决紧迫社会问题的有效管理方式，它倡导政府、企业与公民社会发挥比较优势。因此，假设当财政压力得到有效缓解时，我们是否还需要社会资本参与公共服务供给？答案不言而喻，引入社会资本不仅可以缓解眼前的资金不足，还可以带来治理模式的变革，形成公共服务供给的效率革命。PPP 将市场机制和企业管理引入公共服务供给中，用于改造传统公共服务的供给模式。可简要总结其主要做法：引入市场机制，利用与市场兼容、对接的方式提供公共服务，企业和专业机构参与建设经营，回应市场压力，有利于降低服务成本并提高服务质量，更多以外包形式引导社会力量提供公共服务。显然，PPP 强调效率，改变了传统公共服务"不算经济账"的模式。然而，衡量公共服务的价值尺度应该是重公共利益还是重效率？这是一个仁者见仁智者见智的问题。PPP 被用来作为提升政府治理中资金效率、降低财务成本的有效手段，同时被赋予了尽最大可能促进利益相关者和民众诉求的实现，以及消解冲突等价值内涵，关键是追求两方面的有机结合。鉴于此，我们有必要明确 PPP 的公共性，以及如何从多维的角度平衡公私部门不同主体之间利益与效率的关系。

公共部门推行以 PPP 模式提供基本公共服务的底线，是追寻公共利益体现善治原则。如图 4-10 所示的 PPP 利益分配矩阵，从善治角度看，区域 2 和 4 可以较好地实现公共利益。其中，区域 2 是公私共赢，高水平实现公共利益，同时就私人部门利益而言的投资回报，量化为等于或高于"可接受"的临界点即可，这是最合意

的结果，即公私利益实现程度高的 PPP，会得到更多公众支持，被公民给予更多的合法性，政府的推动也将更顺利。而区域 4 虽然能够较好地实现公共利益，但对私营部门来说低于可接受水平，不具有吸引力和可持续性，会出现"政府热企业冷"的情况，而 PPP 不是政府的独舞，而应是合作伙伴的组舞，该区域的这种情况是应努力避免的。区域 1 和 2 可以很好地实现私人利益，但区域 1 的公共利益实现程度较差，这违背了 PPP 的设定初衷，一些 PPP 项目的失败伴有扭曲和腐败，问题就出现在这里。区域 3 是低公共利益、低私人利益，完全不能启动的 PPP。

通过上述分析可以看到：区域 1 是失败的，腐败多生，必须防止；区域 2 能够实现共赢，值得推广；区域 3 无法合作，不可行，可以忽略；区域 4，企业不愿进入或不可持续，需要改进。不符合公共利益的 PPP 一定不是有效治理，再讨论效率显然没有意义。而对于符合公共利益的 PPP，其关键是如何让私人部门维持"非暴利但可接受"的收益，见图 4-10。

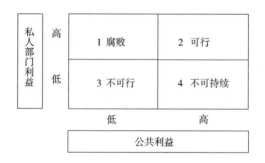

图 4-10  PPP 中利益组合分布图

私人部门通常被认为比公共部门具有更高的效率，PPP 也被普遍视为政府旨在提高效率和有效性的努力。然而一些财务上直观的政府低效，在很大程度上恰恰是为了确保回应公民关于公共利益更为宽广、更多战略视角的诉求，而这会导致政府在公共服务提供方面所扮演的角色无法得到正确评价。外包及公私之间较之以往更频繁的合作，有可能削弱政府提供并监督公共服务的形象。此前，我们经常会将政府低效归结为机构臃肿、公务人员的官僚作风及程序上的繁文缛节，其实这些只是表象。政府的模棱两可、无效率甚至不具操作性的限制都是由那些曾经生活于权力不受限制的专制政府下的智者做出的无奈选择。在面对所有明显的延误、混乱及权力滥用的威胁时，我们依然未找到一种比使权力的运用受制于宪法规则更好的方式来保障自由。一定意义上讲，公共部门财务表现上的直观低效往往是其公共性的天然定位决定的。在此，政府需要的是适当借鉴私人部门的高效优势，在合作的过程中学习、权衡、取舍。公私合作要求效率，但它却是以追求和保障公共利益为底线的合作，是在寻求共赢中审慎把握伙伴各方妥协与利益均衡点的合作。

于是，把公共利益作为思考政府治理的逻辑原点，推展到包括政府在内的所有组织（企业和专业机构）展开广泛合作，共同探索图4-10中区域2的治理新模式，即为社会建构过程旨在在多元的行动者之间建立广泛的互动和合作取向下如何把直观的矛盾问题优化处理为权衡和有机结合后以共赢机制对公共利益的保障。在历史的发展进程中，社会治理经历了管制-管理-服务模式的进化，社会力量伴随此过程成长起来，政府与社会力量相互合作，一方面由政府与社会资本合作的PPP来促进治理变革，使政府能够更多地做出维护和增进公共利益的行为选择；另一方面，政府与社会资本合作也要为非政府合作方形成在商言商立场上可预期、可持续的社会回报条件与可行的盈利模式。

### 三、 基本公共服务善治之路的挑战性

政府权力的功能，在于把利益竞争控制在既有社会秩序允许的范围之内，即平衡好各方利益诉求。但政府不是万能的，托克维尔 150 多年前有言："一个中央政府，不管它如何精明强干，也不能明察秋毫，不能依靠自己去了解一个大国生活的一切细节。它办不到这一点，因为这样的工作超过了人力之所及。当它要独力创造那么多发条并使它们发动时，其结果不是很不完美，就是徒劳无益地消耗自己的精力。"托克维尔在肯定政府治理不可替代的同时，道出了政府治理并非无所不能的本质，因而强调社会自治是国家治理不可或缺的补充。也可以这样理解，在政府治理的同时，必然需要社会力量参与合作。当前社会的发展远比托克维尔所处的时代更加复杂和多元，不仅需要社会自治力量协助政府治理，而且需要政府与社会多元主体力量推进创新式的合作进行治理。治理理论的发展是强调在公共事业管理上构建一种通过多方参与、协同解决的共赢方式，去维护和优化社会基本秩序与发展向上的管理机制，其中蕴含了有限政府、责任政府、法治政府、民众参与及社会正义等理念。

当前，以传统方式筹资、融资进而支付基本公共服务所导致的供给低效、政府间竞争财政拨付造成基本公共服务供给无序等问题，在某种程度上对社会矛盾凸显起到了加入其中甚至推波助澜的作用。中国政府的决策议程和机制、政策设计已无法回避基本公共服务供给方面的捉襟见肘及有所加大的结构矛盾压力等社会问题。纵观国际环境，近 20 年来，很多国家都陷入了仅仅依赖政府资源难以满足日益增长的基本公共服务需求的困境，因而 PPP 作为新治理实践，合乎逻辑地受到广泛注重，如何引导社会资本参与 PPP

成为各国面临的共同课题。

PPP 可以缓解地方财政压力,是一个最直观也最容易激发地方决策官员主动参与积极性的融资模式创新。缓解财政支出压力固然值得看重,而解决基本公共服务供给低效、公平、均等问题的管理与治理模式创新,更具建设性和深刻性。PPP 凭借其伙伴各方比较优势、协作优势和创新效应,可以提升供给效率、延伸基本公共服务供给、提高公共服务的质量、降低公共服务成本。政府通过融资、管理、治理机制整合引导社会资本的同时,还可有序对接混合所有制改革推动国有企业改革的深化发展,有力推进法治化。

但是,PPP 在标志我国政府开启现代治理、推进基本公共服务善治新篇章的同时,其伙伴间由于利益权衡取舍带来的复杂性,极易引发对可持续性共赢机制的挑战,这也是十分重大、不可忽视的问题。分析表明,维护 PPP 可持续运行的关键权衡,是如何实现与维护 PPP 利益矩阵所表明的利益组合分布中区域 2 的共赢状态,其中政府理应追求的公共利益之高,自是"越高越好"并且是往往超越直接成本,即收益分析眼界的社会综合效益,而非政府社会资本方所必然追求的高,却是财务表现上最直接的非暴利但可接受(超过其不可接受之低临界点)的利润率水平。如何达到此种共赢状态,实践中不得不开拓性地尝试和探索一系列具体的机制,已表现为 PPP 全生命周期呈现出十分复杂特点的多环节、多约束,甚至日趋细化和量化的物有所值评价、财政承受能力论证、风险分担方案设计和综合绩效评估机制等。这些已十分明显地体现了 PPP 创新的挑战性,也预示着 PPP 在创新发展实践过程中需经历艰难跋涉,其规则将不断严密、细化,渐渐趋于文牍和繁文缛节的状态,然而这是 PPP 发展之路无法回避的暂时状态,有待经验丰富、成熟后再行删繁就简。我们应有充分的思想准备,在 PPP 概念下所追求的双赢、多赢境界的可持续实现,还有待更为深化的理论研究和理论密切联系实际的不懈努力。

# 以 PPP 创新推动特色小镇项目开发建设

时间： 2019 年 3 月 3 日
地点： 郑州
会议： 特色小镇建设项目研讨会

    从全国范围来看，PPP 的创新发展是中国现代化创新发展中一个非常重要、值得高度重视和长期推进的创新事项。自 2014 年起，在李克强总理的指导和督促下，财政部和发改委将 PPP 的相关工作作为创新发展的重中之重。除了形成一系列文件指导和运行指南等规则，还进行了相关机构的设立，以及人员培训、经验交流、项目示范、项目库建设等。但在随后的发展中，管理部门更加强调了风险防范。结合"防范化解重大风险是三大攻坚战之首"的战略思考，在具体工作中，一些人士认为对 PPP 的态度应调整为尽可能谨慎，甚至有些人认为 PPP 应该被叫停。

    对此，我的态度非常明确：PPP 不可能叫停。通过对多年宏观经济研究和供给侧创新研究，从中国现代化发展战略，以及区域实施超常规发展战略这一思路看，PPP 符合事物发展的波浪式运行规律。在局面被打开并形成了具有较大影响力的高潮后，需要进行适当的稳定调整，目的是让其发展更健康，更具可持续性。当下，在中美贸易摩擦升级的背景下，中央层面特别注意到除了防范风险，还要发挥投融资和金融的功能与作用。我认为，更要抓住波浪式发展中稳定之后可能迎来的一波上升机会，争取在具体区域和不同定位的相关发展事项中抢占先机，打开新局面。

PPP实际上是一个综合的广义概念，具有国际经验，我国也积累了一定本土经验。其最广泛的应用模式是BOT，除此之外还有TOT、ROT和BOOT（建设-拥有-经营-移交）等。其实，PPP还有很多可以初步总结的广义概念下的模式。例如，我一直认为BT应该包含在广义PPP里，只不过它有自身的特殊性——没有运营期，但同样是通过政府按揭的方式，和社会资本及企业合作，并通过机制创新，保证一个项目具有较高的绩效水平。但BT确实容易因没有运营期而造成某些偏颇，例如债务风险过大等，但并不能否定BT这个概念是特定场景中的可选项。

除此以外，在PPP的各种模式中，还有一个非常容易成为兴奋点的概念，即连片开发。国际上对此概念虽有初步总结，但并没有观点指出在连片开发的概念可以成为PPP的一大热点。而这在我国却是非常合乎国情的，相关各方如果对这一形式达成共识，将推动整个局面进入超常规发展。近几年内，我们已经看到了一些案例，例如民营企业和地方政府合作在固安实行的连片开发，这已经被国家发改委和财政部列为全国示范项目；此外，还有汕头市濠江区面积达168平方千米的连片开发。这些已经成为具有中国特色PPP项目的热点形式，非常值得重点关注。

除此之外，PPP概念在我国也已经形成了比较鲜明的特色。例如，我们并没有将PPP称为"公私合作伙伴关系"，而是称为"政府和社会资本合作"。实际上这是将国际上认为的私人部门这个概念，扩大到中国私人部门的民企和公共部门的国企（央企和地方国企），这些都可以成为与政府形成伙伴关系的企业一方，这就是中国特色之一。因此，连片开发这一创新形式必须贯彻追赶和赶超超常规发展战略，实现跨越式发展推进现代化建设，由此发挥自身的独特作用。

关于PPP项目，我曾听到过这样一种说法：在PPP建设过程中，包括道路、绿化、教育、医疗、污水处理等项目，对于项目本身如何产生现金流，或者如何选取特定模式（例如是政府付费，还是政府付费为主或使用者付费为主）等问题，如果是单个项目则可以清晰界定，但如果将这些项目放在一起，不存在相关性，那么就不能处理为一个PPP项目。而这恰恰与连片开发概念形成了矛盾。我认为，对于这里所说的"不相关"，需要把它看作是一个陈旧的、应在理论联系实际的角度上说清楚，且在实际生活中非常值得讨论而后有所突破的问题。连片是地理概念上的合并和打包，一个连片开发项目，如固安，包含若干平方千米内的所有项目，除了它的产业集群，所有在此范围内相匹配的宜居城市建设、交通基础设施、绿化带，以及各种类型住房、医院、学校等，也通通进入这个连片开发方案里，构成其"产业新城建设和运营"的综合概念。所谓连片开发，即地理连片范围内的事项无一遗漏，所有事项都像布棋子一样放到棋盘上。

那么，其中的一个个不同类的项目，它们是否相关呢？显然是相关的。正因为有一个地理、物理空间概念上的连片开发，才把这其中一些过去无法发挥的潜力空间打开了。一些可以得到使用者付费支持的项目，和一些纯公益的基础设施项目，合并在一起形成一个综合型匹配，让很多原来政府想做，且能让百姓受益，但无法实现的事情达成，并保证总体绩效的提升，更有效地防范相关的风险因素。

这就是创新模式的作用，即PPP模式的"1+1+1>3"，把政府、企业、专业机构的比较优势结合在一起,找到这个创新机制带来的潜力,并把潜力从潜在状态挖掘出来,变成实际发挥作用状态的可行制度建设因素。

如果深入分析这个制度建设的打包形式,一个值得探讨的问题是,项目中的部分内容未必一定要实现物理联通。如果在一个地方政府的辖区之内,某一些项目和另外一些项目在物理上不联通,即称为"飞地"式的项目,是否能够合并和打包?在经过一些论过后,我认为是可以的。比如,某地方领导指出,"我非常关心本辖区内的乡村振兴建设,要想富先修路,我很早就希望能够建成一条路面道路,将中心区域和欠发达的山区联通起来。但缺乏资金是个很大的问题,这条路该怎么建?有没有可能做成 PPP 项目?"我认为,唯一的可能性就是找到合适的项目将这条路打包进去。在特定情况下,这条路的建设问题与这个辖区内其他项目是有可能实现打包的。比如,当这个辖区计划建设职业学校或医院,未来项目的现金流通过专业测算后,配上政府可行性缺口补贴,就可能在一个合理设计的建设与运营周期内,将建设山区道路的项目打包在通盘的 PPP 全生命周期内。政府也就解决了想做的事如何做出来的问题,如处理得好,实现风险可控,则百姓受惠,区域发展中也解决了一个瓶颈问题。

当然,类似问题不能一概而论,必须经过具体设计。因此在我的概念上,包括物理连通的打包和"飞地"模式,都不一定追求直观的物理连通,而是可以在 PPP 的概念里包容。但据我初步的了解,地方领导层和有关部门非常看重的特色小镇建设,也是一个比较容易讨论的,在若干平方千米范围内物理空间连通的连片开发项目。如果实现良好处理,这将是在争取新一轮高质量发展的过程中，非常值得抓住不放并把它落到实处，让其发挥我们意想中推进作用的重点项目。

对于这种项目的开发，所应坚持的原则是必须顺应管理部门的要求，防范风险、规范发展。这其中，规范发展有 3 个关键方向。第一，法治化，即务必不能违反已有的所有与 PPP 相关的法律文件（中国的红头文件是法规体系里的组成部分）；第二，阳光化，即信息尽可能充分披露，在一些相关事项上，还可以听取专家意见和民意信息，这样做的目的是集思广益并尽可能防止一些可能的失误，这其中实际上隐含着中国未来的科学决策要结合民主化、科学化的制度建设因素；第三，专业化，政府、企业及相关专业团队应共同在专业化这个取向上，务实地讨论项目的方案设计如何尽可能符合专业化的高水平。

一直以来，管理部门所批评的假 PPP、伪 PPP，从未形成一个确切的定义。但我认为，以上这 3 个关键词结合在一起就是真 PPP。对于真 PPP，是应该给出创新空间的，PPP 的具体模式是可以调整和在敞口概念下更趋丰富的。

那么，全流程的操作点已经清楚，首先要做的是科研，紧随其后的物有所值评价、财政承受能力论证也非常必要。进入比较关键的过程后，则是政府和有意愿的合作伙伴，慎重、全面地磋商合同文本，这个合同文本要尽量覆盖一切可能因素，留下的未尽事宜因素也要明确解决办法。此外，风险分担方案要尽可能具体化，一一说清每个风险因素，以及一旦出现风险时如何承担、由哪一方承担，如果共同承担，具体操作如何约定等。最终，政府和企业作为平等的伙伴共同签约，自愿签字后进入建设过程，接受绩效考评的约束。

我认为，这种模式的 PPP 才是我们要寻求的，通过制度创新打开发展新局面里某个增长点的潜力空间，是非常值得做的有意义的事。在连片开发项目中，其模式显然不会是全政府付费，而且按我的理解，这是除 BT 外所有 PPP 项目中最不应放在首位考虑的事。但很遗憾的是，目前财政部门已经形成的入库项目中，很大比重是全政府付费的，这违背了 PPP 的内在重点诉求。PPP 应努力寻求用有限的财力，发挥最大的杠杆作用和放大效应，应尽可能避免全政府付费项目，更多地用政府可行性缺口补贴实现四两拨千斤。实际上，BT 就是全政府付费，只不过是分期付款，它能解决一些其他办法解决不了的问题，但绝对应作为辅助性考虑。如果按照可行性缺口补贴发挥最大可能的杠杆效应，公共支出以 10% 画线的可承受财力空间，其作用不容小觑。有些地方在没有意识到这个问题时，仅用几个项目就把 10% 的空间填满了，因此非常被动。今后那个地方想要继续合规推进 PPP，基本没有操作空间了。据了解，现在很多地方还有 10% 的空间，因此要特别珍惜。尽量多地进行与特色小镇建设类似的连片开发项目，实现最大限度调动政府体外社会资本力量，政府仅给予必要的财力支持作为推动力，发挥放大作用和乘数作用。

# 如何防止PPP成为地方政府隐藏债务的工具

——PPP国际会计制度演变趋势与启示：进一步阳光、规范、专业化

原发表媒体：《上海证券报》2017年6月28日
作者： 贾康 陈新平

## 一、 PPP会计制度的国际发展概况

### （一）2006年之前：只有少数国家制定了PPP会计政策

PPP不仅涉及基础设施的设计、融资、建设、所有、运营等多个环节，还涉及风险、收益在公共部门与私人部门之间的分担及共享等问题，这些环节和问题的叠加不仅增加了PPP合同履行中的变数，还使PPP项目固定资产（以下简称PPP资产）的会计处理较为复杂。公共部门与私人部门在对PPP资产进行会计处理时，边界往往不够清晰，究其原因是源于PPP交易结构本身的复杂性，使过去在国家层面或国际层面鲜有PPP会计指南的出台。2006年，国际财务报告解释委员会（IFRIC）颁布《服务特许协议第12号解释》之前，英国是国际上少数专门制定PPP会计政策的国家之一。在PPP/PFI资产是否记入政府部门资产负债表的问题上，英国会计准则委员会的倾向性大于英国财政部。1997年9月，为了指导和规范公共部门对PPP资产进行会计处理，英国财政部的一个专门工作组受托拟定了《PFI技术说明第1号：如何对PFI交易进行会计处理》（以下简称PFI TN1）。1998年9月，ASB对其已颁布实施

的《财务报告准则第 5 号——交易实质的报告》进行了修订,明确了 PFI 及类似合同的会计处理方法,具体规定可见《FRS 5 修正条款——PFI 及类似合同》(以下简称 FRS 5A)。在对 PPP/PFI 资产进行会计处理时,FRS 5A 遵循的基本原则是:"如果合作一方当事人享有设施资产带来的收益,并承担与之对应的风险,那么,该当事人就拥有设施资产。"随后,英国财政部于 1999 年 6 月对 PFI TN1 也进行了修订,即形成了被称为 TTN1R 的指导性文件。尽管在对 PPP/PFI 资产进行会计处理时,TTN1R 和 FRS 5A 存在一定差异,但两者都采用了风险报酬法,即在 PPP 模式下,谁承担了主要风险,并获得了与之对应的报酬,PPP/PFI 资产就记入谁的资产负债表。

相对于英国,在这一时期,绝大多数国家仍沿用各自既有的会计准则或政策来处理 PPP 资产入账问题。同时也有部分国家,如澳大利亚、新西兰等,参考了 FRS 5A 或以其为基础拟定了本国的 PPP 会计政策。

(二)2006—2011 年:IFRIC 12 的颁布与相关国家(国际机构)PPP 会计准则的酝酿与出台

虽然当 PPP 项目采用政府付费机制时,风险报酬法基本可以反映 PPP 交易实质,但当 PPP 采用混合付费机制,如前期为政府付费,后期为使用者付费时,风险报酬法会遇到 PPP 会计处理上的一些难题。另外,在风险报酬法下,还可能存在如下问题:当一方认为 PPP 项目的风险及收益已经转移至合作的另一方,而另一方并不一定认为如此时,会导致孤儿资产问题的出现,即 PPP 资产不被记录在任何一方的资产负债表上。为了弥补风险报酬法存在的不足,相关国际机构在设计 PPP 会计制度时,则采用了另一种方式：控制法。

2006年11月，国际会计准则委员会（IASB）下属的国际财务报告解释委员会（IFRIC）发布了IFRIC 12。IFRIC 12是针对服务特许协议中私人部门制定的会计指南。IFRIC 12在对PPP进行会计处理时，采用的是控制法，即如果服务特许协议满足下列两个条件。

（1）在服务内容的确定、服务对象的选择，以及服务价格的调整等方面，授予方能对运营方实施控制或监管。

（2）在服务特许协议结束时，授予方能通过所有权、受益权或其他方式控制项目设施的重大剩余权益，那么PPP资产不确认为运营方的不动产、厂房、设备等，因为设施资产的使用控制权并没有转让给运营方，运营方只是依据协议规定，以授予方的名义运用设施提供公共服务（以下称双控测试条件）。同时，运营方在服务特许协议项下获得的合同对价，应按公允价值确认为金融资产或无形资产。

IFRIC 12公布后，一些国家开始以其为蓝本，着手本国PPP会计政策的修改和制定工作。

首先，英国参照IFRIC 12的基本规则，修改原有PPP会计政策。2007年3月，英国政府做出了将公共部门会计锚定物由英国公认会计准则（GAAPS）转变为国际财务报告准则（IFRS）的决定。按原计划，该决定自2008/2009年度开始实施，而实际上则推后了1年，主要是由于IFRS框架下的PPP会计制度不完善所致，同时，两套会计准则之间的切换有大量衔接工作需要做。由于IFRIC 12只是针对私人部门制定的PPP会计指南，而对公共部门如何将PPP资产入账，IFRS并没有具体规定。从严格意义上讲，IFRIC 12是一个解释而非准则，仅适用于 PPP 合同中的私人部门会计主体。如何填补 IFRS 在 PPP 会计上的制度空白，为公共部门对 PPP 资产进行会计处理提供指南，是当时需要解决的一个现实问题。为此，英国财政部利用镜像处理手段，参照 IFRIC 12 的基本原则，明确了授予方处理 PPP 资产的办法，即如果对下面 3 个问题的回答是肯定的，那么 PPP 项下的不动产、厂房、设备等，以及相应的负债都应记入授予方的资产负债表。

（1）基础设施的使用权及服务定价权是否由授予方控制。

（2）合同结束后，基础设施的剩余权益是否由授予方控制。

（3）基础设施是否由运营方建成或从第三方购置，或原来已被确认为运营方的资产。

依据 IFRIC12 的规定，PPP 资产不记入运营方资产负债表，而经过镜像处理后，可将其记入授予方的资产负债表中，进而解决 PPP 项目中的孤儿资产的问题。

其次，美国政府会计准则委员会发布 PPP 会计征求意见稿。在美国，涉及不同市场主体的会计准则分别由不同的机构制定，例如，联邦政府会计准则由联邦会计准则顾问委员会负责制定；州及地方政府会计准则由政府会计准则委员会负责制定；企业会计准则由联邦会计准则委员会负责制定。2009 年 6 月，GASB 发布了 PPP 会计征求意见稿，该意见稿同样采用了控制法。与一般理解不同的是：GASB 所界定的 PPP 合作主体范围更大，PPP 不仅包括公共部门与私人部门之间的合作，还包括公共部门相互之间的合作。但与合作主体范围更为宽泛形成对比的是，GASB 所界定 PPP 概念内涵要比一般意义上的窄，因为它只包括使用者付费类的合作项目，而将除此之外的合作项目视为服务与管理协议项目。同时，GASB 认为，公共部门必须对 PPP 资产拥有重大剩余权益，但却混同了剩余权益与残值之间的差别。

除上述国家外，参照 IFRIC 12 修订或制定 PPP 会计政策的国家包括澳大利亚、南非和法国，国际机构包括国际公共部门会计准则委员会等。

### （三）2011 年至今：IPSASB 颁布 IPSAS 32，明确政府会计主体的记账原则

2011 年 10 月，国际公共部门会计准则委员会（IPSASB）颁布《服务特许协议：授予方—第 32 号》（IPSAS 32），确立了 PPP 项目中授予方的记账原则。在此之前，并没有关于授予方如何报告 PPP 交易事项的国际性准则。

国际上，关于公共部门的国际会计准则并不是强制性的，因此是否遵循和采用国际公共部门会计准则（IPSAS）完全取决于各国政府的自愿。同时，2011 年之前，既有的 IPSAS 也不包含任何关于公共部门如何对 PPP 资产进行会计处理的规定。因此，当英国财政部依照 IFRIC 12 设计适用于英国的 PPP 会计政策时，IPSASB 也开始着手研究公共部门如何报告 PPP 交易事项的问题，并采取了英国财政部使用过的镜像处理 IFRIC 12 方法，即参照 IFRIC 12 的双控测试条件，制定适用于公共部门的 PPP 会计准则。2008 年 3 月，IPSASB 公布了一份名为《服务特许协议会计与报告》的咨询文件。在此基础上，于 2010 年 1 月公布了《征求意见稿第 43 号》，在全球范围内征求各方意见。在吸取各方意见后，对《征求意见稿第 43 号》进行修改，IPSASB 于 2011 年正式对外公布 IPSAS 32。根据 IPSAS 32 第 9 段的规定，如果服务特许协议满足下列两个条件，那么服务特许协议资产（即 PPP 资产）则确认为授予方的资产。

(1) 授予方能对服务内容的确定、服务对象的选择及服务价格的制订等进行控制或监管。

(2) 在服务特许协议结束时，授予方能通过所有权、受益权或其他方式控制项目设施的重大剩余权益。

其实，这两个条件就是 FRIC 12 的双控测试条件，或者说 IPSAS 32 完全复制了 FRIC 12 关于 PPP 资产确认的基本原则。

由此，IPSAS 32 与 IFRIC 12 形成了镜像互补关系，因为 IFRIC 12 确定的是 PPP 项目中运营方的记账原则，且按此原则，PPP 资产不记入运营方资产负债表，而按 IPSAS 32 的规定，PPP 资产应记入授予方资产负债表。IPSAS 32 的颁布是 IPSASB 与 ASB 在制定公共部门及私人部门会计准则方面相互配合的表现，弥补了 PPP 资产不被合作任意一方确认的制度性缺陷，解决了 PPP 项下孤儿资产的问题。

随着 IPSAS 32 的颁布，授予方拥有了处理 PPP 资产的国际准则。尽管是否采用 IPSAS 32 有关原则取决于各国政府的意愿。目前，除了英国已经率先将 FRIC 12 的双控测试条件作为判断 PPP 资产花落谁家的依据外，2012 年 7 月，澳大利亚会计准则委员会（AASB）也于 IPSAS 32 颁布后，迅速设立研究项目，探索将 IPSAS 32 基本原则应用于澳大利亚的可行性，并于 2015 年 4 月公布了澳大利亚《服务特许协议：授予方》的征求意见稿。按照征求意见稿的时间安排，该准则于 2017 年 1 月 1 日开始正式实施。

## 二、展开分析 PPP 模式下的资产负债会计处理方式：风险报酬法与控制法

### （一）风险报酬法

风险报酬法原本是用来判断一项租赁活动是否属于融资性租赁

的方法，后来才用于 PPP 资产的处理。1976 年，美国 FASB 颁布《财务会计准则公告第 13 号——租赁会计》（SFAS 13），要求对不同租赁活动采用不同的会计方法进行处理。同时，SFAS 13 也是第一个采用风险报酬法判断一项租赁活动是融资性租赁，还是经营性租赁的会计准则。依据 SFAS 13 的规定："在一项租赁活动中，如果与租赁资产所有权相关的全部收益及风险发生了实质性转移，那么，对于承租人而言，租赁应视同其收购资产的行为，并应承担相应的支付义务；而对于出租人，应视同其出售资产或提供融资的行为。"随后，风险报酬法被一些国际会计机构或国家采纳，并制定了相应的租赁会计准则，国际会计准则委员会于 1982 年 9 月颁布了《国际会计准则第 17 号——租赁》；英国会计准则委员会于 1984 年 8 月颁布了《会计实务准则公告第 21 号》（SSAP 21），其中，SSAP 21 利用风险报酬法将融资性租赁与经营性租赁做了区分，并将前者定义为"承租人承担了与租赁资产所有权有关的全部风险及报酬的租赁"。

由于 PPP 类似于公共部门与私人部门之间的融资性租赁行为，因此风险报酬法成为用来判断 PPP 资产应纳入哪一方资产负债表的方法，首先使用该方法的是英国。根据英国会计准则委员会颁布的 FRS 5A，当 PPP 合作中的一方拥有 PPP 资产所带来的收益，且承担与之对应的风险时，PPP 资产就应全部记入该方的资产负债表。从英国、澳大利亚等国的实践来看，用风险报酬法判断 PPP 资产的归属时，也存在很多问题。除了孤儿资产外，还存在不能完全反映 PPP 的经济实质，以及大量资产及负债游离于公共部门资产负债表之外等问题。

首先，风险报酬法不能客观反映使用者付费类 PPP 项目的经济实质。对于政府付费类 PPP 项目，风险报酬法可以较好地反映其交易实质，在项目运营期，公共部门就需确认 PPP 资产，还要确认相应的负债，即公共部门在拥有 PPP 资产带来的收益时，还要承担对私人部门的支付义务。但当应用于使用者付费项目时，风险报酬法则不甚理想，因为公共部门只有到公私合作期结束后，才能确认 PPP 资产。在合作期间，对于公共部门而言，PPP 资产是作表外处理的，尽管公共部门不承担风险，但却仍然享有 PPP 资产带来的收益，例如通过 PPP 设施提供的公共服务，而这些公共服务原本应由公共部门来提供的。显然，这与风险报酬法所内含的风险与报酬相匹配的原则是矛盾的。

其次，风险报酬法在核算单位方面存在缺陷。在根据风险报酬法确定 PPP 资产的归属后，其应全额记录在合作一方的资产负债表上，不能把 PPP 资产拆开，再分别记录在合作双方的账上，即核算 PPP 资产时应整体考虑。由此，当 PPP 采用混合型的付费机制（政府付费+使用者付费）时，风险报酬法将遇到不可克服的难题。对于存在混合型付费机制的 PPP 项目，公共部门和私人部门之间往往涉及某种形式的需求风险分担约定，这会影响 PPP 资产的归属确认问题。举例来说，在一个 PPP 项目中，付费方式设计为：在项目的早期，私人部门按绩效从公共部门获得报酬，需求风险由公共部门承担；在后期，私人部门向使用者收取费用，需求风险则由私人部门承担。同时，针对该项目，如果进一步假设公共部门和私人部门承担同等责任的需求风险，那么无论是公共部门，还是私人部门都不满足承担全部或绝大多数风险及收益的前提。因此，按照风险报酬法，任何一方都不能确认 PPP 资产。在我国 PPP 实践中，使用者付费+财政可行性缺口补贴（即政府付费的一种形式）的模式所在多有，按照风险报酬法很难量化操作。

前文已经分析了风险报酬法存在的缺陷，其中最大的问题是孤儿资产问题，即有时 PPP 资产既不被公共部门记入资产负债表，也不反映在私人部门的资产负债表上，如英国在实施 FRS 5A 时，按 PPP/PFI 项目资本规模比较，大约近半数的 PPP/PFI 资产不记入公共部门的资产负债表，这意味着另外近半数的 PPP/PFI 资产要么记入私人部门的资产负债表，要么不被任何一方所记录。

### （二）控制法

混合型付费机制 PPP 项目的大量涌现与孤儿资产问题的产生，都反映了风险报酬法自身的不适应性与缺陷性。因此，当 IFRIC 12、IPSAS 32 公布后，风险报酬法在国际上很少再被使用，控制法取代其成为很多国家或国际会计机构制定 PPP 会计准则时采用的方法。由于 IPSAS 32 复制了 IFRIC 12 所采用的控制法，且前者是以授予方作为会计主体的准则，后者是以运营方作为会计主体的准则，因此两者构成了镜像互补关系。在控制法下，由控制或监管 PPP 资产使用的一方确认不动产、厂房和设备等固定资产，由此消除了孤儿资产现象。控制法之所以是受英国、澳大利亚、IASB、IPSASB 等国家或国际会计机构青睐的 PPP 会计模式，正是因为它将授予方是否控制 PPP 资产，而非是否承担对运营方的支付义务作为关注点。依据控制法，如果授予方控制 PPP 资产，那么授予方就应以公允价值将 PPP 资产记入其资产负债表。与此形成对照的是，在风险报酬法下，只有当授予方负有向运营方支付费用的合同义务时，才能以已确认的（合同）付费义务为基础，在资产负债表中确认相应的资产。由于在使用者付费类 PPP 项目中，授予方不负有向运营方支付费用的义务，因此根据风险报酬法的原则，即使授予方控制了 PPP 资产，也无须在资产负债表中确认相应资产。事实上，控制法应用了《国际会计准则第 16 号——不动产、厂房、设备》（IAS 16）中的原则，因此，它反映的是授予方与运营方之间发生的互换交易行为，如在收费道路这类使用者付费 PPP 项目中，公共部门是通过向私人部门让渡道路收费权，才换得私人部门对建设及运营道路的责任承诺。相反，依据风险报酬法的原则，在使用者费项目中，由于公共部门没有向私人部门付费的义务，所以无须反映这类项目中发生的互换交易行为。

### （三）风险报酬法与控制法的关系

风险报酬法与控制法是针对 PPP 资产的两种主要会计报表处理方法，由于各自关注点不同，导致同一项目按两种方法处理的会计结果也不相同。但风险报酬法与控制法并不是完全相互排斥的，只是强调问题的侧重点不同而已。更为具体地讲，无论是控制的概念，还是风险报酬的概念，都只强调了资产定义中的某一方面。例如，根据《国际公共部门会计准则第 1 号：财务报表列报》（IPSAS 1）对资产的定义：资产是指由实体过去的事项形成的、并受实体控制、预期能给实体带来经济利益或服务潜能的资源。显然，控制法强调的是 IPSAS 1 定义中实体对资产控制的一面；而风险报酬法则注重的是 IPSAS 1 定义中实体享有的未来经济利益或服务潜能的一面。综合考量，预计今后动态优化的基本路径将主要基于控制法。

## 三、 对我国的启示及基于相关理论分析的对策思路与建议

### （一）PPP 理论分析可形成的基本认识框架

从理论上说，首先，PPP 涉及该类公共工程项目建设及其运营全生命周期或合同约定的较长特定时期内的投融资问题，必然涉及

负债；其次，PPP是政府与企业、市场主体以契约关系形成伙伴关系以求共赢与绩效提升的机制创新，必然要求相关投融资、负债、资产管理机制的创新；最后，PPP的合同契约关系需要得到法律、法规的保护和制约才具有可持续性，故PPP投融资中负债的规则和财务会计的规范性准则，需要对创新发展和规范发展两者如何结合，作好动态优化的权衡处理。

就定性而言，既然PPP是政府和企业伙伴关系式合作建设、运营公共工程项目，其负债就不可能与政府方完全撇清干系，但此机制创新可使政府的相关负债产生相当可观的乘数放大效应和资金使用中明显的绩效提升作用，这便是PPP特别值得重视与推进的原理。我国在推进PPP的过程中，出于鼓励创新考虑，曾规定凡是由管理部门确认为PPP的项目，其负债不纳入地方政府债务规模的统计。但随着PPP的发展，其实际的负债风险压力因素又必然为政府管理主体（特别在中央管理部门层面）所感受到，故为防范风险，加强管理中又容易走向另一极端，做制定PPP不能与政府购买服务（政府采购的一个特定概念）对接、不得承诺保底等口气严厉的规定，似乎PPP负债可以也应该与政府主体完全隔离。分析可知，PPP的负债风险必然是以某种方式由合作伙伴各方共同承担的，其资产所有权或运营权虽可以阶段性地归属一方，但并不能否定总体而言这种负债风险共担性质，至少是存在政府方的一定程度的或有负债（未来可能承担也可能不承担，可能多承担也可能少承担的负债）。所以，关键问题实际在于如何把各种PPP具体模式的负债风险共担机制尽可能合理化、可操作化，这必然要求在其财务会计处理上的规则尽可能清晰化，力求精细化，即在动态优化的创新探索过程中，要承认精细化只能是相对的，所以也必须承认可能不得不留出一定的弹性（或模糊性），或有负债本身即是具有一定模糊性的专业术语。

### （二）PPP 国际会计制度演变的主要启示

前述 PPP 国际会计准则的演变体现了理论分析可阐释说明的、其必然会发生的相关规则的探索和动态优化过程。国际方面的这一过程仍属进行时，但已可对我国形成一些有益的启示和可资借鉴之处。

#### 1. PPP 会计准则之间应构成镜像互补关系

如前所述，随着 IFRIC 12 的颁布，国际财务报告解释委员会弥补了 PPP 交易缺少国际会计准则的空白。与英国采用风险报酬法判断 PPP 资产归属不同的是，IFRIC 12 采用了控制法，以此判断 PPP 资产应记入何方的资产负债表。如果 PPP 资产满足双控测试条件，那么 PPP 资产则不记入运营方的资产负债表，私人部门只需将 PPP 交易对价确认为金融资产或无形资产。由于 IFRIC 12 仅是针对私人部门会计主体制定的准则，公共部门如何处理 PPP 资产则无规定。这意味着，在现有的 IFRIC 12 规则之下，PPP 资产要么被公共部门记入资产负债表，要么公、私部门均不将其确认为自己的资产，即可能出现孤儿资产问题。鉴于此，2011 年国际公共部门会计准则委员会颁布了继起的 IPSAS 32，成为针对公共部门会计主体制定的首个 PPP 国际会计准则。IPSAS 32 复制了 IFRIC 12 采用的控制法，即如果 PPP 资产满足双控测试条件，那么 PPP 资产则记入授予方的资产负债表。由于 IFRIC 12 与 IPSAS 32 之间的镜像互补关系，因此从规则设计的角度来看，不会再出现孤儿资产的问题。

然而，国际会计准则只有被主权国家自愿采纳后，才可能在有关国家产生法律效力。在现实中,很多国家并没有采用国际会计准则,这就意味着 PPP 国际会计准则的影响力是有限的,导致一些国家仍将 PPP 作为政府的表外融资工具来使用,难免有隐藏政府债务或规避预算约束之嫌。为了控制政府的债务风险,实现政府融资的可持续性,避免出现孤儿资产问题,主权国家在针对公共部门会计主体与私人部门会计主体制定 PPP 会计准则时,大方向应是使它们相互之间形成镜像互补关系。

2. 控制法是 PPP 较为适当的会计处理方法

利用风险报酬法处理 PPP 资产入账问题源于模仿租赁合同中的会计处理原则,即谁承担了与租赁资产有关的主要风险,租赁资产就进入谁的资产负债表。但如前所述,这一方法在 PPP 实践中并不可行,这也是 2006 年国际会计准则委员会(IAS)提出改革租赁会计准则(IAS 17)动议的主要原因,并提出了新的租赁合同处理模式:使用权模式,一种基于租赁资产使用权由谁控制,该资产就记入谁的资产负债表的方法,即所谓的控制法。在这种新的模式下,不再区分融资性租赁和经营性租赁之间的差别,且原则上所有租赁资产(包括负债)都应记入承租人的资产负债表。受此影响,2006 年 IRFIC 颁布的 IRFIC 12 及 2011 年 IPSASB 颁布的 IPSAS 32 也都采用了控制法来处理 PPP 会计问题。当然,IRFIC 12 与 IPSAS 32 采用控制法除了要解决风险报酬法下的孤儿资产问题,还要消除公共部门(相当于租赁合同中的承租人)利用 PPP 隐藏债务及融资表外化的倾向。从上述角度看,控制法是排除风险报酬法后较合适的 PPP 会计处理思路性方法。

3. PPP 作为政府融资渠道之一应合理地予以表内化

一方面,PPP 可以说是公共采购(政府采购)中工程采购的一种特殊方式,在一定条件下,通过 PPP 可以提高公共工程建设、运营和公共产品及服务的供给能力和效率。另一方面,由于目前很多国家现有的会计准则和财政统计制度都不涉及 PPP 问题,或者认为 PPP 无关政府债务和负债,使得 PPP 成为许多国家政府部门的表外融资工具和隐藏债务的手段,对于那些基础设施落后而财力有限的国家更为如此。即使是像英国这种国际公认的、运用 PPP/PFI 模式最成功的国家,在其推广 PPP/PFI 模式的早期也难以避免。因此,PPP 往往容易被相关主体钻空子,即被作为规避预算限制的措施而被看重。2008 年国际金融危机爆发后,除了私人部门的债务风险问题外,如何加强公共部门的债务与财政风险监控也受到了国际机构和各国的高度重视。2011 年,IPSAS 32 的颁布为公共部门处理 PPP 项下的负债问题提供了参考指南。IPSAS 32 的适用范围不仅包括政府付费类 PPP 项目,还包括使用者付费类 PPP 项目,即这两类项目的资产及负债都要记入政府的资产负债表。因此,为了客观反映公共部门的资产及负债状况,应考虑以遵循 IPSAS 32 关于 PPP 的会计处理原则为方向,使 PPP 作为政府与企业合作的融资予以表内化,可首先考虑将政府付费类 PPP 项目的资产及负债按公允价值记入政府的资产负债表。

(三)建议

1. 结合 PPP 立法制定专门的 PPP 会计准则,夯实 PPP 市场监管基础

从严格意义上讲,目前我国并没有专门的 PPP 会计准则或监管制度。一方面,2008 年财政部公布的《企业会计准则第 2 号解释》从 6 个方面回答了企业采用 BOT 参与公共基础设施建设业务的会计处理问题,就企业会计主体如何确认建造服务收入、费用、

工程价款等进行了说明,但没有对 BOT 及相关会计主体等的含义进行界定。另外,《企业会计准则第 2 号解释》指出,"BOT 业务所建造基础设施不应作为项目公司的固定资产",但没有进一步解释这类固定资产该做何处理。因此,《企业会计准则第 2 号解释》还未夯实相关的 PPP 会计准则。

另一方面,2017 年 4 月公布的《政府会计准则第 5 号——公共基础设施》(以下简称《第 5 号》)也不涉及 PPP 的具体会计处理问题。《第 5 号》除了在第三条中规定"采用政府与社会资本合作模式(即 PPP 模式)形成的公共基础设施的确认和初始计量,适用其他相关政府会计准则"外,再无其他关于 PPP 的条款,而这里的"适用其他相关政府会计准则"语焉不详,至今尚无相关政府会计准则对政府会计主体如何处理 PPP 资产问题作相应的规定。

近年来,全国推广运用 PPP 模式的势头迅猛,是适应推进供给侧结构性改革和创新发展的需要,但由于相关监管制度规则不完善,没有跟上形势的变化,管理部门出于对风险因素的感受,频繁出现对"明股实债、回购安排"、伪 PPP 及地方政府违规违法担保等的批评指责。另外,财政承受能力论证、物有所值评估等前置条件往往成了一种形式,不能充分、有效发挥筛选项目和甄别风险的作用。地方政府顺应经济社会发展,要求积极使用 PPP 模式从事公共基础设施项目建设,符合改革创新的大方向,应予以必要鼓励、引导和风险防范、规则约束,但在方兴未艾的现阶段,出现越是经济落后的地区,入库的 PPP 项目越多,越是经济发达的省市,入库项目越少等现象,这使人对《预算法》修订前地方层面隐性负债的乱象心有余悸。其实,欠发达地区对 PPP 更高的积极性有其客观原因和一定合理性,隐含着 PPP 调动全国统一市场乃至国际市场上部分社会资本助推我国相对欠发达地区实现超常规"反梯度推移"式发展的潜力和可能，也表明必要的规范与风险防控的专业化时不我待。

针对以上问题，应参照国际会计准则委员会及国际公共部门会计准则委员会的相关准则，如 IFRIC 12、IPSASA 32 等，尽快制订、颁布和试行适合我国情况的 PPP 会计准则，基本思路可遵循镜像互补原则，把 PPP 如实作为合作平台，出台可同时一并规范政府方和社会资本方的 PPP 会计处理准则与政策，防止孤儿资产的出现。建立健全 PPP 项目财务信息披露制度，完善 PPP 市场监管措施，以求在鼓励创新的同时有效规范地方政府的融资行为。

2. 将 PPP 项目纳入政府资产负债表，全景图式客观反映政府负债（含或有负债因素）的规模

根据《国务院关于加强地方政府性债务管理的意见》（以下称 43 号文）的规定："经国务院批准，省、自治区、直辖市政府可以适度举借债务，市县级政府确需举借债务的由省、自治区、直辖市政府代为举借""地方政府举债采取政府债券方式"。可见，我国现行规则为省级地方政府经国务院的批准可以举借债务，但只能以发行地方政府债券的方式实施。虽然 43 号文鼓励地方政府通过 PPP 的方式创新融资机制，但 PPP 项下的债务不属于政府债务，因为 43 号文同时规定："政府对投资者或特别目的公司按约定规则依法承担特许经营权、合理定价、财政补贴等相关责任，不承担投资者或特别目的公司的偿债责任"。把 PPP 项下的偿债责任在政府与社会资本之间做切割可以说有工作上的必要性，但这并不意味着政府与投资者或特别目的公司（SPV）之间永远不存在或有债务关系。

在PPP模式下，似乎政府不仅增加了公共产品或公共服务的供给能力，而且还没有提高财政支出或债务规模。实则不然，本质上说PPP主要是以机制创新控制政府债务规模并且"少花钱多办事"地产生乘数效应和提高资金与项目的绩效，但如果看上去不涉及任何政府未来的支出压力与或有债务，则只是一种表面的财政幻觉。正是由于PPP具有时间转换器的作用，政府可将传统模式下的一次性结账工程建设活动变成新模式下的分期付款的工程采购式交易行为。如加入了企业方的运营期，则是要充分运用使用者付费机制的现金流减少（冲抵）政府还本付息，但并不绝对排除必要的政府方以可行性缺口补贴表述的付费加入其内。可简要地假设举例（不涉及运营期）：比如，某地方政府决定新建一个投资规模为1000万元且由政府付费的项目，在传统模式下，政府要么扩大支出规模1000万元，要么举借债务1000万元，总之这1000万元需要在政府当期账面上反映出来。而在广义PPP概念中的BT模式下（从学理上讲，BT可认为归属于广义PPP），政府无须在当期账上记录该项资本性支出，只需在约定的随后10年中，平均每年向社会资本支付100万元款项即可（这里不考虑资金的时间成本）。

如此，每笔款项只需在实际支出时，才反映在政府的账面上，这也是收付实现制度下的记账原则。依据我国目前的实践，对政府付费类PPP项目的会计处理采用的就是收付实现制原则。但收付实现制容易低估PPP给政府带来的财政成本及未来风险。在当前的政策与制度规范下，PPP项下的政府未来支出（即负债）不作为政府负债处理，因此PPP才可能成为地方政府借道的一种表外融资机制。客观地说，现行PPP流程规则中所要求的财政承受能力论证，已提供了约束这种未来支出安排的原则上的天花板，政府付费的可行性缺口补贴概念是将这些未来支出制度化地纳入了地方政府预算程序，这些都值得称道。基于此，如进而考虑引入相关预算管理的权责发生制会计准则，这一问题的财务表现将更为合理，更有利于多方实行共同监督。

在此视角下，一方面，应加快政府综合财务报告的编制工作，将 PPP 项下的资产及负债（可先针对政府付费类 PPP 项目）按权责发生制规则记入政府资产负债表；另一方面，利用现有的地方政府债务限额管理制度，力求清晰量化设定每个省、市、县 PPP 投资总规模的年度操作上限。此外，将 PPP 项下的负债（其中包含或有负债因素）纳入其中（工作中专业化地设定其占比的量值或量值空间），会合乎逻辑地扩大政府负债统计范围，但这是对应于资产的扩大或未来资产的扩大，并不意味着实际增加了政府债务负担，只会更真实、全面地反映政府的负债全景图，促使各方更有效地防范相关债务风险。

3. 修订有关法律法规时应考虑将 PPP 确认为政府举债的渠道之一

修订后的《预算法》第三十五条规定："经国务院批准的省、自治区、直辖市的预算中必需的建设投资的部分资金，可以在国务院确定的限额内，通过发行地方政府债券举借债务的方式筹措。举借债务的规模，由国务院报全国人民代表大会或者全国人民代表大会常务委员会批准。省、自治区、直辖市依照国务院下达的限额举借的债务，列入本级预算调整方案，报本级人民代表大会常务委员会批准。举借的债务应当有偿还计划和稳定的偿还资金来源，只能用于公益性资本支出，不得用于经常性支出""地方政府及其所属部门不得以任何方式举借债务"。

从以上规定可以看出两个要点：一是经国务院批准，省、自治区、直辖市可以通过发行地方政府债券的方式举借债务；二是除发行地方政府债券外，地方政府及其所属部门不得以任何方式举借债务。因此，PPP 属于不得以任何方式举借债务所禁止的情形。另外，尽管 43 号文提到推广 PPP 模式，但已与政府的举债方式作了切割使之与《预算法》不相冲突。但作长远计议，未来有适当时机修法时，可考虑明确 PPP 作为地方政府举债渠道之一的法律地位，那么无论是出台 PPP 会计准则，还是把 PPP 项下资产负债适当纳入政府资产负债表，都会得到法律规则体系的匹配。

因此，借鉴 IFRIC 12、IPSAS 32 等基本原则制定符合我国国情的 PPP 会计准则的进程中，应把握适当时机修订相关法律法规，确认 PPP 为地方政府的举债渠道之一，从而为实现 PPP 创新的兴利防弊奠定更周全的法治基础。

# 第五章
# 变化中的社会事业创新

# 中国养老保障体系制度建设框架和现实问题

目前，中国社会未富先老，且即将进入超老龄化社会。根据预测，我国基本养老保障和养老保障体系年度的资金支付高峰期，将于2030年左右到来。与国家养老保障体系运行可持续性相关的制度建设被决策层高度重视。在制度框架方面，明确要求不断充实全国层面的社保基金理事会管理的战略储备资金，但如何建成覆盖全体社会成员、常态运行的"三支柱"养老保障体系，尚处于进一步探讨和渐进的过程中。

中国养老保障体系运行中可持续性的制度建设，应该是逐渐趋向全社会一体化的养老保障体系。过去，在中国城乡分治的状态下，城市归城市，农村归农村，两者是相互独立的体系，如今虽然不可能一下把农村区域的支付标准提升到和城市同一个水平，但至少在概念与取向上，开始有了城乡一体化的趋势。

目前，我国凡是企业、单位（除公务员和参公单位），都建立了基本养老缴费制度，由此构建了养老保障"三支柱"的第一支柱，从而形成了所谓的带有互济功能的蓄水池，即基本养老金统筹。但这种蓄水池的存在状态是碎片化的，即使做到省级统筹，全国目前至少还有30个以上的蓄水池。而真实情况是，省级之下还有为数更多的只做到了市县级统筹的小型蓄水池。理论分析早已说明，我国亟须在制度设计和推进改革中，把蓄水池提升到与全国统一市场相匹配的全社会统筹状态，进而以蓄水池内在互济功能的提高，体现第一支柱应有的绩效。具体实践中，全社会统筹的改革目标十余年前就已写入了国家经济和社会发展的五年规划，但却一直未能实现。

企业年金和职业年金是养老保障"三支柱"的第二支柱。在中国整个养老保障体系中，目前其所占比重很小，支撑作用还很弱，是相当边缘化的。而国家早已明确了要借鉴个人所得税"递延缴纳"的国际经验，制定优惠支持政策，但试点的步伐尚未迈开。从制约因素观察，因为企业年金、职业年金原则上带有自愿性质，生产经营结果在其财务表现上较好的企业、机构及其员工的意愿会更强，形成较为有力度的企业年金及职业年金的认缴给付，但中国目前处于改革深化的过程中，有个问题还没有得到良好解决：企业机构财务指标上的好坏，是否都是在公平竞争环境下源于自身努力形成的？很多情况下这个问题的答案是否定的，即会有一些特殊的垄断因素和非公平竞争因素施加其中。因此，中国有关部门在推进企业年金制度建设方面是相当谨慎的。以配套改革促进企业间的公平竞争，并加快推进与收入分配相关的改革使之更为公平，将对促进养老保障第二支柱的发展形成非常重要的影响力。

商业性养老保险是养老保障"三支柱"的第三支柱，有关管理部门的指导方针是使之与第二支柱一样，得到个人所得税递延缴纳政策的支持。但在实际中，中国目前有意愿购买商业性养老保险的社会群体是中国先富起来的阶层，当这部分人的金融意识和保险意识提升之后，他们有能力购买这类产品。但中国整个社会里，大量的社会成员仍属于低中收入阶层,这部分人大多有心无力,其收入条件尚不能支持他们积极参与第三支柱。

总体来看,我国对养老保障"三支柱"的建设要进一步凝聚共识,在已有基本共识的基础上,有针对性地解决一些可能产生阻碍因素的问题,降低摩擦系数,以积极推进其建设和发展,适应经济社会发展中对于养老保障体系的客观需要。例如,与第一支柱制度建设相关的基本养老金提高统筹层级,是一个颇有代表性的现实问题,值得抓住此类问题求得重点突破。

从原理上说,中国的社会主义市场经济是个统一的市场,统一市场里最好的要素供给机制之一,是使劳动力无壁垒自由流动。而与这个自由流动机制相关联的最好的基本养老待遇,应该是全社会一律的。其中道理相仿于个人所得税不能考虑其起征点在各地设立不同的标准,因为这违背了人力资本作为生产要素自由流动应尽量减少壁垒与摩擦这一内在要求。当下,基本养老缴费之所以形成各地方自行统筹,而没有到达全国层级的一个重要因素,就是基本养老缴费制度设立之初允许各个地方存在一定差异,从而形成了直观的不同利益主体。随后,在各个地方先后有相关管理部门建立机构、配置人员,在全国管理部门的概念上,形成了拥有几十万管理人员的机构体系,进而衍生了既得利益问题,以至造成了十几年来无法突破省或省以下统筹局限的情况。

当下,有两个必须明确的问题:第一,各地缴费水平不统一,一旦形成全社会统筹"大蓄水池"之后,所有养老金受益人依规则到时"取水"(即领取养老金),完全可以依数据库的技术支持分段计算。而新阶段的全国统一缴费标准立刻会新增减少劳动力流动摩擦因素的正面效应,并且会带来"蓄水池"功能大幅提高、缴费标准随之适当降低（养老待遇却不必降低）的优势。

第二，随着 2018 年个人所得税改革的实施，中央已经下决心将所有基本养老缴费统归税务部门管理，因此中央一定会解决原有部门收费机构人员的安置和分流问题，于是这个原来的既得利益阻碍因素得以消除，于是得到"只有人受益而无人受损"的帕累托改进。当下，亟须以改革意识助推，推进全社会统筹：蓄水池的功能提高了，随之可以降低缴费标准，也就回应了市场主体，即广大企业关于降低负担的诉求，并会解脱一大批按原标准缴费不足的企业。近两年内，中央调剂金仅有 3%～3.5%，只能发挥边缘化的调节作用。因此，应紧紧抓住这个可以实现帕累托改进的新局面，在只有人受益而无人受损的情况下，争取把基本养老保障制度建设中的统筹机制，提升到应有的水平。

这个大蓄水池功能的充分发挥可以化解很多矛盾。那么，现实中最突出的矛盾是什么？例如东北地区等老工业基地，其基本养老支出早已入不敷出，需要中央政府介入，通过实行各类调节，填补基本养老金的缺口，让那里的退休人员按标准享受养老待遇。但在另外一些地方，如广东一些地区，劳动人员的年龄结构相当年轻化，当地的统筹蓄水池里有大量滚存结余，使水位越涨越高。在满足当地每期的支付需求后，对于富裕的部分，这些地方会将其干脆划入国家战略储备层面的全国社会保障基金理事会，由这一机构代行投资，这部分资金所获得增值部分的所有权仍属于该地区自身。但并不能调拨到其他存在缺口的地方以解燃眉之急。

总体来说，当下已有的所谓统筹基本养老的蓄水池机制，整个系统的合计存量规模看似越来越大，可以覆盖所有人的需求，但实际上是碎片化地分散在几十个地方的小蓄水池中，并且无法越界调用。对于这个系统而言，上述问题该如何解决？答案是应考虑将统筹层级提高到整个社会，实现资金的调剂使用。那么，如果进行这样的改善，是否会出现损害一部分人利益的情况？答案是否定的。因为，所有地区的人们退休后所获得养老金的标准都是法定的，并不会因为统筹层级的提升增加或减少。但随着统筹层级的提高，整个系统的绩效将会提升，而标准缴费率将随之降低，从而全国的缴费人员共同受益。

总而言之，在供给侧结构性改革概念下，在由中央指导的建设现代化经济体系这一主线中，体现在基本养老这一制度建设方面，一定要不失时机地通过制度创新，形成合理化的有效制度供给，从而提升整个供给体系的质量和效率。

# 我看"轨道交通——轨道经济"

时间：2019年2月24日
地点：济南
会议：济南长清轨道经济论坛

广义来说，轨道交通至少可分为城轨和高铁（包含普铁）两大类别。在此侧重讨论城轨的概念，其功能、意义及相关特点可做如下勾画。

现代社会，在城市化、工业化和信息化等发展潮流的推进中，必然会形成一些中心区域，这些中心区域的城轨建设是为社会现代化水平提供支撑的一种重要公共交通基础设施。如果用经济学的语言描述，城轨就是为人和物的位移提供供给，将这种供给能力的提升对应到经济学理论上，就是要素流动及其优化组合得到了供给能力的支撑。

显然，相关要素能否顺畅、便捷地流动，又关系到经济学中降低社会总体交易费用，在资源组合中使绩效潜力充分发挥的问题。因此，中心区域的轨道交通直接、间接地联系着"时间就是金钱、效率就是生命"这类资源配置绩效命题，并且它往往具有强烈的"正外部性"，如果直接看轨道交通的投入与它在财务表现上的相关回报，往往并不足以说明它的意义。从全球来看，对于中心区域的轨道交通，各个经济体往往不惜以政府补贴来维持其运行，从而追求正外部性。

改革开放 40 年以来，我国经历了从站起来、富起来到强起来的历史性飞跃。在新时代下，人民的美好生活需求要得到更好的满足，我国的现代化进程要持续推进。因此，我们必须正视：总体而言，我国一系列中心区域轨道交通领域的发展，仍落后于国际水平，特别是国际上发达经济体的水平。在一些国际化大都市的中心区域，与城市宜居环境、城市和周边地区形成的都市圈，支撑城市活力和吸引力的产业圈、产业集群等相配套的，公交体系必不可少。总体而言，一个区域的综合产出能力一定与该区域的轨道交通体系密不可分。整个城市经济社会的活动效率，以及人民群众对生存和发展环境的满意度，也与轨道交通网息息相关。

如果将北京和纽约、东京等地的轨道交通情况进行比较，可以看到很直观的结果。当人民群众的生活水平提高后，越来越多人希望拥有私家车。但在北京，对社会成员购买私家车已经实行了多年摇号政策，且中签比率非常低。那么，是什么原因使得百姓的诉求面对几乎不可逾越的障碍？这恰恰与轨道交通公交体系的供给能力有直接关系。

而在纽约和东京等城市，从中心区域延展至周边，都形成了密度足够的轨道交通网。其中，东京的轨道交通网不光实现了全覆盖，并且具有非常明显的立体化的特征。东京的轨道交通，无论地铁、城轨还是轻轨，都可以实现各种功能在各层之间的切换，对于全社会成员，即使是需要使用轮椅的残疾人，也能在各层之间实现联通。而在机动车购买需求上，纽约和东京的市民购车大多不是为了解决代步问题，而是出于解决应急需求或在周末和假日使用。对于通勤需求，他们往往通过轨道交通来实现，不仅安全、准时，而且能够减少污染。这就是通过供给能力化解矛盾，轨道交通的有效供给支撑着社会生活的和谐。

　　由此来看,轨道交通网的建设应纳入经济社会的通盘规划,合理确定其重要位置,充分发挥从公交供给到环境供给,再到宜居城市和产业集群所应发挥的重要支撑作用。在除北京外的其他城市,这种规划方式也非常值得借鉴。在发展的过程中,必须追求从追赶到赶超这一战略指导下的超常规发展。在这其中,将会涉及统筹协调、循序渐进、控制风险、创新机制等综合要求。从轨道交通上升为轨道经济,意味着它实际上关联的是整个经济形态的打造,是依据这种经济形态,使区域发展跟上时代与形势的要求,大踏步地通过超常规发展,创造应实现的不平常的业绩。

　　毋庸讳言,轨道交通虽然意义重大、功能综合,但其特点是建设颇有难度。从投资来看,不仅规模大、周期长,且项目的营利可能性通常较低,因此必须配合特殊的政策支持。但对于这个特点,我国在发展的过程中形成了一种很好的对应性创新解决机制,例如PPP。

　　以济南市长清区为例,目前已经形成了可行的轨道交通规划和相关基础设施公共工程配套发展规划,在这样的新起点下,应更积极地对接后续滚动开发中的 PPP 机制。这个机制的优势不仅是解决资金问题,即吸引政府体外的民间资本和社会资本,共同进行公共工程、基础设施乃至产业园区、产业新城连片开发等项目,在长达几十年的时间内将建设和运营结合在一体,更重要的是,这一机制将政府和企业,以及能够贡献特殊智力支持的专业机构聚集在一起,形成"1+1+1>3"的绩效提升机制。这一机制是由创新机制发展而来的,实现了各个主体之间的优势互补,在法治化保障下,在稳定的预期内共同合作。通过调动风投、创投、天使投资等领域的社会潜力，支撑经济社会的高质量发展，并且这种影响力将覆盖很长的历史时间。

但在PPP的发展过程中，当然也会有很多争议，简单概括如下。

首先，要防范债务风险，但对PPP相关风险的防范，指导思想是疏堵结合，并且"堵不如疏"，这是援引"大禹治水"的古老智慧。市场经济的整体发展中，政府一定要面对有偿取得资金的金融市场，一定要面对投融资，并把商业性金融和政策性金融结合好。PPP机制中的相关债务，应在法治化、阳光化、专业化条件下，有效地防范风险，并发挥积极作用。此前一段时间，随着PPP的逐渐发展，人们对所谓的假PPP、伪PPP产生了担心。那么，必须明确的定义是：什么叫假？什么叫伪？什么是真正值得推崇的PPP形式？其实，我们所追求的无非就是实现风险共担、利益共享和绩效提升，实现法治化、阳光化和专业化。

在此追求下，对人们担心的名股实债、短债长用，以及因违规带来风险等问题，当然要"堵"，但更要"疏"。例如，加入PPP的这些社会资本的股本，以后应对接的是金融资产交易平台，要形成规范的进退通道。这完全可以和市场经济资源配置优化机制合理对接，从而形成既防范风险、又解除社会资本顾虑，既有国际经验，又有自身探索空间的制度性疏堵结合。其实，PPP恰恰是在控制风险方面形成了前所未有的阳光化特征，其信息高度透明，一个项目的科研只是最初的铺垫，在此基础上，在物有所值评价、财政承受能力论证后，还有合作方自愿签字之前的反复磋商，最终形成协议文本。这些都是对风险的控制，是将法治化保障条件下的规范化、专业化要素，在阳光化的条件下推到尽可能高水平的创新机制。

在已有的轨道交通基础设施之上，在轨道交通对接轨道经济，对接辖区综合高质量升级发展的过程中，当然要利用这类机制创新，必将大有可为。当下，利用这些公共工程基础设施对接的机制创新，还将形成扩大内需的作用与意义。显然，在中国现代化升级发展之下，世界最重要的双边关系——中美关系，已经进入新阶段。对此，中国需要特别注意扩大内需，以应对外部的压力和干扰。想要实现扩大内需，首先要考虑扩大有效投资。我国100多个百万人口规模以上中心区域的轨道交通网的建设，就是确定无疑应该做的有效投资，它是支撑未来中国经济社会发展后劲的一种投资。并且，这个投资过程有其先导性，"要想富先修路"，创造一个新的发展局面，首先要有交通基础设施的充分支撑，这个前提条件是实现建设的一大重点。

在此方面，我们要把扩大内需这个眼界，从有效投资切入，落到调动消费上。我认为，可持续消费潜能的发挥，一定需要用有效投资打开局面，从而支撑整个产业和社会活力的发展，并带动百姓的预期，最终激发消费潜力的释放。在这个意义上，从轨道交通到轨道经济，将是一个非常重要、事关全局的带有支撑意义的概念。

目前，济南市长清区轨道交通建设项目，已经实施了大规模投资和投入，这种超常规的势头可喜可贺，它将使这个区域在发展中形成由基础设施给予的加力增效的正面效应。这种加力增效将帮助城市打开更好的跨越式发展新局面，使产业集群、大学城、著名景区、历史古迹等资源条件，以及人们越来越看重的良好生态、医养、旅游环境等相得益彰。而在轨道交通之上的轨道经济，将融入地方政府辖区综合高水平升级和全面开发这个经济大局面。

但在发展的过程中，还有一些疑点和难点值得积极探讨。其中，在举债问题上，防范风险极为关键，一方面既要承认基础设施建设的超前性，尽可能打足提前量；另外一方面，要避免某些情况下可能出现的头脑过热、提前量过大。在PPP创新的过程中，既要注意"堵"的方面，更要注意"疏"的方向，包括创新和发挥乘数效应等，真正突破因为因循守旧而形成的种种障碍。在我国的一些增长极区域，所体现出来的是一种激情的氛围，一些人士具有强烈的"想干事、会干事"的诉求，如果加上优秀机制的配合，那么就会实现"干成事，事半功倍而不出事"。在新的起点上，长清区已经形成了很好的基础性轨道经济条件，使得城市在已有的天时、地利、人和的支撑上，继续超常规发展，打造奇迹式的新的辉煌！

# 关于"文旅融合"的认识和发展思路探讨

时间：2018年7月
地点：北京
会议：文旅融合发展论坛

关于文化和旅游相融合，我认为可从以下3个层面分析：从旅游切入，然后切换到文化的视角，最后是促进文旅融合发展。

首先，旅游的视角。当下，文旅概念在我国社会已经形成了较高的接受度，大家都能够理解文旅即文化与旅游的融合。并且这个概念也有了较高的现实对应性，不少企业正在结合文旅融合概念，结合自身在特定市场的位置上，思考如何适应社会需要实现创业创新，促进企业的发展。

如果从旅游的角度分析文旅融合的概念，这里的"旅"并不仅仅是通常所指的社会成员地理位置的改变，它一定是与休闲和享受这一层次的需求结合在一起的。人类社会活动中的迁徙自古就存在，而当下人们所处地点的改变并非简单的迁徙，而是发展到一定阶段后自然而然产生的需求升级。在生存这个层面上，又有发展的需求、享受的需求，而旅游所对应的是比生存更高的升级需求。以前，在生存的压力下，人们产生了迁徙行为。但当下的旅游绝不是在被动和压力的情况下产生的活动，我们需要将旅游的概念对应到人们需求的升华和发展这个层面上。对于这个问题的理解对应着当下一个非常宏大的主题，即我国社会的主要矛盾已经转化为人民日益增长的美好生活需要和不平衡不充分的发展之间的矛盾。为解决这个矛盾，需要抓住不平衡这个结构问题作为矛盾的主要方面，实现优化结构、优化供给。其中，供给结构中必然包括覆盖人民群众旅游需求的有效供给。

关于人们在旅游方面的消费升级，在近几年的观察中已经找到了很多具体表现。例如，包括北京在内的一些城市，已经基本告别了以往成规模的团体旅游。过去，我们在北京前门附近，经常可以看到一些旅游团的聚集点，许多导游举着小旗子，带领一二百人甚至更大规模的团体，按照固有的旅游线路展开活动。但如今，除了一些地方的小规模团体旅游活动，一线城市总体而言已经告别了排浪式旅游的高潮期。但三、四线城市的一些特色小镇上，这种排浪式旅游反而正在发展。可见，国内旅游业是在不同层级上按照梯度推移发展的。在这种变化的过程中，大趋势是更多地站在用户的角度上，为他们提供更多的个性化的选择。在这种选择中，必然伴随人们在文化视角上的诉求，这其中就具有升级的特征。

现在越来越多国人选择去国外旅游，但却很少有人再选择参与上百人规模的旅游团，旅游方式也不同于以往多国旅游的模式，而是倾向于更加小众或个性化的旅游地。甚至二三十人的规模就已经很大了，更多的是五六个人的团队，过程中还有很多个性化和定制化项目，参与者根据自己的偏好进行选择。在这些变化中有一个明显的趋势，如今想要满足人们美好生活的愿望，就要顺应生活升级的需要。具体到旅游方面，则需要从用户体验入手，其中品位和文化内涵的提升是大势所趋。因为越来越多人得到了更好的教育，在这种潜移默化的影响和收入的提升下，都要求其所参与的旅游活动更具文化品位。

其次，文化的视角。文化的概念其实非常难定义，如果你去搜索，可以找到几百种关于它的定义。我认为，可以将文化理解为人类社会文明概念取向下涉及语言、文学艺术、伦理、习惯和遗产积淀等具有一定升华表现的所有事物。也就是说，文化涉及文明的概念，这两者虽有不解之缘但又存在区别。例如，文明更多地强调共性，人类文明发展的主潮流是共性的汇合，包括工业化、城镇化、市场化、全球化、高科技化，以及民主化和法治化。但文化往往更强调尊重个性，随后是一定的引导，以及与文明的对接。我们所看到的文化是五彩缤纷、五色杂陈、各具个性的，也无分高下，但文明总体而言是从低向高发展的，形成各种五彩缤纷的文化的具体形态，并对接到人类文明发展的主潮流上，最终才值得肯定。在文化与旅游的融合方面，个性化与共性的结合也是必然存在的。对于那些现存的、有个性的文化，人们愿意在它没有消失之前去了解和欣赏。而在现实中，文化与旅游的结合也是自然而然、潜移默化产生的。人们参与旅游活动最初的目的可能是休闲和享受，但在实际进行的过程中，可能会引发人们的思索并带来认识的升华。如果加上文明的引导，这种升华就是值得肯定的。其实，文旅融合所对应的，是大千世界里存在的很多个性文化，如果我们将其看待为一个事业，则要有意识地对其发展施加一些积极的引导，在保留实证的同时，也要注意综合的结果，即是否能对接到文明的升华和价值规范的引导。

最后，文旅融合的视角。基于以上分析，可以对文旅融合的概念形成这样一个认识：它指的是随着旅游的发展，把各个民族、各个地域有特色的旅游目的地可发生的活动中相联系的种种文化相互渗透的综合形态。这些渗透了各类文化故事和文化要素的旅游目地,将最大限度地实现参与者用户体验的升级,从而促进旅游业的蓬勃和兴旺。在文旅融合的概念下,其发展思路和要领可提炼为4个对接和1条主线。

第一,对接市场。在中国走向现代化的过程中,已经确立了中国特色社会主义市场经济的目标模式,当下我们正在努力进一步将其完善。党的十九大明确指出,要构建现代化的经济体系。因此,应在社会主义市场经济这一目标的基础上,进一步符合现代化的规律性要求。这其中最基本的规律是资源配置,应把握好旅游业发展中市场这个决定性机制。由此,对接了市场的旅游业发展,融入了社会主义市场经济的目标模式。在实际中,大量对旅游业形成实际支持的因素,其实是以小微企业为主的市场主体。他们在利益驱动下,对接市场机制,贡献了自身的潜力和活力,使各个地方的旅游业在市场环境中,形成资源配置优化取向上的有效供给。

第二,对接政府尽可能高水平的支持和引导。中央在这方面形成了很清晰的表述,即在市场决定性的资源配置作用下,政府要更好地发挥作用。在中国特色社会主义市场经济体制下,政府如何发挥好作用,是改革开放以来一直探寻的政府和市场关系的核心问题。我认为,在旅游业发展文旅融合的过程中,政府支持和引导最关键的问题并不是方向。对于方向,大家很容易认同,如绿色、环保、服务优化、内容健康丰富等,其真正关键的问题在于政府支持机制如何实现合理化。对此,传统体制下一些得心应手、驾轻就熟的方式可能未必适用,想要将具有产业政策色彩的定向化支持落实到合理且尽可能减少扭曲和失误的贯彻机制上,必须结合改革创新。以融资支持为例,首先要承认商业性融资,但不可避免地要加上以政府财政资金为后盾的健康、可持续的政策性融资支持,包括普惠金融、绿色金融、小微金融等，这些无一不带有浓厚的政策色彩。如果仅靠商业性金融，这些政策色彩很难延续并持续发力。因此，配合旅游业实现文旅融合所需的大量草根层面创业、创新活动发展的融资需要，一定要探讨如何合理地形成政府的引导和支持，而保持这种政策性融资机制的可持续性，是一篇以供给侧改革为主题的大文章。

第三，对接社会自组织机制。包括与旅游业和各个旅游点相关的作用主体，如志愿者组织、公益组织、环保组织等，这些社会上第三部门的贡献和作用不可忽视。如何在中国发展公益慈善事业和环保事业，是中国升级发展中另一篇重要的文章。

第四，对接创新。创新发展是第一动力，这其中有两个视角。一是机制创新。例如，目前我国很多地方都在打造文旅融合的特色小镇。对于这些连片开发的特色小镇，可以积极探索通过PPP模式来实现。在需要几十年时间建设和运营的特色小镇项目中，政府和社会资本实现合作，双方以和衷共济的伙伴关系实现优势互补和风险共担，从而提升绩效。好事做实，实事做好，整个项目的进程可以有效加快，最终使百姓获得实惠。在此过程中，一些人士认为PPP经过了几年的大发展，是否应本着控制风险、从严管理的原则适当叫停。我认为，PPP机制并不应该被叫停，但需要适当进行稳定调整，重点强调规范化。而这也是符合波浪式发展规律的，经过一轮大发展后，在波浪式稳定的过程中，目的是促使其更好地形成规范、健康的发展态势。所谓规范发展，即法治化、阳光化和专业化。在这几个要素的相互配合下，对文旅融合的特色小镇建设方面，PPP的机制创新一定会形成独特的贡献。

二是技术创新。科技创新中，"互联网+"对旅游业起到了非常明显的促进作用。当下,市场规模最大的酒店组织,不再是过去我们所知的一些大品牌连锁酒店。而是一个已经在网上形成了全球最大实际覆盖规模的平台,这个平台的主体没有实体店,但可以通过"互联网+"为市场提供有效供给,让人们在旅游过程中便利地做好住宿安排。当然,这其中是由"在商言商"立场上形成的一种新的有效供给,是借助"互联网+"形成的新的供给侧营商模式。当下,人们已经可以较为便利地通过网络获取旅游信息指导,但如果想让这类服务接近国际化的先进水平,达到更好地为百姓服务的目的,还需做出许多努力。因此,相关的技术创新在中国的发展空间仍非常大。

在4个对接的基础上,1条主线则是要回到供给侧结构性改革这条主线上。中央层面指出,供给侧结构性改革是构建现代化经济体系的主线。那么,这条主线在文旅融合的旅游业内该如何理解?实际上,供给侧结构性改革强调解决方案必须是定制化的。即通过优化结构,形成定制化的解决方案,而这个解决方案所针对的是各个区域、各个领域,以及各个具体的企业集团和市场主体。包括我们需要处理的某个具体场景下的文旅融合项目,要针对其形成尽可能高水平的定制化解决方案。这个方案所需要贯彻的,是供给侧结构性改革层面抓住主要矛盾、优化供给这个要领。

具体来看,对于博物馆、艺术馆而言,想要实现文旅融合是相对容易的。只要你进入到那个环境中,便处处可以感受到文化气息,得到特殊的用户体验。那么,其他形式的旅游应如何实现文旅融合?

以山地旅游为例,其定制化方案应从哪些方面入手?例如,在西藏近年来的山地旅游项目中,最典型的就是攀登珠峰,这项活动具有非常特殊的魅力。那么，在这种具有探险性质的山地旅游中，其文化含量是什么？其实是更好地认识人与自然，思考人们生存的哲理等，如何把这些内容处理好就是定制化方案要解决的问题。再如，2018年贵州梵净山被列入世界自然文化遗产名录，这个地区应如何借助自然生态条件所带来的魅力推进文旅融合，并形成定制化方案以推进企业和投资主体的积极性？这也是一个值得思考的问题。

一直以来，人们都对中国的名山大川津津乐道，所谓"五岳归来不看山，黄山归来不看岳"。但从发展文旅融合的角度来看，可以打开更丰富的想象。在我国，除五岳、黄山之外，还有很多值得观赏的山地景观，有些虽然知名度并不高，但景致却也是魅力无穷的。值得思考的是，该如何挖掘与其相关的"润物细无声"式文化因素，形成一个具有影响力且五彩缤纷的图谱，从而引发人们的无限兴趣并积极参与。我相信，这是一个对山地旅游概念及文旅融合概念相关解决方案的通盘考虑。当然，在这方面或许需要相关规划和管理部门牵头，让更多业内专家献计献策，从长计议。与此同时，势必会自下而上地吸引各地方一些力量雄厚的民间企业的参与，他们也会有自己的创意和希望去做的事情。由此，通过上下互动，我们可以将中国更多名山大川以及那些尚不知名的美丽山川，都纳入山地旅游和文旅融合概念，相信这番事业将非常具有前景。

在促进文旅融合的过程中，主要任务是提升旅游业的文化含量和品位，形成独特的文明发展魅力，从而促进行业的健康和创新发展，满足人们实现用户体验升级和美好生活的切实需要。并在进一步提升国民素质和促进文化交流与文明进步中实现企业的共赢发展，为经济繁荣做出贡献。

# 全域旅游的发展与共享房车产业融合愿景

时间：2018年12月7日
地点：福州
会议：全域旅游与房车业发展论坛

  当下，全域旅游和房车旅游是人们关注颇多的两个概念，实际上，这两者存在着天然的契合。全域旅游是在整个区域中按照旅游主体的偏好，带有明显的需要便捷变换具体地点方位和滞留时间的可选择性，这种可选择在落实的过程中，应该具有使用户满意的便捷性。在全域旅游这个与用户体验升级直接相关的概念下，立刻体现出了房车旅游的优越性。房车旅游的方式通常是，一个家庭或几个亲密的朋友共享一辆房车，并以此作为聚居的载体，享受旅游带来的愉悦。

  如今，我国越来越多人被这样的模式所吸引，有越来越多家庭倾向于共享生活质量，一同按照自己设计的旅游线路与意图，以驾驶房车出游于全域的形式得到用户体验。对于房车旅游来说，其发端是西方的一些地区。20世纪80年代，我在美国做过1年访问学者，那时我就注意到，房车在美国旅游业中已经成为一种很普遍的公众选择。

  在当时的美国，无论是自己购买还是租赁的房车，驾驶者上路以后，都可以在沿途政府设立信息中心内（那时还没有出现现代的网络与智能手机），得到尽可能充分的旅游信息。人们可以根据这些信息对自己规划的大致路线进行一些微调或形成自身偏好的特定选择。可以直观地看到，在当时的美国社会里，这类房车出行所得到的服务，就是在一些基本的旅游路线沿线，有标志非常鲜明的房车宿营地，在那些宿营地里，可以很便捷地在停车位上获得水和电的供应。附近也有一些商业上的配套设施，包括小卖部形式的商店及自助售货机。总之，基本生活所需的一些便利条件，都已经尽可能地实现了配置。此外，在房车旅游方面，还会配置一些服务，例如车辆出现故障以后的救援，以及政府设立的特定情况下的求助电话（那时手机尚不普遍，相隔不远的每个地点都设有一个固定电话，特定情况下可用于和外界联系）等。

几十年后的今天，我国的房车旅游产业得到了一定发展，但在很多具体的维度上，仍有很多需要改进之处。但这也意味着我国房车旅游行业的发展潜力非常可观，其所对应的，是和全域旅游所带动的消费升级天然契合的尚待发展的旅游新模式。而这种新模式的主要吸引力，将来自于中国社会自古以来就非常看重的亲情和友情。其中特别要提及的是亲子关系，当下很多家长希望带着自己的子女，通过房车旅游的形式让孩子开阔眼界，一家人其乐融融。更理想的，上有老、下有小的家庭，全家五六个人开一辆房车出去享受生活。

那么，在旅游产业和房车产业的融合中，共享房车是一个怎样的概念？当下，我们的时代背景是信息化，在这个概念之下又产生了新技术革命和信息革命，以及它们所支持的"共享经济"这个前沿概念。共享经济将原来一些经济活动中的排他性前所未有地消化掉了，实现了同样的一份资源，在特定的信息技术的支持下，完成优化组合的共享。在旅游行业内，过去已有的分时度假酒店就是一种比较初级的共享方式。这些作为硬件存在的酒店,通过一定的市场运作,购买者可以得到种种优惠,每年按照自己的意愿和安排到指定酒店享受度假生活。此外,这种模式还可以成为一种投资方式。例如,某个人按照自己事先锁定的优惠条件向酒店付费,但是当他因为其他安排而没有去酒店度假时,可以将这个消费在整个信息网络里分享给其他消费主体,由此形成投资回报。从整个社会的角度来看,这种分时酒店的形式是把有限的资源做了更充分的运用,带有共享经济的特点。

而对共享房车而言,其显然值得在具体的营商模式方面做进一步探讨,其中一个重要的切入点,是以分时租赁为代表的新模式。可以假设这样一个情境:房车在购买时必然需要一定的资金投入,如果借鉴当下共享经济发展中的一些特定模式,即出资方不一定是一个人或一家人,而可以是多个人和多个家庭,甚至可以采取众筹的方式。在有信息技术支持的情况下,车的使用可以是分时的,分时使用及对应市场的租赁,便将满足不同相关主体的多样化选择的有效供给,组合成一个更高水平的资源配置,使资源得到充分利用。在这个共享的分时租赁模式下,不存在排他性,而是在信息的支撑下实现共赢,这个新的境界非常值得重视并在进一步寻求发展。

在一个好的构想和创意后面,紧跟着的必须是进一步细化的可行模式,还要通盘考虑其思路构架中的大量要领,以及设计上必须处理好的细节,进行一些不可回避的区域性的实验和试错也非常有必要。

在进行的过程中,有几个要素非常关键。

第一,要有充分的信任感,房车共享的模式该如何形成相关各方的信任？当下，区块链的特点就是要实现去中心化之下的充分信任，未来是否有可能将区块链技术对接到共享房车中去？

第二，具有鲜明的利益共同体特征，使各方借此寻求共赢。

第三，其模式应该是便捷的。不能让参与者感到麻烦，造成不便捷的困扰。

总体来说，从全域旅游概念到房车和共享房车，实现这个机制的创新和可持续共赢，是进一步推进中国现代化的潮流中，实现可持续发展和现代化升级发展的具体方案和着力点。

# 全域旅游发展与消费升级

时间：2019 年
地点：北京
会议：全域旅游论坛

全域旅游的发展是在现代化进程中满足人民美好生活需要的一种消费升级。从理论视角的基本认识来看，人们的需要是从生存开始的。人存在于世界上，生存是最基本的需要，随之需要温饱、小康，以及不断向上升级的发展与享受的需求。中国改革开放以来，在消灭贫困的过程中，我们不仅解决了人民群众生存权利方面所遇到的一些挑战，进而实现了温饱，并逐步实现越来越普遍的小康，逐渐接近于 2020 年全面实现小康的重要节点目标。今后，还要不断推进经济社会的发展，实现越来越多中国百姓和广大人民群众生活质量的提高，使人们拥有越来越丰富的生活娱乐，让越来越多社会成员感到精神愉悦。此外，在文化这一概念下，由文化的浸润所必然形成的是人民群众的多样化诉求和有效供给之间的互动，使人民的生活越来越带有美好的特征。在这种不断向上升级的发展中，就包括人民群众"衣、食、住、行"中属于"行"的旅游概念。

改革开放以来，我们越来越多地注意到，旅游是人民群众在提升生活质量方面，一种不可或缺的带有明显消费升级特征的活动。其消费升级的典型表征，是从最初人们只以一些非常知名和具有社会影响的旅游点为目的地，扩展到现在可选择的旅游目的地已经越来越丰富。此外，当下的旅游仍在不断地出现一些升级表现，成为人们非常关注的一个产业。

旅游业作为一个产业，在实际生活中对应着信息化和全球化。在考虑旅游这个产业未来的发展时，早已超越了将人们变换地点归因于源于生计的迁徙，而是一种以出行活动寻求愉悦体验的消费。当下，人们旅游的目的非常明确，就是要享受生活。当然，这其中也存在一些综合的情况，比如商务旅游。一方面是带有公务性质的，要完成一些业务活动；另一方面，结合这些公务，可以用更丰富的形态，结合沿途的一些生活体验，也结合对于各个不同区域的市场调查和市场拓展来扩大人脉，并通过各种形式的娱乐和欢聚活动寻求商业机会等。这些都是当下的旅游概念已经涉及的一些升级。

近年来，整个中国社会，消费升级是主流，其中就包括旅游消费的升级。在此，有必要专门讨论一下人们热议的"消费降级"问题。需要承认的是，我国社会存在收入分配差距扩大的特征。在收入分配差距扩大时，其中的一部分人群可能面临不得不进行消费的降级情况。可举例言之，对一个家庭来说，假设其中的某个家庭成员不幸罹患癌症，那么这个家庭势必要进行消费降级。全家人会想方设法筹钱，不惜工本地为其治病。那么，这个家庭的很多消费活动都要面临降级，这是无法否定的一种情况。

另外，在北方的农村区域，出于环保考虑，冬季通常采取禁止人们使用锅炉、煤球炉和蜂窝煤炉的方式，而这带来了两个问题。一方面，清洁能源的供应无法及时跟上，天寒地冻的情况下，百姓取暖成了问题。因此，对于没有能力将天然气、液化气接续供应到位的区域，只能通过恢复烧煤的方式取暖。在冬天无法通过合理方式获得取暖，这是一种消费降级。

另一方面，虽然一些地方能够得到清洁能源的供给，但成本很高。原本以烧煤方式取暖一年的成本在一两千元，而改用天然气取暖后，一年的取暖成本上升至 5000 多元。但冬天人们不得不取暖，对于每年增加的 3000 多元成本，人们只能依靠节衣缩食来获得，这也是一种消费降级。

对于以上情况我们要正视矛盾，不能否定。但同样不能否定的是，2016 年下半年—2018 年上半年中国的 GDP 增速在 6.7%~6.9%，而这些年居民的收入无论城乡，都与 GDP 大致同步，即百姓的收入在增长。总体来说，社会消费品零售总额一直高于 8% 的水平，人们在消费方面的主流仍是升级。虽然中美贸易摩擦有所升级，消费存在一定的向下趋势，但并不意味着中国出现了整体的消费降级。接下来，如果我们能够有效扩大内需和投资，将继续支撑后续的有效消费。

在中美贸易摩擦升级对中国经济的影响方面，虽不可低估，但也不可夸张。当下，市场中普遍的估计是，如果我们做出了良好的应对，GDP 的增长速度将调整至 6% 左右。因此，我们应通过努力扩大内需争取较好的前景。从近年来的宏观数据以及未来可能的前景分析，有信心说我国社会的消费升级仍是主流。当下，我国的有效投资空间还相当可观、可用、可贵，从中心区域到农村区域的大量基础设施和城乡一体化建设，以及满足人民群众美好生活需要的重点工程及建设项目数量非常可观。以有效投资支撑经济，并带动百姓收入提高，实现稳定的预期，并争取经济在向好的过程中释放活力，这种支撑所形成的消费，一定是中国经济社会发展的主流。

在我国经济社会进步及人民总体收入上升的过程中，全域旅游的概念实际上已经在某种程度上替代此前旅游的概念，是一种值得肯定的新概念。全域旅游是以特定和个别的地点作为旅游目的地而形成的出行活动与旅游方式。以往人们旅游的方式通常是，当兵马俑作为世界第八大奇迹受到了广泛关注，那么人们就热衷去西安旅游；而当人们选择首都北京作为旅游地，那么就一定要去颐和园、八达岭长城、故宫等知名景点。但现如今，全域旅游更强调的是对一个区域的通盘考虑（这个区域可大可小），既然人们将自己的一段时间安排给出行，那么可以将自己选择的各个旅游目的地串在一起来考虑。一个地区、一个国家，乃至全世界，都可以形成一个全域概念。这种全域旅游的具体形式，是从以往某个单一的旅游目的地，上升到黄金旅游路线一条龙，再升级到目标区域内一个由网状连接的集群化旅游目的地，形成通盘的旅游考虑。并且，这其中还会结合人们收入上升后所选择的自驾游，其特点是在享受生活方面更能符合人们自身的偏好。和朋友、家人一同开车出游，生活质量的提高不言而喻，其体验和参加旅游团跟着导游，大家一起坐中巴、大巴游玩是完全不同的。可以设想一下，对于这种消费升级，其全域的具体边界完全可以根据自身偏好来设定。

在全域旅游的概念下，有哪些供给侧的需要呢？显然是必须适应人民群众美好生活的需要，要以多方面的硬件和软件来实现条件建设和改进。这种条件的支持，可以使全域旅游在实际生活中越来越具有可行性，非常符合在生活质量提高这个方面化解社会主要矛盾，以"以人为本"的立场，为社会成员提供越来越带有现代化特征的和旅游相关的有效供给体系，这种有效供给将体现在具体的产品和服务形式上。这其中伴随着我们必须抓住的改革，即在经济社会发展中的制度安排下，在体制机制优化的"生产关系的自我革命"中，必须于改革的深水区攻坚克难，必须正确处理政府和市场、公权体系和公民，以及整个资源配置机制里市场的决定性作用和更好发挥政府作用等必须处理好的关系。

总之，我们要顺应消费升级，了解全域旅游是经济社会里需求方作为原生动力对供给方提出的客观要求，而供给侧的生产经营活动与所提供的服务，要回应需求方的这种要求。从而使我国社会中人民日益增长的美好生活需要和不平衡不充分的发展之间的矛盾得到不断化解，造福大众，助益于以现代化为取向的社会进步。

# "一带一路"倡议下的文化自信和产融创新

时间：2019年1月5日
地点：北京
会议："一带一路、文化自信、产融创新"专题会

当下，"一带一路"倡议正处于加快落实和推进的过程中，它在中国追求现代化和平发展中代表着一种新阶段，实现与外部世界更紧密的深入交流。在倡议中所内含的"走出去"概念，实际上是以网状向西为主。主要原因是，在实际生活中，国际社会在实现合作的同时也必然存在竞争。当下，中美贸易摩擦升级，形成了两个经济体之间的博弈新局面。对我国而言，向西为主的"走出去"将更容易在合作这个方面取得进展，其潜在空间也更大。陆上，与沿线一些经济体合作，先推进基础设施建设，再进一步打开合作局面的纵深和空间；海上，通过水运形成一些主要联通路线，然后在各个节点上进一步发展，通过合作实现互利互惠，这种以经济活动为主的交流，将带动我国和平发展道路上与其他经济体寻求共赢的局面。

2013年9月，国家主席习近平提出，构建"丝绸之路经济带"要创新合作模式，加强"五通"，即政策沟通、设施联通、贸易畅通、货币融通和民心相通，以点带面，从线到片，逐步形成区域大合作格局。

其中，政策沟通是在追求和平和共荣取向下，最容易取得共识

的切入点，也是出发的原点。例如中国以西的一些经济体，迫切需要分享中国改革开放进程中的经验，并通过基础设施、产业集聚区域和增长点等方面的培育来推进其升级发展。可以看到的是，中国确实可以在这些方面为他们提供所需的经验和相关的投入要素，例如基础设施方面的架桥、修路、开发区建设等。取得这样的政策沟通后，紧跟其后的自然就是设施联通。陆地上包括各种通道、交通设施建设和其中的节点，以及枢纽、产业园区、物流中心和相关的宜居城市建设等；水路和海运则包括港口，相关的后勤补给中心，以及各类与之相匹配的通信设施等。

在经济领域内实现了互通有无后，贸易的畅通自然而然将会跟上。在经济学的研究中，比较优势的概念早已阐明其中的道理：无论经济体发达还是欠发达，总有一些可贸易的物品。中国作为发展中经济体，与美国的贸易不断加大，二者之间拥有各自的比较优势，双方的合作与发展以共荣为主基调，而未来也并不否定中美之间将继续互通有无，并存在互惠互利的贸易空间。

中国与其他经济体之间的合作更是如此，在比较优势之下互通有无，带来的是货畅其流。各自的产品实现良好的销售并带来增值，从而提升人们的收入，社会发展潜力随之进一步释放。货畅其流之后，将体现地尽其利，与农业及土地资源发挥作用的有关潜力将被打开。最后将实现人尽其才，人力资本的培育将会提升，随着教育、医疗的发展，人们的生活更丰富也更有质量。

经济学原理早已揭示了这种经贸往来的根本，在生产力发展概念下提供有效供给以适应人类社会的需要，将产生一种综合效应，从经济推及社会和文化，最终促进综合发展。这其中非常重要的一个要素匹配，就是资金融通。金融无非是将结余的可用资金，实现合理的投资理财，通过调节去帮助那些急于用钱的主体，使之得到融资支持，这同样是一个互惠互利的过程。

在现代社会里，金融是现代经济的核心。而在当下，在金融的概念之上又加上了新经济，以及高新技术产业支持的科技金融这个翅膀，在"互联网+"和"+互联网"的融合里，金融将面临一系列新的挑战。最重要的是需要防控风险，防止其"核心变空心"的偏颇。金融要坚定贯彻中央层面的精神，纠正脱实向虚的偏差，更好地支持实体经济升级换代和高质量发展。并且，资金融通一定是全球化的，在全球范围内金融机构"你中有我，我中有你"。可以看到，中国最主要的银行都已经有外资所持的股份。而我们自身同样也要"走出去"，"一带一路"上有了亚投行，有了丝路基金，今后还将进一步发展出各种融资机制。

最后，"五通"落到了民心相通的文化生活，这是非常重要且不可或缺的一个层面。当百姓解决了温饱问题以后，将继续发展实现生活需求的升级，从关注实际生活到关注精神生活，这其中少不了交流。精神生活即民心的互融互动，在"一带一路"倡议下，民心相通将形成越来越重要的意义和影响力。

在文化自信方面，中国天然的优势是唯一从未中断的五千多年文明史。这种积淀自然带来的是不可否定的文化自信，几千年深厚的文明让我们有相当充足的底蕴。中国古老文明里的精华，为我们和其他民族及经济体进行充分交流提供了强劲的支撑。具体来看，这种古老文明所具备的吸引力至少体现在以下3个维度。

第一，哲理的视角。在历史上的轴心时代，即西方人推崇的苏格拉底、柏拉图、亚里士多德等时代，中国出现了儒家的代表人物，并形成了一些重要的哲理和思想。其中的一句话非常精辟：

"己所不欲，勿施于人"。这句话表明的观点是，一人内心所感受到自己不想要的东西，不要施加给别人。做到将心比心，这就是善。其实，这句话的内涵和哲理，与西方工业革命时代之后文艺复兴时期推崇的自由、平等、博爱是相通的。交流的过程中一定会产生共鸣，产生它的吸引力。著名作家钱钟书先曾给出了16个字的评价，强调了中西方思想中的共性：东海西海，心理攸同；南学北学，道术未裂。因此，从这个意义上讲，中华文明精华的部分有它的吸引力和放之四海而皆准的价值，它所能够带给我们的自信是非常明显和有力的。

第二，器物的视角。我曾到过很多地方的博物馆和陈列馆，包括美国大都会博物馆、波士顿艺术馆，还有哈佛大学、耶鲁大学的艺术馆等，很深刻的一个感受是，这些地方中不少非常吸引人的古典和经典文物，是来自中国的文物，这些器物是非常具有吸引力的。在当下"一带一路"的交流中，古代艺术和现代文化生活中所形成的潜移默化的互动非常值得我们看重，它可以在人们的交流中形成使人津津乐道的氛围，而这正是我们文化自信的一个客观现实基础。

第三，创新的视角。当下，我国提出的一些核心理念在世界范围内完全可以引发共鸣。例如，杭州二十国集团峰会的重要议题是结构性改革。这其实是对中国已经确立的供给侧结构性改革的一种具体表述。结构性改革一定是发生在供给侧的，在供给侧才有结构问题，需求侧则是总量问题，这是一个在中国已经确立的构建现代化经济体系主线上的概念。在杭州二十国集团峰会上，结构性改革成为一个大家认同的带有创新和引领意义的概念，同时它也具有文化内涵。

那么，在拥有了以上3个维度的文化自信后，如何在推进"一带一路"倡议的过程中加入创意的管理和产业的融合？

在实际中，我国地方层面已经意识到自身在"一带一路"倡议下处于怎样的相对地位，需要进一步由各地形成自己的概念提炼和形象树立。以连云港为例，欧亚大陆桥最东端的城市，应如何在"一带一路"倡议推进的过程中乘势而上？在乘势而上的过程中城市自身的特定文化创意能够形成怎样的Logo，如何形成让人们记住就无法忘记的形象，是各地方政府思考这一问题的切入点。再如古城西安，其悠久的历史魅力无穷，这个城市在"一带一路"倡议下所能够形成的影响或许将是很多其他地方难以与之相提并论的。在近些年各个城市之间如火如荼的"抢人大战"中，西安是其中的一个热门城市。可以看到，西安的决策层已经意识到了要尽早将各种要素中能够获得的人力资本要素，如本科生、研究生等更多地吸引到西安。此外，位于河西走廊最西端的敦煌也是一个重要节点。敦煌具有超一流的文化意象，但如何把握好这个机会，对当地的创意管理而言是一个考验。此外，包括四川、重庆、云南等南方丝绸之路上的城市，在"一带一路"也大有文章可做。在创意管理这个层面，一个很重要的思路是如何从地方视角给出高水平的规划设计，然后由文化"搭台"引出产业"唱戏"。台搭好以后，产业所唱的戏实际上就是我国近些年致力于的招商引资和综合开发，形成文化创意从而带动在特定区域之内产业集群的打造和发展，不同地区将各有千秋。

此外，还要提到企业和市场人士，还包括中央已经给予空间的知识分子加入产学研的结合，这些人士将如何共同推动"一带一路"倡议下的文化创意管理？

以我身边的一个事情为例，由我和他 11 位学者共同发起的华夏新供给经济学研究院在北京万丰路设有一个办公区，那片区域叫作银座和谐广场。这其中，"广场"是沿用了前些年被大家接受的以广场不大、楼宇为主的综合体概念。我曾指导过的一位博士后学生联络了不少收藏界人士，在这里布置了一个历代金银器展览区。来自国家博物馆等业界专家经过论证表示，这个涉及丝绸之路金银器的文物展览达到了较高水平，甚至国内不少公立博物馆也无法望其项背。展览中有很多令人感到震撼的展品，其中不少金银器都与"一带一路"沿线国家相关。而这位学生开设这个展览的目的是想将其打造为一个平台，通过巡展进一步扩大社会影响，并在"一带一路"节点上开设分馆，做与之相关的园区，然后切入论坛、招商会以及产业集群的建设，同时还可以加上金融科技等技术支持。

在此基础上我想到，这个项目是否可以与 PPP 对接，以及这些园区未来在境内外能够引起共鸣的一些节点。对于要建设的那些项目，如展览馆和文化园区，可以结合着产业园区，用 PPP 的方式开发。对此，我国近些年已经形成了一些经验的积累，而英国、澳大利亚、阿联酋等地的国际经验也值得借鉴。把这些融合在一起，正是创意管理加上产融结合的发展，并最终落脚在"五通"上——PPP 就是一个典型的五通机制。对于 PPP 在"一带一路"上发展，政策沟通是大前提，紧跟着的就是设施联通，随后形成生产，再促成贸易的畅通，在此过程中则需要资金的支持，即资金融通。最终，整个项目所带来的是更多文化要素的整合，是"人类命运共同体"式的民心相通。

# 人文社科期刊应追求高水平发展

时间：2018年秋
地点：北京
会议：全国学术期刊发展论坛

对于未来中国人文社会科学期刊应如何发展这个问题，我的看法是，要追求让期刊具有尽可能的高水平。从原则上说，高水平就是能发挥应有的功能和作用。而这种功能和作用显然要涉及社会引领作用，即理论、学术、人文方面的支撑作用，要在中国现代化和人类文明进步的过程中产生建设性。在十几年的科研工作中，一方面我是读者，另一方面我也是作者。因此，在上述原则的基础上，我想根据问题导向从读者和作者这两个角度进行分析。

一方面，读者视角下的一个困惑。

关于期刊的影响力指数（CI），有很复杂的计算公式。但客观地讲，读者的主要困惑正在于此。以我自己为例，所阅读到的期刊其影响力指数大相径庭，高的可以达到1400多，低的仅不到两位数。但实际的感受是，这些期刊的差距是否真有这么大？也许最高和最低的两个极端确实存在很大悬殊，但在实际中所接触到的期刊，并没有感受到这种极端现象。其中最主要的原因是，目前居于排分最高之列的期刊大多带有纯学术性趋向。对于纯学术性期刊，业界容易对其形成"象牙之塔"的认同，然后给予很高评价。但对于人文社会科学而言，更强调的是如何实现理论与实际的密切联系，尽量避免"自拉自唱"的现象。在实际中，对于一些有价值信息的刊物，所给出的影响力指数多数是相当低的，这其中是否存在不公平？

此外，目前硕士、博士研究生，以及高校教师和科研人员等，都需要在规定时间段内完成论文发表任务，由此才能进入论文答辩程序或参评技术职务。在任务压力下，这些人士发表的文章势必会带有相关的功利因素。这是我国人文社会科学期刊发展中一个不容回避的现实情况，对行业而言，这也是非常值得关注的推动因素或制约因素。如何淡化"象牙之塔"式的引导性约束和功利性约束，是站在读者视角上提出的一个困惑。

另一方面，作者视角下的3个困惑。

第一，多年来与国际通行规则对接的匿名审稿。匿名审稿所要寻求的是公正，但我认为这个机制应该在尽可能公正的标准下容纳一些创新内容。但就目前的情况而言，我认为匿名审稿存在一定的局限和扭曲。在实际中，多年来我作为被社会承认的有一定见解和自己特色的学者、研究者，在发表自己认为具有较高水平的成果时，往往会在匿名审稿这一关碰到过不去的"坎"，而其他研究者也经常会遇到类似的问题。由于每个人的想法不同，我所能够实现的交流，只有通过期刊编辑部对匿名评审者所提出的问题做出回应。一些我认为不成立的否定意见，我也会以全套论据回应，但最终仍可能无法通过，我的成果因此无法在该刊物发表。这并不是要否定匿名评审的机制，而是想探讨如何尽可能避免因少数人不认同，而将可能的成果抹杀的情况。那些影响因子很高的刊物往往更容易出现这种情况，因一两个人就挡住了一个可能很有建设性的成果，作者不得不转向影响因子较低的刊物去寻求发表。

长期以来，我并不会去关注影响因子的高低，而是看科研成果真正的文本,并基于此产生自己的评价。但当下各方关于学术的引领,大多更看重影响因子,看所发表刊物的等级。在此现状之下,或许我们需要寻求如何根据已有经验做进一步改进。我的建议是,应赋予某些编辑人员在审稿环节的"自由裁量权"——选定某些编辑人员在浏览来稿后,选择一些稿件进行重点追踪,可基于自己的主见对评审结果启动特殊程序,激活一些被给出否定结果的稿件,由此挽救那些被"套路"压住的作品。

第二,论文查重。目前,论文对查重结果的要求非常严格,与自己已发表文章的重合度不能超过30%,甚至20%。但我认为,一个研究者的文章如果与自己此前发表的文章重复,往往是在原有框架上有新的进展,将一些新的认为值得肯定的内容加到原有成果上去。如果一定要按照以上重合度标准来要求,会扼杀很多人在已有研究成果的基础上的进一步提升,这从学术角度来看是没有道理的。我认为,与自己已发表文章的重合度至少可以放宽到60%。如果在60%基础上又有了40%新的贡献,就是非常值得肯定的。对于研究者而言,应给予一个阶梯式发展空间。而现有的查重标准过于教条,在作者成果自引和文献密集型成果的查重率上,有放宽的必要性。

第三,人文社会科学刊物应郑重考虑如何给出争鸣和商榷空间。以往,曾有编辑告诉我,文章里不能出现与其他学者的不同意见。我认为,这不是学术期刊应有的态度,百家争鸣是应该被鼓励的,鼓励严肃地与其他学者进行不同观点的交流、讨论和商榷。在中国走向现代化的过程中,连学术上的百家争鸣都要被禁止,这是我非常不能理解的。

如果能将以上"问题导向"下的困惑解决好,对未来人文社科期刊的发展将形成很大促进作用。

# 以彼岸情怀在此岸作为

原发表媒体:《中国经济时报》2018年11月22日
采访者: 范思立

自谓一介书生的贾康,是财政部财政科学研究所史上最年轻的所长,中国经济学界最高奖孙冶方奖获得者,黄达-蒙代尔经济学奖获得者,中共中央政治局集体学习专题讲解人,多次受邀中南海问策……当谈及被别人啧啧称奇的精彩人生经历时,贾康平淡超然。他说,这一切虚荣浮华皆是过眼烟云。

1977年,一个做了5年煤炭系统工人的考生考上大学重新走向校园,从而彻底改变了个人命运;1984年,还是财政部科研所研究生部的一名硕士研究生的他,因发表一篇论文而获邀赴莫干山参加"全国中青年经济科学工作者理论讨论会"(莫干山会议);1988—1989年,于美国匹兹堡大学进修学习,学成后拒受留美机会毅然回国;此后,他以财政经济的专业定位,长期坚持理论联系实际的研究工作;2014年后,超脱定位于纯粹学者而继续求索……作为财政研究领域的著名学者,贾康既是改革开放的受益者,亦是财税改革前沿的经历者。论说如是,贾康反而若有所思地表达出感叹和敬畏:从此中受益良多且影响深厚久远。

## 一、高考改变命运

1977年,贾康在恢复高考的第一年,以第一志愿考入北京经济学院政治经济学系。这是贾康在江西度过 3 个年头的军旅生涯，又在北京矿务局当了 5 年工人之后，欣逢改革开放大时代的到来。"恢复高考改变了我的命运，让我迎来了如今自己想来仍是人生轨迹最重要的节点。"贾康说。大学期间，他以 8 个学期各门考试课程全优的成绩结束大学学业，紧接着又考取了财政部财政科学研究所的硕士研究生。

## 二、常州经验：小试锋芒

1984 年，贾康读研究生时，曾在江苏进行了近两个月的社会调查。当时交通还不太便利，他从南京到常州、无锡、南通，再到镇江，需要坐火车、倒江轮、乘长途汽车，路途艰辛劳顿。过程中，他几次高烧到近 40℃，但每次都只是就近找一家医院打完退烧针，便继续开展调查。他先后去了几十家工商企业和基层单位，走访了所到各个城市的财政部门和有关综合部门，包括无锡附近的乡镇企业、镇江大东造纸厂、南通火柴厂等。

过程中，贾康碰到会议就一同参加，据他说常州预算外资金管理经验就是在一次会议中了解到的。当时，江苏省财政厅综合处要到常州开工作情况交流会议，贾康跟着过去之后，观察到常州在预算外资金管理方面具有独到的套路，这适应了现实需要，有其特定价值。他做了进一步调研和总结，并形成了文字资料，回到北京送交财政部综合司并报给当时的部领导，这份调研材料果真引起重视，最终形成了预算外资金管理的"常州经验"。

## 三、莫干山赴会启明学术生涯

1984 年秋，中国经济研究界的一群热血青年发起并联络了全国方方面面的人士，在浙江省省级研究机构和中央级相关部门的支持下，以面向全国征文选取参会者为主的形式汇聚在莫干山，共商城市改革和国家经济大计。

会前，贾康因在权威刊物《经济研究》上发表论文《论广义狭义价值规律》而在经济理论界崭露头角，获邀参加莫干山会议的征文初评等工作，后赴莫干山参会。

据贾康回忆，莫干山会议的与会者来自天南地北、各行各业，有职务或没职务，有头衔或没头衔，但在整个会期，热烈、自由、平等的氛围贯穿始终，大家相互论剑，思想火花频现。会议的一大特点是在各个分组讨论之外还有专题讨论，题目公开张榜，并注明时间和地点，大家自愿参加。与会者关心和讨论的问题包括经济体制改革、发展战略、国企改革、农村改革、金融改革、扩大开放、如何发挥城市多种功能等，范围十分广泛，几乎覆盖了当时改革所涉及的各个领域，所提出的问题与思路相当值得关注。

贾康说，莫干山会议的影响一直绵延至今。一方面，会议为20世纪80年代中国改革提供了重要思路和积极的建设性意见；另一方面，会后有一大批中青年蓬勃而出走向历史舞台，他们不仅活跃在20世纪80年代中后期的改革研究和实践活动中，其中不少人在此后的中国改革开放大业中也发挥了举足轻重的作用。

"作为莫干山会议的一员，我一直留在研究岗位上。在那个改革开放、解放思想大时代所获得的启发和教益，至今仍影响着我。"贾康一直珍重莫干山会议对于他研究生涯的启蒙作用，"会议对我有着潜移默化的影响，通过那次会议开阔了视野，看到了各路高手，对他们的特点，我当时也进行了认真观察，萌生了见贤思齐的想法，更推崇'天下兴亡，匹夫有责'的家国情怀。"贾康说。

**四、 徜徉大洋彼岸悟中国国情**

1985年，贾康研究生毕业时，恰逢国内掀起出国留学热潮，他并没有为之所动，而是以优异成绩留在财政部财政科学研究所工作。1988年夏，贾康顺利申请到每年只在全球资助两人、入选率极低的美国亨氏基金进修项目，去美国匹兹堡大学进修1年。

身在大洋彼岸，贾康仍孜孜不倦地学习，希望能学习国外先进的发展经验与方法论。除财政经济的学习和调研之外，他还尽可能参加各种学术交流和社会考察。访问学者期满，不少人劝他继续攻读博士学位，但他去意已定，如期归国，不仅托运回国四大纸箱书籍资料，更带回他对美国财政体系的研究心得以及对我国财政改革的思考。

贾康在美国访学期间，探访调研了美国三级财政主体——联邦财政部、州财政部门和匹兹堡旁边的小镇。"在美国学习期间，我反复思考，中国财政体制反反复复地调整，苦苦找不到一种稳定形态，和美国财政体制的主要区别在什么地方？后来我逐渐认识到，要正确处理三大基本经济关系，即中央与地方的关系、政府与企业的关系和公权体系与公民的关系，这三大基本经济关系同时融汇在财政税收体制之中。"

贾康在美国进修的成果《美国财政体系的特点及其对我们的启示》一文曾阐述，中美两国是版图面积相仿的两个大国，但无论从人口、自然资源、文化传统、经济发展现状而言，还是从社会政治经济制度而言，都存在着巨大差异，这意味着在美国特定环境下行之有效的成功经验在中国未必一定有效。但在人类的社会和经济发展中，毕竟存在某些共性的规律可循，在此种规律基础之上的一些方法亦可以相互借鉴。

对于分税制，贾康给予了极大关注。他在该文中论述，美国的分税制较好地处理了各级政府的财力分配关系，把各个层次政府的积极性，融汇于整体性与独立性的相对稳定的对立统一体之中。这种分税制的重要前提是，各级政府与企业间均不存在行政隶属关系，均不直接介入一般营利性企业的兴办与其经营活动，因而各级政府间的事权，不存在投资权上的重叠纠葛，事权的清晰提供了划清财权的基础。中国改革最重要的目标是政企分离，使企业成为统一市场中具有较硬预算约束，相互展开正常竞争的商品生产经营者，这就意味着需要改变现存的一般企业与政府间的行政隶属关系，调整与改变政府事权，也就意味着在新的体制框架中可以借鉴美国分税制的经验。一方面，考虑到中国分税制的建立或形成将是一个与统一市场发育过程紧密相关的长期过程，尤其可以在设计和操作上借鉴美国同源课税的处理方式，因为它为中央和地方提供了有弹性的选择空间与操作余地，可以连接改革的渐进过程与终极目标。另一方面，考虑到中国的地区性差异较为显著，生产力水准的低下使财力的集中使用更需要政府干预，因而中国中央政府的事权中，将不可避免地长期保持在某些数量有限的大规模、长周期、跨地区的生产性项目（重点建设）上的投资权。与此紧密联系，必须在改革的设计与实施中坚决地使地方政府逐步从生产性项目投资领域退出，从而克服事权重叠的矛盾，既为企业摆脱近年来行政性放权下仍大量存在的地方政府对企业的直接或变相行政隶属关系控制提供条件，又为形成有实质性意义的分税制框架提供条件。这是中国分税制改革成功不可或缺的重要节点之一。

贾康认为，当下中国财政明显属于资金向上流动的系统，中央财政支出相当大的一部分要依靠地方财政收入来满足。这种局面自然容易产生地方尾大不掉、拥财自重的倾向和中央政府调控力过弱的弊病。在分税制改革中逐步提高中央财力占全部财力的比重，促使财政资金向下流动十分必要。

### 五、 分税制：起于青萍之末

改革开放以来，我国的财税体制主要经历划分收支、分级包干的"分灶吃饭"财政体制改革和始于1994年的分税制改革。党的十八届三中全会指出"财政是国家治理的基础和重要支柱"，中央政治局会议审议通过了《深化财税体制改革总体方案》，进一步明确了改革思路，开启财税改革新篇章。

早在20世纪80年代，贾康在读研究生时就提出了以分税制为基础的分级财政是我国财政改革的方向，他围绕这一思路进行了系统研究，就财政改革的必要性与必然性，撰写了多篇研究报告和学术论文，根据我国的现状和特点，分析了改革的理论依据，以及如何借鉴国外经验、如何制定过渡性方案和整体配套设计等，受到中央和相关部门及学术界的高度重视。

1994年，分税制改革重大措施出台前后，他所发表的文章、调查报告及在中央电视台某档节目中所进行的关于分税制讲座引起社会有关方面的高度关注。对此，贾康谦虚地表示："我的作用充其量在分税制改革的基本方向、路线、要领方面起到参考作用，为改革的具体设计者提供一些参考资料。"

对于分税制改革，贾康如是评价：分税制改革结束了原来的行政性分权，转而改为经济型分权，形成了各类企业公平竞争的"一条起跑线"以及中央与地方之间不用再反复讨价还价的局面，消除了体制周期，即什么是国税，什么是地方税，不得已的是共享税，各类企业都依法交纳。这改变了此前无论强调分权还是强调集权，都按照行政隶属关系组织财政收入,进而条块分割的局面。有了清晰的税基安排,才能形成清晰、合理的事权,最终形成事权、财权、税基、预算、产权和举债权这一整套规范化的体制安排。

### 六、 坚定的分税制改革倡行者

分税制改革以后,出现了基层财政困难等问题,社会上有很多抨击分税制的观点。对此,贾康认为这其实是分税制没有执行到位,还需在深化改革中继续完善。他于2007年前后发表的《财政的扁平化改革和政府间事权划分》等论文中,反驳了否定分税制的错误观点。

分税制之后,中央必然要提高占据整个财力分配的比重,以履行中央转移支付、支持欠发达地区的职能。而省和市两级也会提高自身在财力分配中所占的比重,目前我国实行市管县体制的地市级单位在80%以上,在这一体制下,财权重心将存在向上提升的空间,由此出现基层财政困难的问题。

事权重心和财权重心的背离,以及基层财政困难,必须从体制本身所形成的制度安排的角度来解释,即有效制度供给不足。1994年实行的分税分级财政体制,其内在逻辑本来是增加各级财政事权和财权的呼应性,而为何会在基层地方政府上出现背离?经过调查得出的基本结论是:1994年之后的整个体制运行中,省以下层级实际上并没有真正进入分税制状态。当年的预期是,在中央和省为代表的地方之间搭建起分税制体制框架后,通过试验,在渐进改革中解决中国省以下4个层级如何分税,以及如何真正进入分税制体制运行轨道这个现实问题,但国际经验表明,大多实行分税分级财政体制的大国政府层级为三级,有一些国家的层级甚至更少,但在种种制约条件下,我国只能先启动过渡阶段。

十几年过去了，事实证明，即使在发达地区，省以下的财政体制，也没有进入实质性分税制状态，而是演变成各种形式且复杂易变的分成制和包干制。在这些传统体制和过渡形态下，正是人们早已经意识到有明显弊病的分成制、包干制，在过渡过程中变成了省以下体制的凝固态，进而带来了运行中出现的县乡财政、基层财政的困难，以及地方隐性负债、土地财政等问题。因此，并非分税制本身存在问题，而是省以下体制还没有消除分成制和包干制的体制弊病。贾康强调，必须把分税制改革贯彻到底，因此财政框架必须由五级减少到三级，才能使分税制在省以下有解，否则将无法摆平税基配置。

**七、 财政是国家治理的基础和重要支柱**

党的十八届三中全会明确，财政是国家治理的基础和重要支柱，强调科学合理的财税体制是优化资源配置、维护市场统一、促进社会公平、实现国家长治久安的制度保障。必须完善立法、明确事权、改革税制、稳定税负、透明预算、提高效率，建立现代财政制度，发挥中央和地方两个积极性。

贾康认为，这一重要论断深化了关于国家财政地位和作用的认识，并指明了在实践中完成财政功能转换，为国家治理体系和治理能力现代化保驾护航的历史任务。

他于2017年完成的专著《构建现代治理基础》指出，"以政控财，以财行政"的财政分配体系处理的是以国家政权为主体参与社会公共资源的配置，它必然影响、辐射、拉动、制约经济社会的总体资源配置。从学理而言，财政是国家治理的基础和重要支柱这一重要论断是十分严谨的，从具体的财政功能作用来看，对应的是优化资源配置、维护市场统一、促进社会公平和实现国家长治久安等制度保障功能，属于国家治理范畴；从逻辑关系上讲，推进国家治理体系和治理能力现代化，对应的是完善和发展中国特色社会主义制度、有效提升制度供给引发的整个供给体系的质量和效率。政府治理需与市场治理及社会治理结合为一个完整的治理体系。在此国家治理的视域中，通过发挥财政的基础作用和支撑作用，以制度创新和政策优化设计，服务和保障国家发展的政治意图、战略部署和改革方向，理顺和规范国家与社会、政府与市场、中央与地方、公权机构与公民等重大基本关系，有效发挥中国特色社会主义制度的优势，是我国财政理论体系和制度机制建设的主要逻辑线索。

财政的基础和支柱作用，要服务于现代市场体系中市场机制在资源配置中应发挥的决定性作用，最大限度产生市场的正面效应，并在总体资源配置中辅助性地弥补市场失灵。所谓国家治理，不等同于过去较强调的自上而下的调控和管理，其中有组织，也有自组织；有调控，也有自调控；有管理，也有自管理。治理概念更为强调的是一套包容性的制度安排和机制联结，意在调动和发挥各种主体的潜力，形成最强大的活力与最充分的可持续性。

财政体系在具体管理表现形式上的预算收支，体现的是国家政权体系活动的范围、方向、重点和政策要领，必须首先在制度体系的安排层面，处理好政府和市场、中央和地方、公共权力体系和公民这三大基本经济社会关系，即"以政控财，以财行政"的财政分配，要使政府既不越位又不缺位，在市场发挥决定性资源配置作用的同时，发挥政府维护社会公平正义的作用，让市场主体在公平竞争中释放活力，让社会主体在公益慈善、基层自治等方面释放潜能、弥补市场失灵、扶助弱势群体、优化收入分配，从而促进社会和谐和长治久安。

### 八、 广泛涉猎经济理论和实践研究

贾康在经济理论与实践方面的研究涉猎颇广。虽然他身为财政部财政科学研究所所长,却不仅仅以一个财政学家的视角剖析经济问题。长期的理论学习与实践紧密结合,使他能够凭借深厚的理论功底和独到的眼光,跳出财政看财政,为整个国家的宏观经济运行做出颇有分量的见解。作为一名蜚声国内外的研究机构行政领导和学术带头人,他把研究工作和组织工作并重,平衡各种关系,将财政部财政科学研究所的研究水平提升到一个新的高度,致力于使这个研究团队的理论成果为我国经济社会发展做出贡献。

2013年,贾康发起成立华夏新供给经济学研究院,作为该智库的灵魂人物,创新构建新供给经济学框架,为丰富配套改革与宏观调控思路和手段提供了理论支撑和实践启发。他提出,以改革为统领,以结构优化为侧重点,将引出中国供给体系质量和效率提升的经济增长中高速升级版,以动力转型,在达到全面小康之后继续保持后劲和可持续性,支撑我们跨越中等收入陷阱。

他不无感触地表示,入耳顺之年,自认为可超脱于尘世恩怨,即不纠结于功名利禄、不局限于流俗趣味,亦不蒙昧于书斋自赏、不满足于羽毛爱惜。

贾康一番思忖后直言,几十年来以学者定位孜孜不倦地上下求索,虽不免有种种"一得之见"之局限,但始终怀抱读书人的"彼岸情怀",而试着给出关于此岸世界的论说,表达理想主义的理论密切联系实际的诉求。"彼岸世界是价值的、理想的,此岸世界是经验的、现实的,沟通两岸的努力永远存在,永远不会完结。"

# 参 考 文 献

[1] 马克思, 恩格斯. 共产党宣言 [M]. 北京: 人民出版社, 2015.
[2] 马克思, 恩格斯. 马克思恩格斯全集（第23卷）[M]. 北京: 人民出版社, 1972.
[3] 马克思, 恩格斯. 马克思恩格斯选集（第2卷）[M]. 北京: 人民出版社, 1995.
[4] 马克思. 资本论（第1卷）[M]. 北京: 人民出版社, 2004.
[5] 马克思. 资本论（第3卷）[M]. 北京: 人民出版社, 2004.
[6] 董辅礽. 消灭私有制还是扬弃私有制？——评于光远同志对社会所有制和私有制的论述 [J]. 经济导刊, 2002（2）: 1-4.
[7] 何盛明. 财经大辞典 [M]. 北京: 中国财政经济出版社, 1990.
[8] 贾康. 于思想解放中认识股份制对私有制的扬弃 [N]. 第一财经日报, 2018-6-4.
[9] 贾康, 苏京春. 论供给侧改革 [J]. 管理世界, 2016（3）: 1-5.
[10] 贾康. 供给侧改革及相关基本学理的认识框架 [J]. 经济与管理研究, 2018（1）: 13-22.
[11] 吴海山. 资本社会化论 [M]. 北京: 中国社会科学出版社, 2006.
[12] 贾康, 苏京春. 论供给侧改革 [J]. 管理世界, 2016（3）: 1-24.
[13] 贾康. 智能金融需在发展和规范中掌握理性权衡点 [J]. 财经界, 2018（2）: 3-4.
[14] 贾康. 关于PPP创新中一些重要认识的辨析与探讨 [J]. 财政监督, 2018（3）: 23-27.
[15] 贾康. 政策性金融改革与浙江民间资本对接 [J], 浙江金融, 2011（2）: 12-17.
[16] 贾康, 孟艳. 我国政策性金融体系的基本定位的再思考 [J] 财政研究, 2013（3）: 2-7.
[17] 贾康, 等. 新供给: 创新发展, 攻坚突破 [M]. 北京: 企业管理出版社, 2017.
[18] 王广宇. 新实体经济 [M]. 北京: 中信出版集团, 2018.
[19] 贾康. 供给侧改革与消费者用户体验升级 [M]. 北京: 商务印书馆, 2018.

[20] 贾康．彼岸情怀此案言，创新发展演讲访谈录（上）[M]．北京：商务印书馆，2018．

[21] 贾康．彼岸情怀此案言，创新发展演讲访谈录（下）[M]．北京：商务印书馆，2018．

[22] 贾康．互联网金融与双创［M］．北京：商务印书馆，2018．

[23] 高若兰，闫蕾，董雯．新建 PPP 项目和存量 PPP 资产的出路探析［J］．管理现代化，2018（4）：8-12．

[24] 国务院．国务院关于深化预算管理制度改革的决定：国发〔2014〕45 号［A/OL］．（2014-10-08）．http：//www. gov. cn/zhengce/content/2014-10/08/content_ 9125. htm．

[25] 财政部．关于印发政府和社会资本合作模式操作指南（试行）的通知：财金〔2014〕113 号［A/OL］．（2014-11-29）．http：//jrs. mof. gov. cn/zhengwuxinxi/zhengcefabu/201412/t20141204_ 1162965. html．

[26] 财政部．关于推进政府和社会资本合作规范发展的实施意见：财金〔2019〕10 号［A/OL］．（2019-03-07）．http：//nmg. mof. gov. cn/lanmudaohang/zhengcefagui/201903/t20190311_ 3187119. html．

[27] 贾康，孙洁．公私伙伴关系（PPP）的概念、起源、特征与功能［J］．财政研究，2009，10：2-10．

[28] 贾康，陈通．政府与社会资本合作效应［J］．中国金融，2015（15）：20-22．

[29] 贾康，苏京春．论供给侧改革［J］．管理世界，2016（3）：1-24．

[30] 何芳，吴正训．国内外城市土地集约利用研究综述与分析［J］．国土经济，2002（3）：35-37．

[31] 周兰萍．片区综合开发 PPP 项目的风险管理［J］．建筑，2017，21（6）：54-56．

[32] 高京燕，仝凤鸣，吴中兵，邓运．产业新城发展模式机理分析［J］．河南工业大学学报（社会科学版），2018，1401（1）：67-71．

[33] 周月萍，樊晓丽，叶华军．片区综合开发 PPP 项目困境与破解路径［J］．城乡建设，2018，11：22-25．

[34] 陈轶丽．促进城镇综合开发 PPP 模式健康发展的对策建议［J］．河北企业，2018，12：124-125．

[35] 王小鲁．中国城市化路径与城市规模的经济学分析［J］．经济研究，2010，4510：20-32．

[36] 贾康，欧纯智．世界减税潮背景下的中国方案［J］．中国党政干部论坛，

2017（6）：40-42.

[37] GIBELMAN M, DEMONE H. Purchase of service forging public-private partnerships in the human service [J]. Urban and Social Change Review, 1983, 16 (1): 21.

[38] HOOD C. A public management for all seasons？ [J]. Public Administration, 1991, 69 (1): 3-19.

[39] 蓝志勇，陈国权. 当代西方公共管理前沿理论述评 [J]. 公共管理学报，2007（3）：1.

[40] DUMLEAVY P, HOOD C. From old public administration to new public management [J]. Public Money & Management, 2009, 14 (3): 9-16.

[41] KETTL D F. The transformation of governance: globalization, devolution, and the role of government [J]. Public Administration Review, 2000, 60 (6): 488-497.

[42] 弗雷德里克森. 公共行政的精神 [M]. 张成福，等译. 北京：中国人民大学出版社，2003.

[43] JOHN D W, KETTL D F, DYER B, LOVAN W R. What will new governance mean for the federal government？ [J]. Public Administration Review, 1994, 54 (2): 170-175.

[44] 欧纯智. 政府与社会资本合作的善治之路——构建PPP的有效性与合法性 [J]. 中国行政管理，2017（1）：57-62.

[45] STOKER G. Governance as theory: five propositions [J]. International Social Science Journal, 1998, 155 (155): 17-28.

[46] WETTENHALL R. Public and private in the new public management (NPM) state: some Australian reflections [J]. Public Administration and Policy, 2001, 10 (2): 111.

[47] PARKER D, HARTLEY K. The economics of partnership sourcing versus adversarial competition: a critique [J]. European Journal of Purchasing & Supply Management, 1997, 3 (2), 115-125.

[48] LANGFORD J, HARRISON Y. Partnering for E-government: challenges for public administrators [J]. Canadian Public Administration, 2001, 44 (4): 393-416.

[49] 欧纯智，贾康. PPP在公共利益实现机制中的挑战与创新——基于公共治理框架的视角 [J]. 当代财经，2017（3）：26-35.

[50] 欧纯智. 我国基层征纳寻租交易构成的机理分析 [J]. 财政研究，2014

(6): 14-17.
[51] 尼斯坎南. 官僚制与公共经济学 [M]. 王浦劬, 译. 北京: 国青年出版社, 2004.
[52] RAINEY H G. Understanding and managing public organizations [J]. Jossey-Bass Publishers San Francisco, 1996, 61.
[53] 贾康. 贾康: PPP 模式 1+1+1>3 [N]. (2016-04-19). http://www.hn.xinhuanet.com/2016-04/19/c_1118673958.htm
[54] RAINEY H G, BACKOFF R W, LEVINE C H. Comparing public and private organizations [J]. Public Administration Review, 2012, 28 (36): 126-145.
[55] BOZEMAN B, PERRY J L, KRAEMER K L. Public management: public and private perspectives [J]. Journal of Policy Analysis & Management, 1983, 2 (4).
[56] BOZEMAN B. All organizations are public: bridging public and private organization theory [M]. Jossey-Bass Inc, 1987.
[57] 欧纯智, 贾康. PPP 是公共服务供给对官僚制范式的超越——基于中国公共服务供给治理视角的反思 [J]. 公共管理评论, 2017 (2): 65-78.
[58] 欧纯智, 贾康. 公共服务供给方式及其优化选择的框架式分析——兼论 PPP 是优化公共产品与服务供给的善治选项 [J]. 学术论坛, 2018, 41 (4): 102-107.
[59] BOVAIRD T. Public-private partnerships: from contested concepts to prevalent practice [J]. International Review of Administrative Sciences, 2004, 70 (2): 199-215.
[60] 贾康. 发挥 PPP 模式在改革创新中的正面效应 [J]. 地方财政研究, 2014 (9): 4-6.
[61] MILLER C. Partners in regeneration: constructing a local regime for urban management? [J]. Policy & Politics, 1999, 27 (27): 343-358.
[62] FLINDERS M. The politics of public-private partnerships [J]. British Journal of Politics and International Relations, 2005, 7 (2): 215-239.
[63] HANS V H, JOOP K. Building public-private partnerships: assessing and managing risks in port development [J]. Public Management Review, 2001, 3 (3): 593-616.
[64] DERICK W B, JENNIFER M B. Public-private partnerships: perspectives on purposes, publicness, and Good Governance [J]. Public Administration,

2011, 31 (12): 2-14.

[65] BOVAIRD T. Public-private partnerships: from contested concepts to prevalent practice [J]. International Review of Administrative Sciences, 2004, 70 (2): 199-215.

[66] 贾康. PPP—制度供给创新及其正面效应 [N]. 光明日报, 2015-5-27.

[67] 塔洛克. 经济等机制、组织与生产的结构 [M]. 柏克, 等译. 北京: 商务印书馆, 2010.

[68] BOZEMAN B, REED P, SCOTT P. Red tape and task delays in public and private organizations [J]. Administration and Society, 1992, 24 (3): 290-322.

[69] 尼斯坎南. 官僚制与公共经济学 [M]. 王浦劬, 译. 北京: 中国青年出版社, 2004.

[70] 皮尔逊, 巴亚斯里安. 国际政治经济学 [M]. 杨毅, 等译. 北京: 北京大学出版社, 2006.

[71] BECK T, BOZEMAN B. Public values: an inventory [J]. Administration and Society, 2007, 39 (3): 354-381.

[72] 贾康等. 全面深化财税体制改革之路 [M]. 北京: 人民出版社, 2015.

[73] BRAITHWAITE V, AHMED E. A Threat to tax morale: the case of Australian higher education policy [J]. Journal of Economic Psychology, 2005, 26 (4): 523-540.

[74] 斯蒂格利茨. 社会主义向何处去 [M]. 周立群, 等译. 长春: 吉林人民出版社, 1998.

[75] 欧纯智. 政府与社会资本合作的善治之路—构建 PPP 的有效性与合法性 [J]. 中国行政管理, 2017 (1): 57-62.

[76] 贾康. 论分配问题上的政府责任与政策理性 (二) ——从区分"公平"与"均平"说起 [J]. 审计与理财, 2007 (5): 5-6.

[77] 希尔曼. 公共财政与公共政策 [M]. 王国华, 译. 北京: 中国社会科学出版社, 2006: 116-124.

[78] 罗森布鲁姆, 等. 公共行政学: 管理、政治和法律的途径 [M]. 张成福, 等译. 北京: 中国人民大学出版社, 2007.

[79] 图洛克. 收入再分配的经济学 [M]. 范飞, 等译. 上海: 上海人民出版社, 2008: 42.

[80] 贾康, 孙杰. 城镇化进程中的投融资与公私合作 [J]. 中国金融, 2011 (19): 14-16.

[81] 贾康. PPP 模式是融资机制、管理体制机制的创新 [N]. 中国环保网. (2014-8-25). http://www.chinaenvironment.com.
[82] 贾康. PPP 制度创新打开了民间资本跟进的制度空间 [N]. 财新网. (2015-01-16). http://opinion.caixin.com/2015-01-16/100775317.html.
[83] 贾康. 借助 PPP 推动国企改革 [N]. 财新网. (2015-05-06). http://video.caixin.com/2015-05-06/100806835.html.
[84] 全钟燮. 公共行政的社会建构：解释与批判 [M]. 孙柏瑛，等译. 北京：北京大学出版社，2008.
[85] 托克维尔. 论美国的民主（上卷）[M]. 董果良，译. 北京：商务印书馆，1997.
[86] 斯蒂格利茨. 公共部门经济学 [M]. 郭庆旺，等译. 北京：中国人民大学出版社，2012.
[87] 张康之. 走向合作治理的历史进程 [J]. 湖南社会科学，2006（4）：31-36.
[88] ANDREONI J, BERGSTROM T. Do government subsidies increase the private supply of public goods? [J]. Public Choice, 1993, 88 (3): 295-308.
[89] BOZEMAN B, REED P, SCOTT P. Red tape and task delays in public and private organizations [J]. Administration and Society, 1992, 24 (3): 290-322.
[90] BERGSTROM T, BLUME, L, VARIAN H. On the private provision of public goods [J]. Public Econ, 1986, 29: 25-49.
[91] BRENNAN G, BROOKS M. Esteem-based contributions and optimality in public goods supply [J]. Public Choice, 2007, 130 (3): 457-470.
[92] BUCHANAN J M. Barro on the ricardian equivalence theorem [J]. Journal of Political Economy, 1976, 84 (84): 337-42.
[93] BUCHHOLZ W, CORNES R C, Rübbelke D T G. Matching as a cure for underprovision of voluntary public good supply: analysis and an example [J]. Economics Letters, 2011, 117 (3): 727-729.
[94] LOCKWOOD B. Imperfect competition, the marginal cost of public funds and public goods supply [J]. Journal of Public Economics, 2003, 87 (7): 1719-1746.
[95] ROBERTS R D. Financing public goods [J]. Journal of Political Economy, 1987, 95 (2): 420-37.
[96] WARR P G. Pareto optimal redistribution and private charity [J]. Journal of

Public Economics, 1982, 19 (1): 131-138.
[97] SNYDER S K. Testable restrictions of pareto optimal public good provision [J]. Journal of Public Economics, 1999, 71 (1): 97-119.
[98] 贾康, 等. 深化收入分配制度改革研究 [M]. 北京: 企业管理出版社, 2017.
[99] 贾康. 纪念改革开放 40 周年建言实录 [M]. 北京: 中国商务出版社, 2017.